》中国式现代化理论探索与发展实践丛书《

强国道路

中国式现代化的创新发展

胡鞍钢

王洪川

著

The Road to Powerful Country

Innovative Development of
Chinese Path to Modernization

清华大学出版社

北京

内容简介

党的十九大报告首次提出、党的二十大报告再次强调"到本世纪中叶建成社会主义现代化强国"的"两阶段"战略安排。围绕这一主题，本书以新中国 70 多年的现代化发展历程为研究对象，总结中国式现代化的发展经验和创新理论，重点分析未来我国全面建成社会主义现代化强国目标的路线图，从国情、国力、国策多角度回答了"中国为什么要建设现代化强国？能否建成现代化强国？又怎样建成？"等重大问题。选取经济、产业、科技、社会、国防等方面的众多量化指标进行深入的分析与系统的整合，通过学理分析、实证计算、历史总结，展望未来中国式现代化的发展趋势及对世界的巨大影响，对于深入理解中国式现代化强国策和实现中华民族伟大复兴的奋斗目标具有广泛的阅读和参考价值。

图书在版编目 (CIP) 数据

强国道路：中国式现代化的创新发展 / 胡鞍钢，王洪川著. -- 北京：清华大学出版社，2024.8. --（中国式现代化理论探索与发展实践丛书）. -- ISBN 978-7-302-66851-0

Ⅰ. D61

中国国家版本馆CIP数据核字第20244NP804号

责任编辑：商成果
封面设计：北京汉风唐韵文化发展有限公司
责任校对：欧　洋
责任印制：杨　艳

出版发行：清华大学出版社
　　　　网　　　址：https://www.tup.com.cn, https://www.wqxuetang.com
　　　　地　　　址：北京清华大学学研大厦A座　　　　邮　　编：100084
　　　　社 总 机：010-83470000　　　　　　　　　　邮　　购：010-62786544
　　　　投稿与读者服务：010-62776969, c-service@tup.tsinghua.edu.cn
　　　　质量反馈：010-62772015, zhiliang@tup.tsinghua.edu.cn
印 装 者：三河市春园印刷有限公司
经　　销：全国新华书店
开　　本：170mm×240mm　　　印　　张：17.75　　　字　　数：253千字
版　　次：2024年9月第1版　　　　　　　　　　　　印　　次：2024年9月第1次印刷
定　　价：89.00元

产品编号：104392-01

习近平说，"中国这头狮子已经醒了，但这是一只和平的、可亲的、文明的狮子"[1]。

① 习近平：《在中法建交 50 周年纪念大会上的讲话》（2014 年 3 月 27 日，巴黎），中国政府网，https://www.gov.cn/xinwen/2014-03/28/content_2648507.htm。习近平总书记讲道："拿破仑说过，中国是一头沉睡的狮子，当这头睡狮醒来时，世界都会为之发抖。中国这头狮子已经醒了，但这是一只和平的、可亲的、文明的狮子。"

目 录

第一章

导论：伟大历史性飞跃

我们的目标是要使我国比现在大为发展，大为富、大为强……这个富，是共同的富，这个强，是共同的强，大家都有份。①

——毛泽东

社会主义最大的优越性就是共同富裕，这是体现社会主义本质的一个东西。②

——邓小平

中华民族迎来了从站起来、富起来到强起来的伟大飞跃，实现中华民族伟大复兴进入了不可逆转的历史进程！③

——习近平

富民强国始终是中国共产党的历史使命，始终是十几亿中国人民翘首以盼的共同梦想，建立强大的社会主义现代化国家一直是中国共产党几代领导

---

① 中共中央文献研究室编：《毛泽东思想年编（1921—1975）》，北京，中央文献出版社，2011年，第790页。
② 邓小平：《善于利用时机解决发展问题》（1990年12月24日），《邓小平文选》第三卷，北京，人民出版社，1993年，第364页。
③ 习近平：《在庆祝中国共产党成立100周年大会上的讲话》（2021年7月1日），中国政府网，https://www.gov.cn/xinwen/2021-07/01/content_5621847.htm?jump=false。

人带领中国人民为之奋斗的伟大目标。富民与强国，本质上反映了全体人民共同富裕与全面建设社会主义现代化强国是辩证统一的关系。没有全体人民的共同富裕，无以建立强大的现代化国家；没有强大的现代化国家，无以保障全体人民的共同富裕。中国共产党带领中国人民铸就艰苦卓绝的奋斗史，经历了从建国①到兴国，从兴国再到强国的伟大历史进程，全体人民经历了从极端贫穷到摆脱贫困，从总体上达到小康水平到全面建成小康社会，开创了中国式社会主义现代化强国（以下简称"中国式现代化强国"）道路，其本质就是实现富民与强国协调发展、辩证统一的"中国道路"。党的十九届六中全会通过的《中共中央关于党的百年奋斗重大成就和历史经验的决议》指出："党和人民百年奋斗，书写了中华民族几千年历史上最恢宏的史诗。"②

中华人民共和国的成立标志着中国式现代化创新发展、现代中国迅速崛起、中华民族伟大复兴的历史起点。1949 年 9 月 21 日，毛泽东同志在中国人民政治协商会议第一届全体会议上指出："占人类总数四分之一的中国人从此站立起来了。中国人从来就是一个伟大的勇敢的勤劳的民族，只是在近代是落伍了。这种落伍，完全是被外国帝国主义和本国反动政府所压迫和剥削的结果。"③他向全世界宣告中华人民共和国的成立，"我们的民族将从此列入爱好和平自由的世界各民族大家庭，以勇敢而勤劳的姿态工作着，创造自己的文明和幸福，同时也促进世界的和平和自由。我们的民族将再也不是一个被人侮辱的民族了，我们已经站起来了"④。他还预见道："随着经济建设的高潮的到来，不可避免地将要出现一个文化建设的高潮。中国人被人认为不文明的时代已经过去了，我们将以一个具有高度文化的民族出现于世界。"⑤这是毛

---

① 本书中，除孙中山先生所著《建国方略》外，"建国"均指中华人民共和国成立。

② 《中共中央关于党的百年奋斗重大成就和历史经验的决议》（2021 年 11 月 11 日中国共产党第十九届中央委员会第六次全体会议通过），中国政府网，https://www.gov.cn/zhengce/2021-11/16/content_5651269.htm?trs=1。

③ 毛泽东：《中国人民站起来了》（1949 年 9 月 21 日），《毛泽东文集》第五卷，北京，人民出版社，1977 年，第 343-344 页。

④ 毛泽东：《中国人民站起来了》（1949 年 9 月 21 日），《毛泽东文集》第五卷，北京，人民出版社，1977 年，第 344 页。

⑤ 毛泽东：《中国人民站起来了》（1949 年 9 月 21 日），《毛泽东文集》第五卷，北京，人民出版社，1977 年，第 345 页。

泽东对新中国的一个预言。

1956 年 11 月，毛泽东在《纪念孙中山先生》一文中大胆预言道："再过四十五年，就是二千零一年，也就是进到二十一世纪的时候，中国的面目更要大变。**中国将变为一个强大的社会主义工业国……中国应当对于人类有较大的贡献。**"[1] 这是毛泽东对新中国的另一个预言。为什么中国应当对于人类有较大的贡献？他讲了两个原因，第一，中国人口达到 6 亿多人；第二，中国国土面积达到 960 万平方千米，是世界大国。他又讲道："而这种贡献，在过去一个长时期内，则是太少了。这使我们感到惭愧。"[2] 后来的事实验证了这一预言，21 世纪的中国已经成为一个强大的社会主义工业国，对人类作出了重大贡献。[3]

1964 年 12 月，周恩来在三届全国人大一次会议的政府工作报告中指出："争取在不太长的历史时期内，**把我国建成一个具有现代农业、现代工业、现代国防和现代科学技术的社会主义强国。**"[4] 这是以毛泽东同志为代表的中国共产党人首次提出实现社会主义"四个现代化"的世界强国目标。1975 年 2 月，周恩来在四届全国人大一次会议的政府工作报告中再次重申："在本世纪内，全面实现农业、工业、国防和科学技术的现代化，使我国国民经济走在世界的前列。"[5]

1978 年，以邓小平同志为核心的党中央决定实施改革开放，中国经济开

---

[1] 毛泽东：《纪念孙中山先生》（1956 年 11 月 12 日），《毛泽东文集》第七卷，北京，人民出版社，1999 年，第 156-157 页。

[2] 毛泽东：《纪念孙中山先生》（1956 年 11 月 12 日），《毛泽东文集》第七卷，北京，人民出版社，1999 年，第 157 页。

[3] 到 2011 年，中国第二产业（工业和建筑业）增加值（2015 年不变价美元）超过美国，到 2021 年相当于美国的 1.70 倍。数据来源：世界银行 World Development Indicators（WDI）数据库，https://data.worldbank.org/indicator/NV.IND.TOTL.KD?locations=CN-US。

[4] 《在第三届全国人民代表大会第一次会议上周恩来总理作政府工作报告》，中国政府网，https://www.gov.cn/govweb/test/2008-03/10/content_915173.htm。

[5] 周恩来：《政府工作报告——1975 年 1 月 13 日在中华人民共和国第四届全国人民代表大会第一次会议上的报告》，中国政府网，https://www.gov.cn/zhengce/2021-12/15/5666326/files/60a7a2d53b82482da5c188b2df245fe9.pdf?eqid=bac10fca00041ed70000000066459b81f。

始进入起飞阶段。中国的迅速崛起成为不可逆转的历史趋势，中国对人类作出较大贡献的时代已经来临。①

邓小平在 1987 年会见匈牙利社会主义工人党总书记的谈话中指出："我们现在真正要做的就是通过改革加快发展生产力，坚持社会主义道路，用我们的实践来证明社会主义的优越性。要用两代人、三代人、甚至四代人来实现这个目标。到那个时候，我们就可以真正用事实理直气壮地说社会主义比资本主义优越了。"② 为此，他创新性地提出了实现社会主义现代化的"三步走"战略设想："我们的第一个目标是解决温饱问题，这个目标已经达到了。第二个目标是在本世纪末达到小康水平，第三个目标是在下个世纪的五十年内达到中等发达国家水平。"③ 据此，党的十三大报告正式提出了我国经济建设"三步走"的战略部署。

1997 年，在我国提前实现"三步走"战略的第一步和第二步目标之后，江泽民同志在党的十五大报告中将"第三步"进一步具体化："展望下世纪，我们的目标是，第一个十年实现国民生产总值比二零零零年翻一番，使人民的小康生活更加宽裕，形成比较完善的社会主义市场经济体制；再经过十年的努力，到建党一百年时，使国民经济更加发展，各项制度更加完善；到世纪中叶建国一百年时，基本实现现代化，建成富强民主文明的社会主义国家。"④

2002 年，江泽民同志在党的十六大报告中宣布"人民生活总体上达到小康水平"，正式提出"要在本世纪头二十年，集中力量，全面建设惠及十几亿人口的更高水平的小康社会"，还提出"国内生产总值到二○二○年力争比二○○○年翻两番"的目标。⑤ 笔者将其视为"富民强国"的中国大战略，其

---

① 胡鞍钢：《中国大战略》，杭州，浙江人民出版社，2003 年，第 31 页。

②③ 邓小平：《我们干的事业是全新的事业》（1987 年 10 月 13 日），《邓小平文选》第三卷，北京，人民出版社，1993 年，第 256 页。

④ 江泽民：《高举邓小平理论伟大旗帜，把建设有中国特色社会主义事业全面推向 21 世纪——在中国共产党第十五次全国代表大会上的报告》（1997 年 9 月 12 日），中国政府网，https://www.gov.cn/test/2008-07/11/content_1042080.htm。

⑤ 江泽民：《全面建设小康社会，开创中国特色社会主义事业新局面——在中国共产党第十六次全国代表大会上的报告》（2002 年 11 月 8 日），共产党员网，https://fuwu.12371.cn/2012/09/27/ARTI1348734708607117.shtml。

根本目标就是在未来 20 年，使中国成为世界上最大的经济实体，明显缩小与美国在综合国力上的相对差距，使人民生活水平再上一个台阶，全面建成惠及十几亿人口的更高水平的小康社会。[①]

2012 年，胡锦涛同志在党的十八大报告中强调"确保到二〇二〇年实现全面建成小康社会宏伟目标"和全面深化改革开放，明确提出"实现国内生产总值和城乡居民人均收入比二〇一〇年翻一番"等重要指标，首次提出四个强国战略目标，即人才强国、人力资源强国、社会主义文化强国、海洋强国。[②] 笔者曾预言，此后的 10 年将不仅是中国发展的战略机遇期，更是中国全面赶超、总体超过美国的 10 年，中国将先后成为世界第一大贸易体、第一大经济体（按购买力平价[③] 计算）、第一大综合国力国。[④]

以习近平同志为核心的党中央带领全国人民不仅如期实现了第一个百年奋斗目标，还超前谋划努力实现第二个百年奋斗目标与中华民族伟大复兴的中国梦，正式开启了建设社会主义现代化强国的新时代，中国强盛成为世界发展主流之一，极大地促进了南方国家的崛起，根本改变了世界经济格局。

---

① 胡鞍钢：《中国大战略》，杭州，浙江人民出版社，2003 年，第 9 页。

② 胡锦涛：《坚定不移沿着中国特色社会主义道路前进 为全面建成小康社会而奋斗——在中国共产党第十八次全国代表大会上的报告》（2012 年 11 月 8 日），共产党员网，https://www.12371.cn/2012/11/17/ARTI1353154601465336_all.shtml。

③ 购买力平价（Purchase Power Parity，PPP），是根据各国不同的价格水平计算出来的货币之间的等值系数，目的是对各国的国内生产总值（Gross Domestic Product，GDP）进行合理比较。需要说明的是，当采用汇率法换算各国家 / 地区的 GDP 时，会变相抬升美国的经济总量，拉低其他国家的经济总量。鉴于此，经济学家们曾提出使用"国际元"这一虚拟货币将不同国家的货币转换为统一货币，但在美国的反对下，没有取得实质进展。当前，世界银行等机构使用 PPP 法进行国际比较时采用的是以"美元的实际购买力"作为换算过程的基准货币，即不变价国际元（constant international $，以下简称"国际元"，其内涵区别于经济学家所提出的"国际元"），联合国等五大国际机构在《2008 年国民账户体系》中也规定，国际比较应采用 PPP（不变价国际元）方法。（联合国，欧盟委员会，经济合作与发展组织，国际货币基金组织，世界银行：《2008 年国民账户体系》，北京，中国统计出版社，2012 年，第 6 页。）为此，本书均按这一规定进行专业性国际比较研究，作为准确判断我国经济实力以及发展水平（特别是人均 GDP）的基本依据。

④ 胡鞍钢：《回顾与展望：中国如何追赶超越美国（2001—2020 年）》，《国情报告》第十四卷 2011 年（上），第 12-19 页。

2017 年，习近平总书记在省部级主要领导干部专题研讨班开班式上发表重要讲话指出，"党的十八大以来，在新中国成立特别是改革开放以来我国发展取得的重大成就基础上，党和国家事业发生历史性变革，我国发展站到了新的历史起点上，中国特色社会主义进入了新的发展阶段。中国特色社会主义不断取得的重大成就，意味着近代以来久经磨难的中华民族实现了从站起来、富起来到强起来的历史性飞跃"①。

在党的十九大报告中，习近平总书记作出了"中国特色社会主义进入新时代"的重大论断，我国进入全面建设社会主义现代化强国的新时代。报告首次对实现"第二个百年"奋斗目标作出全局性、战略性、阶段性安排："第一个阶段，从二〇二〇年到二〇三五年，在全面建成小康社会的基础上，再奋斗十五年，基本实现社会主义现代化。""第二个阶段，从二〇三五年到本世纪中叶，在基本实现现代化的基础上，再奋斗十五年，把我国建成富强民主文明和谐美丽的社会主义现代化强国。"这成为党的强国策②和路线图。围绕强国策和路线图，报告中提出了建设人才强国、制造强国、科技强国、质量强国、航天强国、网络强国、交通强国、数字中国、海洋强国③、贸易强国、文化强国、体育强国、教育强国、健康中国以及强军 15 个战略目标④，首次构建了"1+15"的社会主义现代化强国战略体系。党的十九大报告提出的到 21 世纪中叶建成社会主义现代化强国的宏伟目标，不仅确定了中国共产党今后

① 《习近平在省部级主要领导干部"学习习近平总书记重要讲话精神，迎接党的十九大"专题研讨班开班式上发表重要讲话 强调高举中国特色社会主义伟大旗帜 为决胜全面建成小康社会实现中国梦而奋斗》，新华社，2017 年 7 月 26 日北京电。
② 后文中根据不同语境也将"强国策"称为"强国方略"或"强国战略"。
③ 我国海洋经济总值从 2012 年的 5 万亿元上升至 2021 年的 9 万亿元，占 GDP 的比重保持在 9% 左右。其中海洋第一产业占比从 5.3% 下降至 5.0%，海洋第二产业占比从 45.9% 下降至 33.4%，海洋第三产业占比从 48.8% 上升至 61.6%。我国还是世界第一造船大国，海洋工程装备总装建造进入世界第一方阵，海洋港口规模和海上风电累计装机容量均位居世界第一。（《推进海洋经济高质量发展》，《人民日报》，2022 年 10 月 28 日，第 15 版。）
④ 习近平：《决胜全面建成小康社会 夺取新时代中国特色社会主义伟大胜利——在中国共产党第十九次全国代表大会上的报告》（2017 年 10 月 18 日），中国政府网，https://www.gov.cn/zhuanti/2017-10/27/content_5234876.htm。

三十年社会主义现代化建设的历史新方位，而且开启了将改革开放进一步推向前进和深化的伟大新征程。

习近平总书记在党的二十大报告中明确提出："从现在起，中国共产党的中心任务就是团结带领全国各族人民全面建成社会主义现代化强国、实现第二个百年奋斗目标，以中国式现代化全面推进中华民族伟大复兴。"再次明确了现代化强国建设的"两阶段"战略安排，提出"到二〇三五年……建成教育强国、科技强国、人才强国、文化强国、体育强国、健康中国"，"加快建设制造强国、质量强国、航天强国、交通强国、网络强国、数字中国"，"加快建设海洋强国"，"加快建设贸易强国""加快把人民军队建成世界一流军队"，首次提出"加快建设农业强国"目标。[①] 由此形成"1+16"的中国式现代化强国战略体系，进一步丰富了"强国策"的内涵。

对于何为世界强国，目前尚无统一定义。当今世界公认的第一强国是美国，它经历了由资本主义强国到帝国主义强国、再到霸权主义强国的转变过程，是"国强必霸"历史逻辑的典型体现，具有极大独占性、排他性、破坏性，是当今世界不太平、不安全，以及发动各类战争和制造各类军事冲突的主要根源。苏联曾有赶超美国的雄心壮志，但因其经济体制僵化、经济发展停滞、经济改革失败、全面转向资本主义而彻底失败，最终国家解体，成为国家失败的典型案例，留下了深刻的历史教训。[②]

中国从世界大国成为世界强国，就是要以美国为赶超对象，要成为世界

---

① 习近平：《高举中国特色社会主义伟大旗帜 为全面建设社会主义现代化国家而团结奋斗——在中国共产党第二十次全国代表大会上的报告》（2022 年 10 月 16 日），中国政府网，https://www.gov.cn/xinwen/2022-10/25/content_5721685.htm。

② 根据安格斯·麦迪森提供的数据，苏联 GDP（1990 年国际元）相对美国的追赶系数从 1950 年的 35.2% 上升至 1973 年的 42.8%，而后到 1990 年降至 34.3%，到 1995 年时俄罗斯的 GDP 仅相当于美国的 10.9%［Angus Maddison: *Historical Statistics of the World Economy: 1-2008*, http://www.ggdc.net/maddisom/(02-2010)］。根据世界银行提供的数据，俄罗斯 GDP（2021 年国际元）相对美国的追赶系数从 1990 年的 40.0% 下降至 1998 年的 17.6%，2022 年提高至 23.3%（计算数据来源：世界银行 WDI 数据库，https://data.worldbank.org/indicator/NY.GDP.MKTP.PP.KD?end=2022&locations=RU-US&start=1990）。

强国必须独辟蹊径。最早提出这一战略目标设想的是毛泽东同志，1956 年他在党的八大预备会议上首次提出"再有五十年、六十年，就完全应该赶过它（美国）"的战略设想。[①] 他采用了当时普遍用来衡量一个国家实力的钢产量指标，1955 年中国的钢产量只有 400 多万吨，而美国已经达到了 1 亿吨，相当于中国的 20 多倍，而美国在 60 多年前的钢产量也只有 400 万吨；而 1955 年时的中国总人口已经突破 6 亿人，美国只有 1.7 亿人，中国比美国多出 4 亿多人。[②] 因此，他设想中国花五十年、六十年赶上并超过美国的钢产量，而不是经济总量指标或其他指标。而若按照现在常用的经济指标 GDP 计算，1955 年美国的 GDP（PPP，1990 年国际元）相当于中国的 5.8 倍，美国的人均 GDP（10 512 国际元）相当于中国（577 国际元）的 18.2 倍。[③] 尽管当时毛泽东并不知道这些现在常用的基本经济指标信息，也不能明确中国与美国之间的实际差距，而主要是采用钢产量这一工业指标，但他还是富有远见地提出了"赶超美国"的"强国梦"。

为什么毛泽东能够大胆提出中国"赶超美国"的"强国梦"？这充分反映了他的自觉性与自信性，他认为：在世界上众多的大国中，中国有资格、有能力赶上世界上最强大的资本主义国家，即美国。其中有三条重要理由：一是中国国土面积与美国大致相当，这就意味着主要资源总量与美国比较接近，如果能够高效率地开发利用，就会成为追赶和超越美国的自然资源基础；二是中国比美国人口多得多，这就意味着一旦中国的人力资本水平大幅度上升，就会成为追赶和超越美国的人力资源基础；三是社会主义制度的优越性，这是最大的制度优势，美国的制度是典型的资本主义国家的制度，而中国的社会主义制度更优越，如果长期充分利用这一制度优势，就会成为追赶和超越美

---

① 毛泽东:《增强党的团结，继承党的传统》(1956 年 8 月 30 日),《毛泽东文集》第七卷，北京，人民出版社，1999 年，第 89 页。

② 毛泽东:《增强党的团结，继承党的传统》(1956 年 8 月 30 日),《毛泽东文集》第七卷，北京，人民出版社，1999 年，第 88-89 页。

③ Angus Maddison: *Historical Statistics of the World Economy: 1-2008*，http://www.ggdc.net/maddisom/(02-2010)。

国的制度基础。毛泽东还特别指出："搞了五六十年还不能超过美国，你像个什么样子呢？那就要从地球上开除你的球籍！所以，超过美国，不仅有可能，而且完全有必要，完全应该。如果不是这样，那我们中华民族就对不起全世界各民族，我们对人类的贡献就不大。"[①] 笔者称之为"毛泽东强国预言"，这一预言在21世纪头20年被验证[②]，进而才有了党的二十大报告中呈现的"强国战略"。这正是本书的重要研究结论。

中国式现代化强国道路是一场持久战，要经历百年以上的历史发展过程（1949—2049年）。随着中国经济实力、工业实力、科技实力、贸易实力、国防实力、综合国力持续上升，会形成中国对美国不同的赶超阶段[③]：第一阶段是中国不断加速追赶，全面缩小与美国的相对差距，不断提高战略优势；第二阶段是与美国综合实力大体相当，形成对等战略优势，打破美国独霸世界的格局，处于战略僵持阶段；第三阶段是局部超过美国，形成相对战略优势；第四阶段是全面超过美国，形成总体战略优势，形成多极化世界的新格局；第五阶段是对美国形成压倒性战略优势。这必将伴随着中国式现代化的长期过程，也必然与美国形成长期的战略博弈，决定并影响着中国式现代化延续百年的"持久战"进程。

中国成为现代化强国的内涵是什么呢？从国际的量化比较来看，可归纳为四个步骤与衡量标准：第一，主要指标规模总量大，即共同的大，全球资源配置能力强。这体现为中国经济总量、制造业总量、贸易总量、科技专利总量等在世界总量中所占的比重持续提高，居世界前列，成为主导全球主要

---

① 毛泽东:《增强党的团结，继承党的传统》(1956年8月30日),《毛泽东文集》第七卷，北京，人民出版社，1999年，第89页。
② 根据世界银行提供的GDP（PPP, 2021年国际元）数据，2016年我国经济总量超过美国。数据来源：世界银行WDI数据库，https://data.worldbank.org/indicator/NY.GDP.MKTP.PP.KD?locations=CN-US。
③ 无论中国是否把美国作为赶超目标，美国已经把中国作为竞争对手，不仅研究中国，还出台相关战略遏制中国发展，以保持其领导地位。2017年12月，时任美国总统特朗普上任后美国发布的首份《国家安全战略》就把中国描述成美国的"竞争者"；2018年10月，美国制定了《美国先进制造业领导者的战略》，旨在维持其在先进制造业的领导地位，遏制中国赶超。

资源配置的国家。第二，发展质量水平高，即共同的优，众多领域相继进入世界前列。这体现为主要领域或多个细分行业或领域相继进入世界前列，形成国际竞争优势，如世界级企业（世界 500 强企业）、重大科技专项、重大工程、世界一流（或顶尖）大学和学科；在国际品牌、国际专利、高价值专利等方面取得显著成绩，拥有自主知识产权或重大标志性工程，具备全球影响力和国际美誉度。第三，结构体系协调高效，组织系统稳定完善，即共同的强。这体现为具有门类齐全、完整完善的国民经济体系、产业链、供应链、价值链、创新链，各个系统间相互协调配合，形成经济合力、产业合力、创新合力、强国合力；成功抵御各类国际危机（如国际金融危机）和全球重大风险（如全球性新冠疫情风险），仍保持持续稳定协调发展，特别是高质量发展。第四，构建广泛的以发展中国家为主的国际统一战线，即"中国坚持在和平共处五项原则基础上同各国发展友好合作，推动构建新型国际关系，深化拓展平等、开放、合作的全球伙伴关系，致力于扩大同各国利益的汇合点"[1]。特别是优先扩大与南方国家的经济科技贸易合作，如大力推进"一带一路"倡议与合作，实现互利共赢，彰显"得道多助"[2]。

　　中国对现代化道路的选择，决定和成就了中国式现代化强国不仅符合上述国际通行的世界强国定义，更具有三大中国特色：一是具有鲜明的中华民族传统文化特征，实现中国式现代化强国目标是中国作为文明古国的崛起与复兴；二是具有鲜明的社会主义本质特征，"现代化的本质是人的现代化"[3]，中国式现代化就是"以全体人民为中心"的现代化，从减少绝对贫困到解决"温饱"问题（1978—1990 年），从总体上达到小康水平（1990—2000 年）到消除绝对贫困、实现"全面建成小康社会"（2000—2020 年），从"全体人民共同富

---

① 习近平：《高举中国特色社会主义伟大旗帜 为全面建设社会主义现代化国家而团结奋斗——在中国共产党第二十次全国代表大会上的报告》（2022 年 10 月 16 日），中国政府网，https://www.gov.cn/xinwen/2022-10/25/content_5721685.htm。

② 毛泽东指出，美帝国主义看起来是个庞然大物，其实是纸老虎，正在垂死挣扎。无数事实证明，得道多助，失道寡助。《建国以来毛泽东文稿》第十三册（1969 年 1 月—1976 年 8 月），北京，中央文献出版社，1998 年，第 97 页。

③ 《习近平同志〈论"三农"工作〉主要篇目介绍》，人民网，http://jhsjk.people.cn/article/32439791。

裕迈出坚实步伐"到"全体人民共同富裕基本实现"（2020—2035年），进而实现"全体人民共同中等发达"（2035—2050年）；三是具有鲜明的"世界大同"特征，坚持和平发展道路，推动构建人类命运共同体，为世界和平与发展不断贡献中国智慧、中国方案、中国力量。几十年来中国式现代化强国道路已经超越了几百年来西方"殖民主义、帝国主义""世界霸权主义"的强国道路，不仅体现了经济上的"共同富裕中国"、政治上的"人民民主中国"、文化上的"文明中国"、社会上的"和谐中国"、生态上的"美丽中国"，即"五位一体"的中国式现代化，对世界和平发展、人类可持续发展作出更大的贡献，而且充分体现了各个分目标与总体目标之间的全面联系、相互作用、共同推进。

如何理解中华民族"实现了从站起来、富起来到强起来"的三次历史性伟大飞跃？为什么说中国进入现代化强国新时代？又如何深入认识与解释中国强起来的机制与动因？有什么样的历史来源和国情基础作为依据？中国强起来的发展趋势与基本路径是什么？实现现代化强国目标应遵循哪些基本方略和原则？拥有十四多亿人民的中国强起来对世界及人类发展将产生怎样的深远影响？

本书将对上述基本问题从国情、国力、国策多个角度进行分析，以新中国70多年的现代化发展历程为研究对象，总结中国式现代化的发展经验和创新理论，进而展望未来中国式现代化的发展趋势及其将对世界产生的巨大影响。

本书的内容组织以探究如何实现中国式现代化强国为核心目标，由三部分组成。

一是**中国的国情**。总的来看，中国仍处在社会主义初级阶段，但是经济国情、社会国情、政治国情、文化国情、生态国情等都将继续发生重大变化，符合中国式现代化"量变—部分质变—量变—质变"的发展规律，也会引起中国社会主要矛盾发生重大转变，正如党的十九大报告作出的判断："中国特色社会主义进入新时代，我国社会主要矛盾已经转化为人民日益增长的美好生活需要和不平衡不充分的发展之间的矛盾。""我国社会生产力水平总体上显著提高，社会生产能力在很多方面进入世界前列，更加突出的问题是发展不平衡不充分，这已经成为满足人民日益增长的美好生活需要的主要制约因素。"① 这是坚持基本路线、确立基本国策、制定发展战略、设计发展规划的国情基础，中国国情的不断变化也将为未来逐步过渡到社会主义中级阶段的持续发展奠定更坚实的国情基础。

二是**中国的国力**。总的来看，中国的综合国力已跃居世界前列，经济实力、农业实力、制造业实力、贸易实力、科技实力、人力资源、国防实力、软实力、国际影响力等显著提升，它们之间相互作用、相互带动，是实现现代化强国目标的实力基础，成为中国进入世界舞台中心、推动构建人类命运共同体的综合国力基础。与此同时，它们之间长期存在着不平衡、不充分、不协调的矛盾，这就需要补短板、强基础、创新发展、协调发展、可持续发展、全面发展、长期发展。

三是**中国的国策**。总的来看，中国的基本国策符合中国的基本国情。中国的发展战略符合不同的发展阶段，中国的发展目标符合中国式现代化发展战略的方向，保持了目标与战略、政策与措施的创新性与连续性，并与时俱进、灵活调整，以便能更好地实现现代化强国目标，不断提高各方面的实力与综合国力，实现每隔五年（一个五年规划）上一个大台阶，每隔十年（两个五年规划）迈出一大步。根据党的十九大、二十大报告提出的"两阶段"战略安排，到 2035 年我国将基本实现社会主义现代化目标，到 2050 年建成富强民主文明和谐美丽的社会主义现代化强国。

以上构成了本书的分析框架，即中国基本国情、中国综合国力、中国基本国策三者之间相互关联、相互作用、相互影响（见图 1-1）。首先，根据中国的基本国情及发展阶段制定中国的基本国策，才能不断提高中国的综合国力，中国的综合国力又会进一步影响中国的基本国情，同时也能反映中国基本国策的作用结果。其次，中国与世界之间的互动关系，也会直接影响中国

---

① 习近平：《决胜全面建成小康社会 夺取新时代中国特色社会主义伟大胜利——在中国共产党第十九次全国代表大会上的报告》（2017 年 10 月 18 日），中国政府网，https://www.gov.cn/zhuanti/2017-10/27/content_5234876.htm。

的基本国情，而中国的综合国力变化又会对世界产生直接影响，中国的发展本身就是世界发展最大的因变量和自变量，中国的基本国策也会直接影响和作用于世界。本书的研究结论是：中国越发展，世界越发展；中国越创新，世界越受益；中国越强大，世界越安全。总之，中国与世界始终是"环球同此凉热"①。

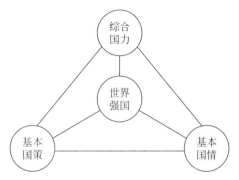

图 1-1　中国式现代化创新发展分析框架

中国式现代化强国道路是当代中国实现现代化最重要的标志之一，也是当代世界"百年未有大变局"②的最重要标志之一。全书以中国式现代化强国道路为主题，共分为九章：第一章为导论，以中国实现伟大的历史性飞跃为主线，简述和总结了毛泽东、邓小平、江泽民、胡锦涛、习近平等领导人开创性、继承性、持续性探索实现中国式现代化强国的基本路径、战略目标；提出到 21 世纪中叶，中国全面建成现代化强国的三维分析框架，即以中国基本国情为战略分析基础，以提高中国综合国力为战略发展目标，以制定中国"富民强国"的基本国策为战略途径手段，在实现第一个百年奋斗目标的基础上，

---

① 毛泽东：《念奴娇·昆仑》（1935 年 10 月），载中共中央文献研究室：《毛泽东年谱（1893—1949）》上卷，北京，中央文献出版社，1993 年，第 476-477 页。

② 习近平指出：首先要深刻领会党的十九大精神，正确认识当今时代潮流和国际大势。放眼世界，我们面对的是百年未有之大变局。新世纪以来一大批新兴市场国家和发展中国家快速发展，世界多极化加速发展，国际格局日趋均衡，国际潮流大势不可逆转。《习近平接见驻外使节工作会议与会使节并发表重要讲话》，人民网，2017-12-28，http://jhsjk.people.cn/article/29734770。

实现未来"两个阶段"的战略目标。

第二章，以现代国家发展生命周期为中国从世界大国时代进入世界强国时代的理论基础与历史背景，阐释中国式现代化独特的国家创新内涵与创新机制，根据国家发展生命周期理论，分析和总结自中国共产党成立以来国家发展生命周期的三次伟大飞跃：从救国到建国（1921—1949 年），从建国（1949—1977 年）到兴国（1978—2012 年），再从兴国到强国（2012—2050 年）。

第三章，从国情视角分析中国实现强国目标的三大根基及面临的国际环境。一是经济根基，中国已经进入世界经济强国、创新型国家、贸易强国、交通通信强国的行列，成为世界上拥有最大规模市场主体的国家；二是社会根基，中国已进入高人类发展水平阶段，正在加速建设世界教育强国、人才强国、健康中国以及文化强国；三是政治保障，包括中国共产党领导、有效提供国家公益性产品、坚持政府与市场"两只手合力论"、社会组织化、各民族大团结、改革创新、中国共产党领导及自身建设、新型举国体制；四是国际环境，包括南北经济实力格局大变局、世界贸易新格局、美国进入衰落时代、共同应对气候变化、第四次工业革命兴起。

第四章，从国力视角分析经济强国的目标与实现路径，包括经济强国、制造强国、科技强国、贸易强国、交通强国、网络强国与数字中国等目标。

第五章，分析社会强国的目标与实现路径。全体人民的现代化反映在人力资本水平（人均受教育年限、人均预期寿命）以及总人力资本存量不断提高上，为此分析了建设教育强国、健康中国、公共服务的目标，以及中国从高人类发展水平将要进入极高人类发展水平的基本趋势。

第六章，讨论国际竞争背景下的国防强国目标，以及促进经济实力、产业实力、科技实力、人力资源等向国防实力转变的实现路径，突出解决我国国防实力的短板。

第七章，总结和概括了从建国方略到兴国方略，再到实现社会主义现代化强国的方略，既包括实现强国目标的硬实力，又包括软实力、领导力与新型举国体制优势等。

第八章，从整体上讨论中国与世界的互动关系，基本结论是中国越强大，世界越受益。中国为世界贡献七大红利，即和平发展红利、发展共赢红利、创新共享红利、治理共建红利、绿色文明红利、中华文明红利、社会主义制度红利。

第九章，主要分析防范应对重大风险挑战，提出新时代我国面临的六大风险以及防范重大风险的若干政策建议。

最后是本书总结，笔者将中国式现代化概括为中国特色社会主义强国之路，本质上就是实现14亿多全体人民共同富裕和社会主义中国共同强大，根本上改变了"国强必霸"的殖民主义、资本主义、帝国主义、霸权主义的历史轨迹，开辟了新型的共赢主义新道路，即"人间正道是沧桑"。

第二章

国家发展生命周期与国家创新崛起

变革创新是推动人类社会向前发展的根本动力。谁排斥变革，谁拒绝创新，谁就会落后于时代，谁就被历史淘汰。[①]

——习近平

国际经济竞争甚至是综合国力竞争，说到底就是创新能力的竞争。[②]

——习近平

创新是一个民族进步的灵魂，是一个国家兴旺发达的不竭动力，也是中华民族最深沉的民族禀赋。在激烈的国际竞争中，惟创新者进，惟创新者强，惟创新者胜。[③]

——习近平

[①] 习近平：《开放共创繁荣 创新引领未来——在博鳌亚洲论坛 2018 年年会开幕式上的主旨演讲》（2018 年 4 月 10 日，海南博鳌），中国政府网，https://www.gov.cn/xinwen/2018-04/10/content_5281303.htm。

[②] 中共中央宣传部：《习近平总书记系列重要讲话读本（2016 年版）》，北京，人民出版社，学习出版社，2016 年，"九、主动适应、把握、引领经济发展新常态——关于促进经济持续健康发展"。

[③] 习近平：《在欧美同学会成立 100 周年庆祝大会上的讲话》（2013 年 10 月 21 日），《人民日报》，2013 年 10 月 22 日。

国家竞争的本质是国家创新的竞争，**即国家倡导创新、国家鼓励创新、国家推动创新，国家营造环境、国家承担风险、国家支付成本**。中国实现从站起来到富起来、再到强起来，这一过程本身就决定了中国式现代化要经历上百年的持久战，与此同时，在经济全球化背景下，中国作为世界上最大的发展中国家必然与发达国家存在长期竞争竞赛的持久战过程，胜负的关键在于**国家创新的能力与进步程度**。中国从世界大国迈向世界强国之路的核心就在于能否创新而不僵化、不停滞，能否持续地创新而不中断、不夭折，能否比其他竞争国家更具创新力而不骄傲、不落伍。本书的理论分析框架基于国家发展生命周期与国家创新理论，解释和说明中国如何通过国家创新开辟中国式现代化，从社会主义大国成为社会主义现代化强国。

一、国家发展生命周期

通过"国家发展生命周期"的分析框架，可以从一个国际的、历史的、比较的视角看到中国为何曾经衰落又为何能够重新崛起。该分析框架以时间为横坐标，以一个国家的主要经济指标占世界总量的比重为纵坐标，反映在时间维度下这些量化指标的动态变化和国际比较。接下来，我们从国家发展生命周期的理论出发，先对大国崛起的历程进行比较分析。

世界范围内现代经济体发展的历程客观上证明了国家发展生命周期的存在，笔者在 2006 年提出了国家发展生命周期的"四阶段说"[①]，即国家的发展大体可分为四个阶段：准备成长期、迅速成长期、强盛或高峰期、衰落期。一个国家的持续兴起可能是由于国家之间的竞争，导致其从被动响应到主动响应，从模仿创新到自主创新；反之，一个国家的持续衰落也可能是由于国家之间的竞争，导致其从主动响应到被动响应，从创新能力强到创新能力减弱，甚至消逝。应当说，国家发展生命周期理论，既可以解释近代中国为何从强大到衰落，也可以解释现代中国从贫穷再到强大的变化过程。

---

① 胡鞍钢：《国家生命周期与中国崛起》，《教学与研究》2006 年第 1 期，第 7-17 页。

世界不是由一个国家组成，也不是由一个国家主导（或统治、独霸），而是由多个国家组成，当今世界有 190 多个国家，特别是在多个大国竞争的格局条件下，会形成一个国家（A 国）与另一个国家（B 国）的国家竞争，两个国家间的发展与竞争过程如前所述会存在四个阶段，即一个国家的生命发展周期会经历准备成长期、迅速成长期、强盛或高峰期、衰落期。两个国家竞争结果的相对变化见图 2-1。

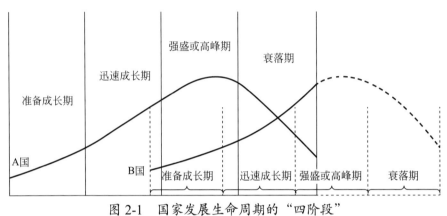

图 2-1　国家发展生命周期的"四阶段"

注：笔者设计，纵坐标为一国主要经济指标占世界总量的比重或其综合国力。

第一阶段是 A 国的准备成长期。A 国首先实现现代经济增长，如人均收入或人均 GDP 年增长率超过 1%，经济总量占世界总量的比重或其综合国力有所提高。而 B 国仍未摆脱长期停滞，几乎没有出现任何经济增长的迹象，是落伍者，也不对 A 国构成任何挑战和威胁。

第二阶段是 A 国实现经济起飞[①]，进入经济迅速成长期。A 国的经济总量所占世界比重和综合国力迅速上升，既是优势者，又是挑战者，对 B 国形成外部冲击和外部威胁，迫使 B 国发动工业化，B 国既是劣势者，又是被动者，被迫对 A 国的外部冲击和威胁作出回应，在该阶段后期 B 国开始进入准备成长期，成为对 A 国的追赶者。

---

① 罗斯托于 1960 年提出"起飞"（take off）这个经济增长阶段。W.W. Rostow: *The Stages of Economic Growth*, Cambridge, Cambridge University Press, 1960.

第三阶段是 A 国的强盛或高峰期。A 国成为世界性大国（World Power），它的经济总量所占世界比重或综合国力达到最高峰，但是它的发展速度从加速变为减速甚至停滞。B 国开始发动工业化、城镇化、现代化，通过对外开放，借助经济全球化从 A 国获得各类资源（知识、技术、资本和人才），由准备成长期开始进入迅速成长期，表现为 B 国的经济总量所占世界比重或综合国力开始上升，对 A 国形成竞争甚至挑战。[①]

第四阶段是 A 国的国力衰落期，表现为由于内外部原因引起的国家衰退，既有因 B 国进入迅速成长期或者朝着强盛期转变而带来的外部挑战，也有在 A 国"老化"过程中产生的内部弊端或严重冲突。A 国的发展能力持续下降，国际竞争力不足，不可避免地开始衰落。

究竟是什么力量能够驱动一个国家发展生命周期的进程？简言之，就是国家创新能力。它是指在经济全球化背景下，在国家的指导和动员下，调动和发挥全社会各种积极因素实现观念（包括理论）创新、市场创新、科技创新、制度创新、文化创新等的国家能力。

一个国家的兴盛和衰落绝非偶然，国家衰落的根源就是不能创新、压抑创新。不断创新是一个国家崛起，或者说迅速崛起并走向强盛的最根本动因，中国近现代的历史便是最好的例证和说明。

西方国家是先崛起、后衰落，而中国正好相反，是先衰落、后崛起的 U 字形过程。根据安格斯·麦迪森提供的世界经济数据库相关数据，按 PPP（1990 年国际元）计算，1820 年时中国 GDP 占世界总量的 1/3，到了 1950 年降至不足 1/20，仅有 4.5%（见图 2-2）。这是我国传统农业社会衰落的最低点，也是中国开始建设现代工业文明、现代工业化、现代工业社会的发展起点，正是在这一起点上，中国共产党肩负起挽救国家、民族的重大使命，一定要

---

① 金德尔伯格在其书中介绍了瑟拉的观点，新兴霸权国家在一个又一个领域不断实现赶超，并利用较高的效率、较低的成本或较好的设计力量，将衰老的老牌霸权国家远远地甩在后面。Charles Kindleberger: *World Economic Primacy:1500-1900*, Oxford, Oxford University Press, 1996；查尔斯·P. 金德尔伯格：《世界经济霸权：1500—1990》，北京，商务印书馆，2003 年，第 68 页。

启动和实现工业化、城镇化、现代化，以及当今我们正在经历的信息化、网络化、数字化、智能化。

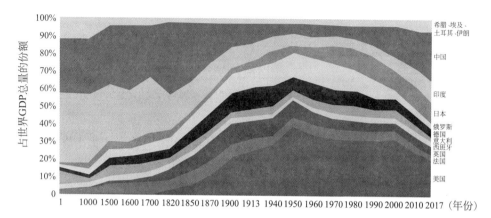

图 2-2　公元元年以来中国与主要国家的经济总量占世界总量的比重变动

数据来源：安格斯·麦迪森：《世界经济千年史》，伍晓鹰等译，北京，北京大学出版社，2022 年。

在经济全球化与国际竞争的大背景下，不仅"发展才是硬道理"①，而且实力更是硬道理，这反映在各大国的综合国力，以及经济实力、工业实力、科技实力占世界总量比重的变化上，一个国家无论是上升型或崛起型，还是下降型或衰落型，都绝非偶然，背后与其所处国家发展生命周期的阶段相关，更与其国家创新能力有关，国际竞争既是公开的竞争，更是激烈的竞争，符合"不进则退，进慢也是退"的竞争规律。正如习近平总书记所指出的"在激烈的国际竞争中前行，就如同逆水行舟，不进则退"②。

同样，用国家发展生命周期理论还可以揭示并解释南方国家崛起、北方

① 《在武昌、深圳、珠海、上海等地的讲话要点》（1992 年 1 月 18 日—2 月 21 日），《邓小平文选》第三卷，北京，人民出版社，1993 年，第 377 页。
② 习近平：《习近平接受俄罗斯电视台专访》，人民网，2014 年 2 月 9 日，http://jhsjk.people.cn/article/24303725。

国家衰落的根本原因。北方国家（指 OECD[①] 成员国）作为现代化的先行者，长期处在国家发展生命周期的高峰期，随着高峰期结束，发达国家集体性步入了老化、严重老化的阶段，既体现为制度老化、决策机制的僵化，还体现为人口结构和劳动力的老化，更重要的是其观念的老化，可称之为"老化文化"。进入 21 世纪，北方国家明显地进入了国家发展生命周期的衰落期，国际金融危机等严重打击加速了它们的集体性衰落，特别是欧盟的成员国、美国、日本。与此相反，南方国家（指非 OECD 成员国）作为现代化的落伍者，直到很晚才进入现代国家发展生命周期的准备成长期，中国、印度等新兴经济体在20世纪50年代才开始发动工业化，直到最近四十年才进入迅速成长期，带动了南方国家经济实力占世界总量比重的持续提高。南方国家利用后发优势加速发展，实现了持续的上升或崛起。

　　早在一百多年前，列宁就揭示了帝国主义时代资本主义经济和政治发展不平衡的规律，实质上是资本主义的绝对规律[②]。帝国主义之间的经济政治发展不平衡规律使得资本主义各国的力量改变，必然会导致重新瓜分世界领土的战争。20世纪上半叶爆发了第一次世界大战、第二次世界大战，20世纪下半叶以美国为首的帝国主义、霸权主义发动了一系列入侵战争。

　　但是在一百多年后的 21 世纪，世界进入和平发展时代，"从历史维度看，人类社会正处在一个大发展大变革大调整时代。世界多极化、经济全球化、社会信息化、文化多样化深入发展，和平发展的大势日益强劲，变革创新的

[①]　经济合作与发展组织（Organization for Economic Co-operation and Development，OECD），简称经合组织，是由 38 个市场经济国家组成的政府间国际经济组织。包括 20 个 1961 年的创始成员国——美国、英国、法国、德国、意大利、加拿大、爱尔兰、荷兰、比利时、卢森堡、奥地利、瑞士、挪威、冰岛、丹麦、瑞典、西班牙、葡萄牙、希腊、土耳其，以及 18 个后来加入的成员（括号内为入会年份）——日本（1964 年）、芬兰（1969 年）、澳大利亚（1971 年）、新西兰（1973 年）、墨西哥（1994 年）、捷克（1995 年）、匈牙利（1996 年）、波兰（1996 年）、韩国（1996 年）、斯洛伐克（2000 年）、智利（2010 年）、斯洛文尼亚（2010 年）、爱沙尼亚（2010 年）、以色列（2010 年）、拉脱维亚（2016 年）、立陶宛（2018 年）、哥伦比亚（2020 年）、哥斯达黎加（2021 年）。

[②]　列宁指出："经济和政治发展的不平衡是资本主义的绝对规律。"列宁：《论欧洲联邦口号》（1915 年 8 月 10 日〔23 日〕），《列宁选集》第二卷，北京，人民出版社，2012 年，第三版修订版，第 554 页。

步伐持续向前"①。世界从南北"大趋异"时代（1820—1990 年）走向南北"大趋同"时代（1990 年之后），中国、印度等新兴经济体的持续崛起成为关键变量。但是南北国家间的贫富分化仍十分严重。与百年前相比，世界上的国家和地区数量越来越多，各国间的相互联系和依存日益加深，国际市场竞争越来越激烈，技术创新和经济竞争成为国际竞争的主要手段，你中有我、我中有你，但是地区性、国家间的战争以及国家内战仍连续不断，其根源并没有根本改变，主要是来自美国的霸权主义。美国成为第二次世界大战之后发动军事战争和干预最多的国家，"冷战"之后以美国为首的北约军事集团仍在威胁世界与地区的和平与发展，仍是当今世界各类军事冲突的主要根源。但是世界政治经济发展的不平衡规律仍在起作用，最大的不同之处不再是发达国家之间发展的不平衡，而是发展中国家的发展速度明显超过发达国家，正如习近平总书记在南南合作圆桌会上的讲话中指出"南方国家已经成为全球增长的重要动力"②，呈现南北之间新的不平衡，南升北降③，特别的是，中国的经济发展速度大幅超过美国，进而带动南北国家经济实力的逆转。这既是国家发展生命周期的客观规律，也是当代世界政治经济发展不平衡的客观规律。

二、国家创新发展

（一）中国国家创新的内涵

结合中国改革的社会实践，笔者把创新定义为**"创造新的社会价值的（各类）活动"**。这个定义有三个含义：一是能够创造新的价值，而不是已有的价

---

① 习近平：《在"一带一路"国际合作高峰论坛开幕式上的演讲》，人民网，2017 年 5 月 14 日，http://jhsjk.people.cn/article/29273979。

② 习近平：《要把南南合作事业推向更高水平》，人民网，2015 年 9 月 27 日，http://jhsjk.people.cn/article/27639303。

③ 根据世界银行 WDI 数据库提供的 GDP（2021 年国际元）数据，OECD 成员国的 GDP 总量占世界的比重从 2000 年的 61.7% 降至 2022 年的 44.7%，发展中国家 GDP 总量占世界的比重从 38.3% 上升至 55.3%，其中中国占世界的比重从 6.4% 上升至 18.5%。数据来源：世界银行 WDI 数据库，https://data.worldbank.org/indicator/NY.GDP.MKTP.PP.KD?end=2022&locations=OE-1W-CN&start=1990。

值；二是所创造的价值主要是社会价值，具有正外部性；三是与创新有关的各种活动，不只是创新本身，例如技术创新活动包括创新资金的融资和投入，技术创新的研究和开发，技术创新的知识产权有效保护，技术创新的示范、应用和推广等活动。以上是一个广义的创新定义。**中国的改革是世界最大规模人口的创新实践，并没有成功的先例，也是在相对短的时间内创造最大社会价值的创新活动，同样没有先例。**

什么是国家创新能力？国家创新能力是指实现国家发展战略目标的创新能力。从国家创新能力的角度来看，我国 1954 年召开的第一届全国人民代表大会第一次明确提出要实现工业、农业、交通运输和国防的四个现代化任务；1964 年召开的第三届全国人民代表大会提出"要在不太长的历史时期内，把我国建设成具有现代农业、现代工业、现代国防和现代科学技术的强国"；根据邓小平的战略设想，党的十三大报告提出了中国经济建设分"三步走"的战略部署；2000 年，党的十五届五中全会提出，从新世纪开始，我国进入了全面建设小康社会，加快推进社会主义现代化的新的发展阶段；2002 年，党的十六大报告确定了"全面建设小康社会"的奋斗目标；2012 年，党的十八大报告正式提出"全面建成小康社会"；2017 年，党的十九大报告提出"既要全面建成小康社会、实现第一个百年奋斗目标，又要乘势而上开启全面建设社会主义现代化国家新征程，向第二个百年奋斗目标进军"；2022 年，党的二十大报告明确了"从现在起，中国共产党的中心任务就是团结带领全国各族人民全面建成社会主义现代化强国、实现第二个百年奋斗目标，以中国式现代化全面推进中华民族伟大复兴"。新中国成立以来中国式现代化所实践的这些发展战略目标大都能如期实现，甚至提前实现，主要的一个原因就是实行国家长期主义，其一是提出中国式现代化的长远目标（如"三步走"战略目标），其二是制定和实施国家五年计划或规划，中国式现代化的进程每隔五年上一个大台阶，每隔十年迈出一大步。这在世界 190 多个国家中是极其独特的，不仅具有创新性、引领性、时代性，而且具有长远性、长期性、持续性。

与美国的以"选票为王"两党执政交替有着根本不同，中国之所以实行长期主义，就是因为中国共产党是长期执政党，其宗旨始终是"全心全意为人民服务"，实现全体人民整体利益最大化，而美国无论是民主党还是共和党，其宗旨都是"全心全意为垄断资本服务"，实现本党特殊利益最大化。中国共产党不仅制定社会主义现代化的长期战略目标，其中最典型的是毛泽东提出的"四个现代化"战略目标、邓小平提出的中国经济建设"三步走"发展战略、习近平提出的"两个百年奋斗目标"；而且具体实行五年计划或规划，持续不断地覆盖中国式现代化的全过程，从 1953 年开始实施第一个五年计划，至今已经连续执行并如期完成了十三个五年计划或规划，正在执行第十四个五年规划，具体地指导了中国式现代化的发展方向和发展实践。中国从对美国的经济、产业、科技、贸易的加速追赶，到实现对美国的局部超越；而美国却陷入了基于短期机会主义的"美国制度陷阱"，表现为长期制度化的相互对立的两党制，两党轮流坐庄、先后否定、相互排斥、不断"翻烧饼"，真可谓"在我之后，哪管洪水滔天"。

马克思列宁主义揭示了人类社会发展的历史规律，它的基本原理是正确的，具有强大的生命力。中国共产党人追求的共产主义最高理想，只有在社会主义社会充分发展和高度发达的基础上才能实现。社会主义制度的发展和完善是一个长期的历史过程，坚持马克思列宁主义的基本原理，走中国人民自愿选择的适合中国国情的道路，中国的社会主义事业必将取得最终的胜利。

从国际比较来看，中国式现代化的创新是全面创新，早已超越了约瑟夫·熊彼特所定义的资本主义创新，即企业家创新，也超越了以日本为代表的东亚创新模式，即政府引导赶超等。中国的创新表现为中国共产党的领导创新，1.7 亿户市场主体（包括企业家）、2 亿专业技术人才、7 亿就业者的市场和科技创新，14 亿人民主体的人民创新；在创新内涵上，表现为思想创新、理论创新、实践创新、政策创新等。**中国的创新是全面创新，构成了世界上十分独特的创新强国主体。**

第一，中国共产党的领导创新。无论是与美国的民主党还是共和党相比，中国共产党都比它们具有更加强大的创新能力和巨大的活力，比它们更具政治优势、理论优势、组织优势、人民优势、文化优势，这反映在中国共产党的政治路线、思想路线、组织路线、群众路线、文化路线上。中国共产党及其领导的人民政府带领和促进人民创新、就业创新、科技创新、企业创新、市场创新，不仅孕育了世界上最大规模的市场主体、创新主体，也切实践行了理论（或观念）创新、道路创新、制度创新和文化创新。在这场激烈的国际创新竞赛中，中国迎头赶上、后来居上，从局部超越进而实现全面超越。

第二，中国市场主体的巨大创新。 中国已经成为世界上拥有最大规模市场主体的国家，截至 2023 年 1 月，我国市场主体达 1.7 亿户，其中全国登记在册个体工商户达 1.14 亿户，约占市场主体总量的 2/3，带动近 3 亿人就业。党的十八大以来，全国新办涉税市场主体累计达到 9315 万户，年均增加逾千万户；增值税一般纳税人户数由 2015 年年底的 544 万户增加至 2021 年年底的 1238 万户，增长近 1.3 倍。[①] 中国已经成为世界上拥有最大规模企业家的国家，成为名副其实的创业王国，这是建成世界经济强国的市场主体基础。中国的市场登记户及企业家人数，超过了美国、欧盟、日本的总和，不断进行着市场创新、科技创新。在中国共产党领导下，市场主体、企业家有效地创造着巨大的经济财富，这也是中国经济总量、发明专利总量、贸易总量等能够超过美国的重要原因。

第三，中国人民主体的大众创新。 中国是世界上劳动年龄人口最多的国家，而更为关键的是，中国是参与创新创业人口最多的国家。首先，中国的劳动力人口总量大，2021 年中国的就业人口为 7.46 亿人[②]，超过了欧盟、美国、日本的就业总人数（2021 年为 6.9 亿人），相当于 OECD 成员国劳动力人口总数（6.79 亿人）的 1.1 倍，相当于印度劳动力人口总数（5.35 亿人）的 1.4 倍。[③] 其次，中国拥有世界上最多的从事研发活动的人员，2023 年

---

① 《新动能茁壮成长　新经济方兴未艾——党的十八大以来经济社会发展成就系列报告之九》，国家统计局网站，2022 年 9 月 26 日，https://www.stats.gov.cn/sj/sjjd/202302/t20230202_1896684.html。

② 国家统计局：《中国统计摘要 2022》，北京，中国统计出版社，2022 年，第 40 页。

③ 世界银行 WDI 数据库，https://data.worldbank.org/indicator/SL.TLF.TOTL.IN?locations=OE-IN。

中国研发人员全时当量为 660 万人年，2021 年 OECD 成员国的总和为 570 万人年。最后，中国拥有世界上最多的各类人才，根据中央组织部提供的数据，2021 年全国各类人才总量达到 2.2 亿人[①]，比 2010 年（1.2 亿人）增加了约 1 亿人，平均每年增加约 900 万人。此外全国技能人才总量超过 2 亿人，超过了美国劳动力人口数（2021 年为 1.65 亿人），其中高技能人才超过 6000 万人。这是中国全面建成世界经济强国、科技强国的人力资本基础。诚如 1949 年新中国成立前夕，毛泽东所言："世间一切事物中，人是第一个可宝贵的。在共产党领导下，只要有了人，什么人间奇迹也可以造出来。"[②] 这就是创造中国式现代化奇迹的根本原因。

中国经济实力、工业实力、科技实力、贸易实力，以及综合国力能够用 70 多年时间实现加速赶超美国，有其历史的必然性。中美之间的竞争竞赛，不只是两个世界大国之间的竞争竞赛，还是新生制度与老化制度之间的长期竞争竞赛，更是进步制度与退步制度之间的竞争竞赛。对此，1962 年毛泽东同志在七千人大会上，独到地预见道："三百几十年建设了强大的资本主义经济，在我国，五十年内外到一百年内外，建设起强大的社会主义经济，那又有什么不好呢？从现在起，五十年内外到一百年内外，是世界上社会制度彻底变化的伟大时代，是一个翻天覆地的时代，是过去任何一个历史时代都不能比拟的。"他还预见："社会主义和资本主义比较，有许多优越性，我们国家经济的发展，会比资本主义国家快得多。"[③] 当时他的大战略设想就是用一百年的时间（指 1949—2049 年）赶上和超过世界上最先进的国家，即美国。

中美两国之间综合国力的竞赛，不是百米竞赛，而是马拉松竞赛，不是速胜论，而是持久战论，不会在短时间内见分晓。中国式现代化已经历了 70

---

① 《中共中央组织部：我国人才资源总量达到 2.2 亿人》，中国新闻网，2022 年 6 月 30 日，https://baijiahao.baidu.com/s?id=1737029002369230960&wfr=spider&for=pc。

② 毛泽东：《唯心历史观的破产》（1949 年 9 月 16 日），《毛泽东选集》第四卷，北京，人民出版社，1991 年，第 1512 页。

③ 毛泽东：《在扩大的中央工作会议上的讲话》（1962 年 1 月 30 日），《毛泽东文集》第八卷，北京，人民出版社，1999 年，第 302 页。

多年的时间，这不是靠运气，而是依靠中国共产党及人民政府的长期主义，即中国式现代化的"三步走"战略部署、"两阶段"战略安排，靠中国特有的国家能力、国家创新力、国家综合实力，最重要的是靠社会主义制度优势，实现加速追赶、迅速崛起，不断走向强大。我们应对社会主义制度具有高度自觉性、充满自信，又要坚定不移地不断创新改革和自我完善社会主义制度。

自20世纪90年代以来，经济全球化与第三次、第四次科技革命使国家竞争模式发生本质变化。国家之间的竞争已经由军备竞赛、冷战对抗，发展为经济实力、工业实力、科技实力、综合国力与国际影响力等全方位、多领域的总体实力竞赛。这种总体实力既包括一国的经济总量、工业总量、贸易总量、投资总量，还包括人力资源、劳动力资源、人口流入流出规模、跨国地理辐射空间、文化意识形态国际影响，等等。因此，综合国力竞争本质上反映了国家之间的制度竞争，实际上涵盖了个体或家庭、企业学校或单位、政党政府社会等微观、中观、宏观各个层次的竞争，是一项具有整体性、协同性、互动性的更为公开而激烈的现代化竞争模式。在这种经济全球化竞争条件下，国家竞争不只是也不限于企业竞争、市场竞争、贸易竞争。国家竞争的本质是国家创新竞争、创新竞赛，在中国就是国家倡导企业创新、国家鼓励科技创新、国家推动各类创新，国家营造创新环境、国家承担创新风险、国家支付创新成本。从深层次的角度来看，影响大国综合国力迅速变化的根本原因取决于不同国家的创新目标、创新能力和创新体系。[①]

党的十八大以来，习近平总书记明确提出创新驱动发展战略，促进"五位一体"全领域创新、交叉创新、整体创新，我国进入全面创新发展新阶段。中国经济巨轮行稳致远，创新成为最大的发展驱动力和最重要的国家竞争力，使中国经济实力、产业实力、科技实力、贸易实力、国防实力、综合国力进入世界前列，前所未有地靠近世界舞台中心，国际影响力取得新的历史性突破。

从国际发展的视角来看，占世界总人口82%的南方国家的崛起与中国的

---

① 胡鞍钢，高宇宁，郑云峰，等：《大国兴衰与中国机遇：国家综合国力评估》，《经济导刊》2017年第3期，第14-15页。

崛起是同向、同步、同行的，大大地改变了 2000—2020 年的世界经济格局、工业化格局、科学技术格局、贸易格局、城市格局、现代化格局，从量变到质变，出现前所未有的南北国家大趋同。同时，新冠疫情无疑加快了世界政治格局、全球治理格局的变迁。中国本身就是世界百年未有之大变局的最大变量，既是自变量，又是因变量，两者之间的互动形成中国与世界百年未有之大变局，成为中国实现第二个百年奋斗目标的最大天时地利。[①] 世界经济、政治、科技、贸易格局正在发生根本性的变化，世界经济发展的动力之源正在转换，已经从北方国家转向南方国家，这基本符合世界发展之潮流，即新事物会比旧老事物更加欣欣向荣，新兴国家比老牌国家发展得更快，新兴国家开始走上世界舞台，创造更大的发展机遇。

（二）中国的国家创新机制

中国的国家创新机制，主要包括六个方面。

第一，观念创新。一是"实事求是"，诚如毛泽东同志所言，"'实事'就是客观存在着的一切事物，'是'就是客观事物的内部联系，即规律性，'求'就是我们去研究"。[②] 按照中国国情办事，避免脱离中国实际情况，超越发展阶段。二是"解放思想"，诚如邓小平同志所言，"就是要运用马列主义、毛泽东思想的基本原理，研究新情况，解决新问题"[③]，逐步形成建设中国特色社会主义的路线、方针、政策，阐明了在中国建设社会主义、巩固和发展社会主义的基本问题，创立了邓小平理论。三是江泽民同志主张"不断创新、与时俱进"，形成了"三个代表"重要思想。四是胡锦涛同志提出了"以人为本、全面协调可持续发展的科学发展观"，着力保障和改善民生，促进社会公平正

---

① 胡鞍钢：《中国与世界百年未有之大变局：基本走向与未来趋势》，《新疆师范大学学报（哲学社会科学版）》2021 年第 5 期，第 2、38-53 页，DOI:10.14100/j.cnki.65-1039/g4.20201112.002。

② 毛泽东：《改造我们的学习》（1941 年 5 月 19 日），《毛泽东选集》第三卷，北京，人民出版社，1991 年，第 801 页。

③ 邓小平：《坚持四项基本原则》（1979 年 3 月 30 日），《邓小平文选》第二卷，北京，人民出版社，1994 年，第 179 页。

义。五是习近平总书记提出的必须坚持以人民为中心的发展思想，坚持创新、协调、绿色、开放、共享的发展理念，即创新是引领发展的第一动力，协调是持续健康发展的内在要求，绿色是永续发展的必要条件和人民对美好生活追求的重要体现，开放是国家繁荣发展的必由之路，共享是中国特色社会主义的本质要求。从这个意义上来看，基于理念创新，实现"物质变精神，精神变物质"的良性循环，其目的就是"努力奋斗，建设一个社会主义的伟大强国"①。

第二，制度创新。制度创新旨在扩大人们各种发展机会，激励人们创造各种财富、知识、发明、文化的制度体系，普遍提高经济的、社会的、文化的、生态的效益，大大降低各种发展成本和治理成本，不断减少各种经济风险和政治风险。从经济体制创新来看，中国建立了国有企业与民营企业、大中企业与小微企业、本土企业与外资企业、正规就业与非正规就业的混合经济模式；从经济运行机制创新来看，中国建立了市场起决定性作用与政府发挥有效作用有机结合的社会主义市场经济体制。特别是党的十八大以来，开展经济建设、政治建设、文化建设、社会建设、生态文明建设、国防和军队建设、党的建设等所有领域的全方位改革，形成了全方位布局、系统化推进改革的新格局。不仅使我国的根本制度日益牢固、基本制度不断完善，而且重要制度创新取得丰硕成果，许多领域取得历史性变革、系统性重塑、整体性重构，开创了我国改革开放的新格局。②

第三，技术创新。技术创新旨在鼓励和支持自主技术创新、原创性颠覆性创新；充分利用国外先进技术，在大力引进、消化、吸收的基础上再创新；集成各种国内外新技术、新工艺、新行业。科技政策的目标和作用在于加速中国知识积累和技术积累过程，加速知识扩散和技术应用的速度和范围，提高中国技术创新能力和转化技术成果能力。邓小平提出科学技术是第一生产

---

① 毛泽东：《人的正确思想是从哪里来的？》(1963年5月)，《毛泽东文集》第八卷，北京，人民出版社，1999年，第321页。
② 《党的十九届六中全会〈决议〉学习辅导百问》，北京，党建读物出版社，2021年，第130页。

力①，江泽民提出人才资源是第一资源②，习近平提出创新是第一动力③，党的二十大报告进一步总结为科技、人才、创新"三位一体"发展战略，即必须坚持科技是第一生产力、人才是第一资源、创新是第一动力，深入实施科教兴国战略、人才强国战略、创新驱动发展战略，开辟发展新领域新赛道，不断塑造发展新动能新优势。④

第四，市场创新。市场创新旨在畅通国内大循环，着力打造并充分利用中国超大规模的国内市场，贯通生产、分配、流通、消费各环节，扩大市场准入水平，坚持市场开放原则，激活市场主体活力，鼓励市场公平竞争，提高市场效率，发挥市场潜力，建立统一的自由竞争的国内市场，使国内市场规模达到世界前列⑤，具有巨大的发展空间；同时促进国内国际双循环，协同推进强大的国内市场和世界贸易强国建设，鼓励国内市场主体积极参与国际市场竞争，大力开拓国际市场空间，使中国及中国企业在国际市场中的份额达到世界前列。这为无数企业集团、中小企业、微型企业、个体工商户和农户提供了巨大的发展空间，也提供了可持续发展的国内外市场环境，使它们成为中国经济发展的主体，积极推动我国构建新发展格局。

第五，地方创新。我国的基本国情就是地域辽阔、人口众多，各地经济社会发展不平衡，"一个国家、五级政府"，故应充分发挥中央与地方"两个积极性"，在中央统一领导下，鼓励和支持各级地方自主探索改革和发展新路，在试错的过程中为改革和开放提供经验和路径。将顶层设计与试错创新结合

---

① 邓小平：《科学技术是第一生产力》（1988 年 9 月 5 日），《邓小平文选》第三卷，北京，人民出版社，1993 年，第 274 页。
② 江泽民：《人才资源是第一资源》（2001 年 8 月 7 日），《江泽民文选》第三卷，北京，人民出版社，2006 年，第 319 页。
③ 习近平：《在中国科学院第十九次院士大会、中国工程院第十四次院士大会上的讲话》（2018 年 5 月 29 日），人民网，http://jhsjk.people.cn/article/30019426。
④ 习近平：《高举中国特色社会主义伟大旗帜 为全面建设社会主义现代化国家而团结奋斗——在中国共产党第二十次全国代表大会上的报告》（2022 年 10 月 16 日），中国政府网，https://www.gov.cn/xinwen/2022-10/25/content_5721685.htm。
⑤ 2020 年，中国最终消费额（2015 年美元价格）为 7.93 万亿元，仅相当于美国（15.83 万亿元）的 50%。世界银行 WDI 数据库，https://data.worldbank.org/indicator/NE.CON.TOTL.KD?locations=CN-US&start=1984&view=chart。

起来，从而降低地方创新的不确定性和风险性，提高创新的成功率，探索不同的发展模式，为全国改革和发展提供丰富的成功经验和可供学习和借鉴的创新示范。

第六，人民创新。"人民是历史的创造者，是真正的英雄。"[①] "人民，只有人民，才是创造世界历史的动力。"[②] 要牢固树立"以人民为中心"的思想，如毛泽东同志倡导的那样"到群众中去，从群众中来"，获得取之不尽用之不竭的"人民创新动力"。

这六个方面的创新相互作用、相互关联、相互影响。其中观念创新即思想解放起着核心作用，它直接影响其他五个方面的创新。习近平总书记在党的十八届五中全会上提出了五大发展理念，其中创新发展为第一大发展理念，全会明确指出"把创新发展摆在国家发展全局的核心位置"，这也意味着中国进入全面创新时代、全民创新时代。[③] 党的二十大报告进一步提出"安全发展"的理念，笔者称其为继"创新、协调、绿色、开放、共享"之后的第六大发展新理念，报告第十一部分即为"推进国家安全体系和能力现代化，坚决维护国家安全和社会稳定"[④]。从经济学的角度看，创意或思想对发展具有极其重要的作用，它如同公益性公共物品，既具有非排他性，又具有非竞争性，会产生创意和思想的"地区化""国家化"甚至"全球化"[⑤]，它还如同"精神原子弹"，会形成"精神变物质"的原子弹效应。从我国改革开放的实践来看，

---

① 习近平:《在庆祝中国共产党成立100周年大会上的讲话》(2021年7月1日)，人民网，http://jhsjk.people.cn/article/32146864。

② 毛泽东:《论联合政府》(1945年4月24日)，《毛泽东选集》第三卷，北京，人民出版社，1991年，第1031页。

③ 胡鞍钢等:《中国新发展理念》，杭州，浙江人民出版社，2017年，第29页。

④ 习近平:《高举中国特色社会主义伟大旗帜　为全面建设社会主义现代化国家而团结奋斗——在中国共产党第二十次全国代表大会上的报告》(2022年10月16日)，中国政府网，https://www.gov.cn/xinwen/2022-10/25/content_5721685.htm。

⑤ 保罗·罗默提出"创意"(Idea)的全球化，这个"创意"通俗来说就是想法或点子，它既可能是技术方面的，也可能是制度方面的。罗默还对技术和制度进行了区分。对于创意的全球化来说，制度是极为重要的。"制度之所以重要，是因为它会改变激励，而激励又会影响技术的流动和当地可获得的技术生产率。"Romer, Paul M.: "Which Parts of Globalization Matter for Catch-up Growth?", *China Policy Review*, 2019.

这一过程就是"物质原子弹"与"精神原子弹"的互动过程，对中国式现代化起到巨大的作用。

（三）中国国家创新的优势

第一，追赶效应是中国国家创新的后发优势。中国作为世界范围内工业化、信息化、城镇化、现代化的后来者，具有明显的后发优势，不断实现"后来居上"。突出表现在：**一是速度效应，**按不变价格计算，2021 年我国 GDP 相当于 1952 年的 205.9 倍，年均增速 8.0%，人均 GDP 相当于 1952 年的 82.3 倍，年均增速 6.6%，均创下了世界经济增长的纪录（见表 2-1）。**二是规模效应，**按 2021 年国际元计算，2021 年中国的 GDP 为 28.82 万亿国际元，占世界 GDP 总量（155.6 万亿国际元）的 18.5%。[①] **三是世界经济增长效应，**按 2021 年国际元计算，在 2000—2021 年期间，中国新增 GDP 达到 23.78 万亿国际元，占世界新增 GDP（77.18 万亿国际元）的 30.8%，是 OECD 成员国新增 GDP 总量（21.34 万亿国际元）的 1.1 倍[②]，对世界经济增长作出了巨大贡献。**四是世界经济稳定效应，**按 2021 年国际元计算，在国际金融危机（2007—2010 年）期间，世界经济增速从 2007 年的 5.2% 下降至 2009 年的 –0.7%，共计下降 5.9 个百分点，其中美国对世界 GDP 的贡献率为 0.4%，而中国对世界 GDP 增长的贡献率高达 45.2%[③]；2020 年受到新冠疫情的影响，世界经济增速为 –2.9%，其中美国为 –2.2%，中国为 2.3%，如果扣除中国的数据，世界经济增速则为 –4.0%，换言之，中国的经济增长使世界经济增速下降幅度减少了 1.1 个百分点，中国再次成为世界经济增长的最大稳定器与贡献国。这表明，中美两国处在不同的发展阶段，由于不同的国家制度安排，在同一经济危机大考中，中国成为世界经济复苏的最大贡献国，而美国则成为世界经济衰退的最大来源国。

---

①②③　数据来源，世界银行 WDI 数据库，https://data.worldbank.org/indicator/NY.GDP.
MKTP.PP.KD?end=2021&locations=CN-1W-US-OE&start=1990&view=chart。

表 2-1　我国 GDP、三大产业增加值、人均 GDP 增长情况

（1952—2021 年，按不变价格）

时间	GDP	第一产业增加值	第二产业增加值	工业增加值	第三产业增加值	人均GDP
1952 年	100.0	100.0	100.0	100.0	100.0	100.0
1978 年	474.7	170.2	1524.5	1689.6	393.2	280.5
2000 年	3608.5	468.6	16 351.5	18 740.7	3769.7	1625.9
2021 年	20 585.4	1076.9	99 036.1	112 706.5	24 683.1	8234.9
1952—2021 年年均增速（%）	8.0	3.5	10.5	10.7	8.3	6.6
1952—1978 年年均增速（%）	6.2	2.1	11.0	11.5	5.4	4.0
1978—2021 年年均增速（%）	9.2	4.4	10.2	10.3	10.1	8.2
2000—2021 年年均增速（%）	8.6	4.0	9.0	8.9	9.4	8.0

计算数据来源：（1）《辉煌 70 年》编写组：《辉煌 70 年——新中国经济社会发展成就（1949—2019）》，北京，中国统计出版社，2019 年，第 373-374 页；（2）国家统计局：《中国统计摘要 2022》，北京，中国统计出版社，2022 年，第 28-29 页。

第二，巨国规模效应是中国国家创新的基数优势。我国的人口规模巨大，发展潜力巨大，相应的外溢效应也巨大。美国在 19 世纪 70 年代开始崛起时只有 4020 万人口，20 世纪 50 年代日本开始崛起时人口为 8380 万人[1]；而中国改革开放开始时总人口为 9.6 亿人（1978 年），2020 年达到 14.1 亿人，占世界总人口的 18.2%，超过了 OECD 成员国的人口总数（13.7 亿人）[2]。同一种技术创新对于巨大人口规模的国家或经济体来说，会产生有极大的赶超效应。以移动电话用户数为例，1990 年美国的用户数相当于中国的 264 倍，而

---

[1]　数据来源：Angus Maddison: *Historical Statistics of the World Economy: 1-2008*, http://www. ggdc.net/maddison/(02-2010).

[2]　数据来源：世界银行 WDI 数据库，https://data.worldbank.org/indicator/SP.POP.TOTL?end= 2020&locations=CN-US-OE-1W&start=1984&view=chart。

到 2001 年时中国就已超过了美国，到 2020 年中国的用户数已相当于美国的约 4.9 倍，相当于 OECD 成员国用户总数的约 1.07 倍[①]；再以固定宽带用户数为例，2000 年中国仅相当于美国的 0.28%，到 2008 年时超过美国[②]，到 2020 年已经相当于美国的近 4.0 倍（见表 2-2）。这就是"中国创新"的速度效应、巨国规模效应以及全球溢出效应。

表 2-2 中国和美国移动电话、固定宽带用户数量（1990—2020 年）

时间	移动电话用户数			固定宽带用户数		
	中国（万户）	美国（万户）	中国/美国（%）	中国（万户）	美国（万户）	中国/美国（%）
1990 年	2	528	0.38			
2000 年	8526	10 949	77.87	2	707	0.28
2010 年	85 900	28 512	301.28	12 634	8452	149.48
2020 年	171 841	35 148	488.91	48 355	12 118	399.03
1990—2000 年年均增速（%）	130.7	35.4				
2000—2010 年年均增速（%）	26.0	10.0		139.9	28.2	
2010—2020 年年均增速（%）	7.2	2.1		14.4	3.7	

计算数据来源：（1）世界银行 WDI 数据库，https://data.worldbank.org/indicator/IT.CEL.SETS?end=2020&locations=CN-US&start=1990&view=chart；（2）世界银行 WDI 数据库，https://data.worldbank.org/indicator/IT.NET.BBND?end=2020&locations=CN-US&start=2000&view=chart。

第三，中国国家创新的制度优势。中国共产党领导的中国特色社会主义制度是中国创新所独有的制度优势。首先，能够集中力量办大事。什么是大事？就是向全体人民进行持续的人力资本投资，尤其是健康投资、教育投资，

[①] 数据来源：世界银行 WDI 数据库，https://data.worldbank.org/indicator/IT.CEL.SETS?end=2020&locations=CN-US-OE&start=1984&view=chart。
[②] 数据来源：世界银行 WDI 数据库，https://data.worldbank.org/indicator/IT.NET.BBND?end=2008&locations=CN-1W-US&start=1998。

这是具有基础性、长期性、有效性的投资，更具有长期持续投资回报或红利，即人力资本红利。其次，能够充分发挥政府与市场"两只手"的作用，发挥国家发展规划的宏观调控作用，充分调动和释放市场主体的创造力和活力。最后，基于"只有人民，才是创造世界历史的动力"①的理念，组织和动员广大人民群众，广泛调动人民群众的积极性，使人民成为社会创新的主体，实现创新主体的多元化、多层次。除此之外，中国的制度优势还表现在政治民主决策、科学决策优势等方面。

中国的国家创新优势呈现出与其他国家不同的特点和效应：一是创新规模巨大，无论是总人口规模，还是市场规模；二是追赶发达国家（主要是美国）的速度加快，且与市场规模形成倍增关系；三是发展极不平衡，这既是发展面临的挑战，也能转化为发展的动力；四是国内外影响效应巨大。这些特点和效应，使得中国在崛起的过程中常常面临着挑战与机遇并存、有利条件与不利条件并存、比较优势与比较劣势并存、发动因素与限制因素并存、发达因素与欠发达因素并存、内部因素与外部因素并存的局面。由此形成了"中国创新"的背景和动因，又成为"中国创新"的方向和途径。

如同任何社会创新一样，中国的改革开放也面临诸多风险，甚至有半途而废或失败的可能性。创新总是有两种可能性，成功或失败，甚至是重大成功或重大失败，20世纪80年代末东欧剧变、90年代初苏联解体就是最典型的例子，中国也曾面临重大失败的可能，例如"八九风波"，但在邓小平的正确领导下，中国的改革开放避免了重大失败，取得了举世瞩目的重大成功。②

中国改革开放就是最大的"中国式创新"。中国式创新，"开辟了中国特色社会主义道路，形成了中国特色社会主义理论体系，确立了中国特色社会

---

① 毛泽东，《论联合政府》（1945年4月24日），《毛泽东选集》第三卷，北京，人民出版社，1991年，第1031页。

② 详细分析参见胡鞍钢：《中国政治经济史论（1977—1991）》，清华大学国情研究院，2011年，第九章"八九政治风波"。

主义制度"①, "创造了中国式现代化新道路，创造了人类文明新形态"②。这是中国共产党人的伟大创新、持续创新、世界创新，已经载入中国现代历史和世界现代历史，也成为中国迅速崛起、消除绝对贫困、全面建成惠及十四亿人口的小康社会的根本原因，也是全面建成社会主义现代化强国、实现第二个百年奋斗目标，以中国式现代化全面推进中华民族伟大复兴的根本保障。中国式创新成为中国式现代化最大的动力。

第四，中国特有的文化优势。文化是一个国家、一个民族的灵魂。文化兴，国运兴；文化强，民族强。"中国特色社会主义文化，源于中华民族五千多年文明历史所孕育的中华优秀传统文化，熔铸于党领导人民在革命、建设、改革中创造的革命文化和社会主义先进文化，植根于中国特色社会主义伟大实践。"③ 所以，应不断推进文化自信自强，铸就社会主义文化的新辉煌。

三、中国的国家发展生命周期变迁

中国的国家发展历程，可以分为古代中国（1840年之前）、近代中国（1840—1949年）、现代中国（1949年至今），先后经历了古代国家发展生命周期和现代国家发展生命周期，其中近代中国反映了前者的高峰期和衰落期，现代中国反映了后者的准备成长期和迅速成长期，中国正在进入现代国家发展的强盛期。

从公元元年到16世纪初，中国既是世界上的人口大国，又是世界上经济最强大的国家，也是世界上农业经济最发达的国家。④ 诚如金德尔伯格的"历

---

① 胡锦涛：《在庆祝中国共产党成立90周年大会上的讲话》（2011年7月1日），中国政府网，https://www.gov.cn/ldhd/2011-07/01/content_1897720_3.htm。
② 习近平：《在庆祝中国共产党成立100周年大会上的讲话》（2021年7月1日），人民网，http://jhsjk.people.cn/article/32146278。
③ 习近平：《决胜全面建成小康社会 夺取新时代中国特色社会主义伟大胜利——在中国共产党第十九次全国代表大会上的报告》（2017年10月18日），中国政府网，https://www.gov.cn/zhuanti/2017-10/27/content_5234876.htm。
④ Angus Maddison: *Historical Statistics of the World Economy: 1-2008*, http://www.ggdc.net/maddisom/(02-2010).

史不规则发展法则"：发达程度较高的、在新的文明阶段处于领先地位的任何国家，当它达到一个临界点或界线时，要超过这一界线向前发展是极其困难的。由此导致的结果是，人类发展的下一步不得不由世界其他地方迈出。[①]进入16世纪之后，资本主义在西方国家兴起、扩散、传播，特别是相对于18世纪60年代工业革命[②]以来的西方，中国经济出现长期停滞。进入16世纪之后，中国和西欧国家之间发展的不平衡性，使两者的人均GDP差距拉大。[③]1820年之后，当世界其他地方逐渐进入工业社会，以工业文明、工业经济为主导时，中国仍然是农业文明、农业社会，成为封闭而僵化、进而老化的"老大帝国"[④]，并进入迅速衰落时期。

　　1820年，中国的GDP（PPP，1990年国际元）占世界总量的1/3。1840年，经济总量不足中国1/3的英国打败了中国；而后中国的GDP占世界的比重迅速下降，到1870年降至17%。此后辛亥革命推翻了清王朝，1913年这一比重又降至8.8%。北洋政府、民国政府都没有改变中国急剧衰落的趋势，到1929年这一比重降为7.4%，1938年又降至6.3%。到1950年新中国成立初期，中国的GDP占世界的比重已降至4.5%，达到历史的最低点。当时的中国是世界上最贫穷的国家之一，人均GDP仅448国际元，相当于世界人均水平的

---

① Charles Kindleberger: *World Economic Primacy:1500-1990*, Oxford, Oxford University Press, 1996；查尔斯·P.金德尔伯格：《世界经济霸权：1500—1990》，北京，商务印书馆，2003年，第37页。
② 工业革命（The Industrial Revolution），又称产业革命或技术革命，指资本主义工业化的早期历程，即资本主义生产完成从工场手工业向机器大工业过渡的阶段。这是第一次工业革命，是由英国发动和领导的。
③ 根据麦迪森计算分析，1600年西欧12国人均GDP为797国际元，比中国（人均GDP为600国际元）高出33%，到1820年西欧12国人均GDP为1238国际元，比中国（人均GDP为600国际元）高出1倍之多。Angus Maddison: *Historical Statistics of the World Economy: 1-2008*, http://www.ggdc.net/maddisom/(02-2010).
④ 毛泽东讲："过去说中国是'老大帝国'，'东亚病夫'，经济落后，文化也落后，又不讲卫生，打球也不行，游水也不行，女人是小脚，男人留辫子，还有太监。"毛泽东：《增强党的团结，继承党的传统》（1956年8月30日），《毛泽东文集》第七卷，北京，人民出版社，1999年，第87页。

21.2%，尚且不如 1820 年的 600 国际元。[①] 但这同时意味着，我国以传统农村社会为基础的国家发展生命周期的结束和现代国家发展生命周期的开始。从 20 世纪起，中华民族实现了三次伟大的历史性飞跃。

（一）第一次飞跃：从救国到建国

20 世纪初期，以孙中山先生为代表的仁人志士学习西方国家民主、共和的社会制度，苦心孤诣寻求救国图存道路。孙中山先生提出了实业救国思想与工业化蓝图（见专栏 2-1）。

专栏 2-1　孙中山《国际共同发展中国实业计划书》的六大计划（1919 年）

第一计划，筑不封冻之深水大港北方大港于直隶湾；建筑铁路系统，由北方大港以达中国西北极端；移民蒙古、新疆；开浚运河，以联络中国北部、中部通渠及北方大港；开发山西煤铁矿源，设立制铁、炼钢工厂。

第二计划，筑东方大港以使之成为世界级头等商港；整治扬子江水路及河岸；建设南京、武汉等内河商埠；改良扬子江之现存水路及运河，包括淮河、汉水、鄱阳湖系统、洞庭湖系统及扬子江上游等；创建大士敏土厂。

第三计划，改良广州为一世界港；改良包括西江、北江、东江在内的广州水路系统；建设中国西南铁路系统；建设沿海商埠及渔业港；创立造船厂。

第四计划，建设中央、东南、东北、高原铁路系统，扩张西北铁路系统，创立机车、客货车制造厂。

第五计划，发展满足个人及家族生活所必需和生活安适所由得的粮食、衣服、居室、汽车及各种运输工具制造、印刷等工业。

第六计划，发展采矿工业，包括铁矿、煤矿、油矿、铜矿、特种矿之采取；矿业机器之制造；冶矿机厂之设立。

资料来源：孙中山：《国际共同发展中国实业计划书——补助世界战后整顿实业之办法》，上海，上海民智书局，1919 年。

[①] Angus Maddison: *Historical Statistics of the World Economy: 1-2008*, http://www.ggdc.net/maddisom/(02-2010).

六大计划，以建设北方、东方、南方三大世界级港口为枢纽，以建设长达十万英里的铁路为主干，以建设密布全国的铁路网、百万英里的公路网和纵横交叉的江河湖泊水运网为基础，规划了都市、水利、工业、矿业、农业等 30 多个行业、140 多个方面如何彼此配合，共同发展。

但是国民党独裁政府从来就没有准备更无法实现孙中山在《建国方略》[①]中提出的中国工业化设想，中国反而加剧衰落，成为世界最贫穷的国家之一。从 1861 年洋务运动开办现代工业到 1949 年的 88 年间，中国的全部工业累计固定资产只有 100 多亿元（1952 年价格），人均固定资产仅为 20 多元，工业净产值只有 45 亿元，占国民收入的比重为 12.6%，工业基础十分薄弱，是十分典型的"一穷二白"的落后农业国。正如毛泽东所言："我曾经说过，我们一为'穷'，二为'白'。'穷'，就是没有多少工业，农业也不发达。'白'，就是一张白纸，文化水平、科学水平都不高。""穷就要革命，富的革命就困难。科学技术水平高的国家，就骄傲得很。我们是一张白纸，正好写字。因此，这两条对我们都有好处。将来我们国家富强了，我们一定还要坚持革命立场，还要谦虚谨慎，还要向人家学习，不要把尾巴翘起来。"[②]

以毛泽东同志为主要代表的中国共产党人，团结带领全党全国各族人民，经过浴血奋战和不懈探索，建立中华人民共和国，确立社会主义基本制度，为当代中国一切发展进步奠定了根本政治前提和制度基础，实现了从救国到建国的第一次伟大飞跃。

1949 年中华人民共和国的成立，实现了国家独立与民族解放，毛泽东向世界宣告"中国人从此站立起来了。中国的历史从此开辟了一个新的时代"[③]。中华民族开启屹立于世界民族之林的建国时代，中国才真正进入现代经济增长时期。那么，进入现代经济增长时期的标志是什么呢？就是一个国家的人

---

① 孙中山先生的《建国方略》被称为近代中国谋求现代化的第一份蓝图，它主要包括《孙文学说》《实业计划》《民权初步》三个部分。

② 毛泽东：《论十大关系》（1956 年 4 月 25 日），《毛泽东文选》第七卷，北京，人民出版社，1999 年，第 43-44 页。

③ 《共和国的足迹——1949 年：中国人民站起来了》，中国政府网，2009 年 8 月 3 日，https://www.gov.cn/guoqing/2009-08/03/content_2752381.htm。

均收入或者人均 GDP 年均增长率能够持续增长且超过 1.0%。1952—1976 年中国的人均 GDP 增长了 1.40 倍，年均增速达到 3.7%，超过同期世界人均GDP 的增长率（2.6%），而此前 1913—1950 年中国的人均 GDP 是负增长的（−0.6%）。[①]

1956 年，毛泽东同志在中央政治局扩大会议上提出"我们一定要努力把党内党外、国内国外的一切积极的因素，直接的、间接的积极因素，全部调动起来，把我国建设成为一个强大的社会主义国家"[②]。这是新中国成立后，毛泽东同志首次明确提出强国目标，笔者称之为毛泽东的"社会主义强国梦"。1957 年，毛泽东同志再次提出实现"社会主义强国梦"的景象："文学艺术、科学技术会繁荣发达，党会经常保持活力，人民事业会欣欣向荣，中国会变成一个大强国而又使人可亲"[③]。

从现代国家发展生命周期角度来看，毛泽东时代奠定了现代国家发展生命周期的第一个阶段，即准备成长期和工业化初期，因为它完成了工业化、城镇化、现代化的基础体系及制度建设[④]：第一，在极低的发展起点下，发动了国家工业化，建立了比较独立、完整的工业体系和国民经济体系。第二，在世界人口最多的国家，建立了比较独立、比较完整的现代国民教育体系、现代国民健康体系，对全体人民进行人力资本投资，使主要教育发展指标和健康发展指标大幅度提升。第三，在科技空白国，建立了比较独立、比较完整的现代科学技术体系，正如 1978 年邓小平在全国科学大会开幕式上的讲话中所言："新中国成立以来，我们的科学技术事业有了很大的发展，在经济建设和国防建设中发挥了重大作用。"[⑤] 第四，建立了比较独立、完整的现代国

---

① Angus Maddison: *Historical Statistics of the World Economy: 1-2008*, http://www.ggdc.net/maddisom/(02-2010).

② 毛泽东：《论十大关系》（1956 年 4 月 25 日），《毛泽东文集》第七卷，北京，人民出版社，1999 年，第 44 页。

③ 毛泽东：《在南京、上海党员干部会议上讲话的提纲》（1957 年 3 月 19 日），《毛泽东文集》第七卷，北京，人民出版社，1999 年，第 291 页。

④ 胡鞍钢：《国家生命周期与中国崛起》，《教学与研究》2006 年第 1 期，第 7-17 页。

⑤ 邓小平：《在全国科学大会开幕式上的讲话》（1978 年 3 月 18 日），《邓小平文选》第二卷，北京，人民出版社，1994 年，第 90 页。

防和军事体系。第五，特别是建立了一个以中国共产党为领导的现代国家制度体系。从而，才使得中国在极低收入水平条件下进入到第二个阶段，即改革开放阶段，这都与前30年所奠定的人力资本基础、物质资本基础、工业化基础、科技基础、国防建设基础以及制度基础，是紧密相关的。第六，从中国在世界的地位来看，进入了世界经济前十位，恢复联合国常任理事国席位，成为世界第五个拥有核武器的国家，综合国力居世界第四位，仅排在美国、苏联、日本之后。正如邓小平所言："中国在世界上的地位，是在中华人民共和国成立以后才大大提高的。只有中华人民共和国的成立，才使我们这个人口占世界总人口近四分之一的大国，在世界上站起来，而且站住了。"[1]毛泽东不仅开创了新中国历史，而且让中国真正站立起来，为改革开放的第二次飞跃创造了国内与国际政治前提条件。

（二）第二次飞跃：从建国到兴国

1978年改革开放以来，以邓小平同志为主要代表的中国共产党人作出把党和国家的工作中心转移到经济建设上来、实行改革开放的历史性决策，重建社会主义基本制度，勇于改革计划经济体制，成功开创中国特色社会主义，整个国家和社会勃勃生机，充满活力和创造力，中华大地发生了历史性新变化，基本解决了11亿人民的温饱问题，"我国经济建设上了一个大台阶，人民生活上了一个大台阶，综合国力上了一个大台阶"[2]。按PPP（2021年国际元）计算，中国的GDP在1991年超过英国后，跃居世界第七位，实现了从极低收入水平到低收入水平的历史性跨越。在苏联解体、东欧剧变的大背景下，坚定不移带领全国人民走自己的道路，加快改革开放和社会主义现代化步伐，开启了第二次历史性的伟大飞跃，**进入了实现小康水平、建设小康社会的富民兴国时代，使我们实现中国梦成为可能。**

---

① 邓小平:《对起草〈关于建国以来党的若干历史问题的决议〉的意见》,《邓小平文选》第二卷，北京，人民出版社，1994年，第299页。
② 江泽民:《加快改革开放和现代化建设步伐，夺取有中国特色社会主义事业的更大胜利——在中国共产党第十四次全国代表大会上的报告》(1992年10月12日)，共产党员网，https://fuwu.12371.cn/2012/09/26/ARTI1348641194361954.shtml。

以江泽民同志为主要代表的中国共产党人，团结带领全党全国各族人民，面对国内外形势的风云变幻，确立了社会主义市场经济体制的改革目标和基本框架，成功把中国特色社会主义推向 21 世纪。人民生活总体上实现了由温饱到小康的历史性跨越，以及从低收入水平到下中等收入水平的历史性跨越。按 PPP（2021 年国际元）计算，中国的 GDP 在 1993 年超过法国和意大利，1994 年超过俄罗斯，居世界第 4 位，1997 年超过德国，居世界第 3 位，2000 年超过日本，居世界第 2 位。[①] 我国货物进出口贸易额从 1990 年居世界第 16 位至 2000 年跃居世界第 8 位，外汇储备从世界第 9 位跃居世界第 2 位。[②] 我国的综合国力大幅度跃升，国际影响力显著扩大，开始走向世界舞台中心。

进入 21 世纪，国际形势深刻变革，世界多极化和经济全球化趋势日盛，党的十六大报告及时作出准确的重要判断："综观全局，二十一世纪头二十年，对我国来说，是一个必须紧紧抓住并且可以大有作为的重要战略机遇期。"[③] 这一战略机遇期的核心目标就是"富民强国"，即到 2020 年实现全面建成小康社会的富民目标，"国内生产总值到二〇二〇年力争比二〇〇〇年翻两番，综合国力和国际竞争力明显增强"[④] 的强国目标。实际上，根据国家统计局发布的《中华人民共和国 2020 年国民经济和社会发展统计公报》，2020 年我国经初步核算的 GDP 达到 101.6 万亿元，若按不变价格计算，2020 年中国的 GDP 已经相当于 2000 年 5.27 倍，大大超过预期目标。

以胡锦涛同志为主要代表的中国共产党人，团结带领全党全国各族人民，战胜一系列重大挑战，形成中国特色社会主义事业总体布局，成功在新的历史起点上坚持和发展了中国特色社会主义。党的十七大报告首次提出了"实

---

① 数据来源：世界银行 WDI 数据库，https://data.worldbank.org.cn/indicator/NY.GDP.MKTP.PP.KD?view=chart。
② 国家统计局：《中国统计摘要 2006》，北京，中国统计出版社，2006 年，第 216 页。
③④ 江泽民：《全面建设小康社会，开创中国特色社会主义事业新局面——在中国共产党第十六次全国代表大会上的报告》（2002 年 11 月 8 日），共产党员网，https://fuwu.12371.cn/2012/09/27/ARTI1348734708607117.shtml。

现人均国内生产总值到二〇二〇年比二〇〇〇年翻两番"[1] 的目标，这标志着中国将从下中等收入水平跃居上中等收入水平，基本公共服务覆盖城乡全体人口，社会保障水平迈上新台阶，中国进入了富民兴国的加速期。按汇率法，我国经济总量从第 6 位上升至第 2 位（2010 年），按 PPP（2021 年国际元），我国 GDP 占世界比重从 2002 年的 7.2% 上升至 2012 年的 13.6%，制造业增加值从世界第 4 位跃居第 1 位（2010 年），货物贸易额从世界第 6 位跃居世界第 2 位（2012 年），综合国力、国际竞争力、国际影响力迈上一个大台阶。重要的是，为 2020 年全面建成小康社会打下了坚实的基础。根据国家统计局公布的数据，2020 年时我国人均 GDP 增至 71 828 元，是 2000 年（7942 元）的 9 倍多[2]；若按不变价格计算，2020 年的人均 GDP 是 2000 年的 4.72 倍[3]，大大超过预期目标。

从国家发展生命周期的角度来看，这一时期中国进入了国家发展生命周期的第二阶段，即迅速成长期：一是经济起飞，从 1978 年到 2012 年中国的 GDP 年均增速高达 9.8%，人均 GDP 年均增速高达 8.7%，创造了世界最高纪录；二是工业化加速，从 1978 年到 2012 年工业增加值年均增速达到 11.4%，也创造了世界最高纪录，我国成为世界最大的工业生产国；三是迅速崛起的兴国时代，中国经济实力、工业实力、贸易实力、科技实力、国防实力进入世界前列，明显地加快了对美国的经济追赶、贸易追赶和科技追赶，中国与美国在经济实力、工业实力、贸易实力、科技实力、国防实力和综合国力上的相对差距不断缩小，正大踏步走近世界舞台中心。

（三）第三次飞跃：从兴国到强国

党的十八大以来，中国在世界上的地位和作用发生根本性的变化，前所

---

① 胡锦涛：《高举中国特色社会主义伟大旗帜 为夺取全面建设小康社会新胜利而奋斗——在中国共产党第十七次全国代表大会上的报告》（2007 年 10 月 15 日），共产党员网，https://fuwu.12371.cn/2012/06/11/ARTI1339412115437623.shtml。
② 国家统计局网站，https://data.stats.gov.cn/easyquery.htm?cn=C01&zb=A0201&sj=2020；https://data.stats.gov.cn/easyquery.htm?cn=C01&zb=A0201&sj=2000。
③ 国家统计局：《中国统计摘要 2022》，北京，中国统计出版社，2022 年，第 29 页。

未有地靠近世界舞台中心，从**兴国时代**到**强国新时代**。以习近平同志为核心的党中央，高举中国特色社会主义伟大旗帜，科学把握当今世界和当代中国的发展大势，紧紧抓住我国发展的重要战略机遇期，统筹推进"五位一体"总体布局、协调推进"四个全面"战略布局，坚定不移推进中国特色大国外交，在改革发展稳定、内政外交国防、治党治国治军各方面取得了一系列历史性突破，"推动我国经济实力、科技实力、国防实力、综合国力进入世界前列，推动我国国际地位实现前所未有的提升"①。

我国的经济总量稳步增长，按 PPP（2021 年国际元）计算，我国于 2016 年超过美国，居世界第一位，2017 年超过欧盟，成为世界第一大经济体，成为全球经济增长的最大发动机和全球宏观经济的最大稳定器。人民生活水平、居民收入水平持续改善，人民获得感显著提高，为全面建成小康社会奠定了制胜基础。在此背景下，党的凝聚力、战斗力、领导力、号召力大大增强。

中国与世界的关系也发生了重大变化，"我国国际地位实现前所未有的提升"②。"全面推进中国特色大国外交，形成全方位、多层次、立体化的外交布局"，"实施共建'一带一路'倡议，发起创办亚洲基础设施投资银行，设立丝路基金，举办首届'一带一路'国际合作高峰论坛、亚太经合组织领导人非正式会议、二十国集团领导人杭州峰会、金砖国家领导人厦门会晤、亚信峰会。倡导构建人类命运共同体，促进全球治理体系变革。我国国际影响力、感召力、塑造力进一步提高，为世界和平与发展作出新的重大贡献。"③主动引领新型全球化，特别是在推动 2020 年后全球应对气候变化行动的《巴黎协定》中发挥引领带头作用。正如党的二十大报告所言：我们展现负责任大国担当，积极参与全球治理体系改革和建设，全面开展抗击新冠疫情国际合作，赢得广泛国际赞誉，我国国际影响力、感召力、塑造力显著提升。④由此，

---

①②③　习近平：《决胜全面建成小康社会 夺取新时代中国特色社会主义伟大胜利——在中国共产党第十九次全国代表大会上的报告》（2017 年 10 月 18 日），中国政府网，https://www.gov.cn/zhuanti/2017-10/27/content_5234876.htm。

④　习近平：《高举中国特色社会主义伟大旗帜 为全面建设社会主义现代化国家而团结奋斗——在中国共产党第二十次全国代表大会上的报告》（2022 年 10 月 16 日），中国政府网，https://www.gov.cn/xinwen/2022-10/25/content_5721685.htm。

中国成为世界百年未有大变局的最大因素和动力。

中国处在实现两个百年奋斗目标的交汇点，既标志着中国如期实现了全面建成小康社会的第一个百年奋斗目标，即富起来的兴国目标，又标志着开启强起来的强国新时代。正如习近平总书记所言："2020 年全面建成小康社会后，我们要激励全党全国各族人民为实现第二个百年奋斗目标而努力，踏上建设社会主义现代化国家新征程，让中华民族以更加昂扬的姿态屹立于世界民族之林。"[①] 使我国实现中华民族伟大复兴的中国梦成为必然。

从国家发展生命周期的角度来看，中国在经历了改革开放 40 多年的经济起飞期和迅速崛起期后，开始进入国家发展生命周期的第三阶段，即不断走向强盛期，也就是创新强国新时代。未来一段时期具有重要历史意义的四个时间节点是："从二〇二〇年到二〇三五年基本实现社会主义现代化；从二〇三五年到本世纪中叶把我国建成富强民主文明和谐美丽的社会主义现代化强国"[②]；到2078 年，全面实现第三个百年奋斗目标，即全面建成高度发达的社会主义现代化强国，为到 21 世纪末全面实现中华民族伟大复兴奠定基础[③]。

总之，中国共产党"带领人民成功走出中国式现代化道路，创造了人类文明新形态"。"中国式现代化推动实现中华民族伟大复兴进入了不可逆转的历史进程"，"中国共产党和中国人民正信心百倍推进中华民族从站起来、富起来到强起来的伟大飞跃，我们比历史上任何时期都接近，更有信心和能力实现中华民族伟大复兴的伟大目标"[④]。

---

① 《习近平在省部级主要领导干部"学习习近平总书记重要讲话精神，迎接党的十九大"专题研讨班开班式上发表重要讲话，强调高举中国特色社会主义伟大旗帜，为决胜全面建成小康社会实现中国梦而奋斗》，新华社，2017 年 7 月 26 日北京电。
② 习近平：《高举中国特色社会主义伟大旗帜 为全面建设社会主义现代化国家而团结奋斗——在中国共产党第二十次全国代表大会上的报告》（2022 年 10 月 16 日），中国政府网，https://www.gov.cn/xinwen/2022-10/25/content_5721685.htm。
③ 胡鞍钢，鄢一龙，唐啸，等：《2050 全面建设社会主义现代化强国》，杭州，浙江人民出版社，2018 年，第 87 页。
④ 韩正：《以中国式现代化全面推进中华民族伟大复兴》，《人民日报》，2022 年 11 月 1 日。

第三章

中国式现代化新道路

> 经过百年探索和持续奋斗,我们已经找到了一条适合自己的发展道路,正在以中国式现代化全面推进中华民族伟大复兴。[①]
>
> ——习近平
>
> 惟其艰巨,所以伟大;惟其艰巨,更显荣光。[②]
>
> ——习近平

我国正前所未有地靠近世界舞台中心、前所未有地具有实现中华民族伟大复兴目标的能力和信心。中国要变成一个世界强国,则各方面都要强。客观来看,无论是中国在某些方面已经赶上并超越美国,还是其他一些方面虽次于美国却不断缩小差距,都意味着中国已经开启了强国时代。在国家发展生命周期中,这是迈向强国发展的新阶段,突出表现为多个领域的强国基础进一步夯实。强国不仅是对国家综合实力的总体描述,还可以分解、量化、评估,反映为体现国家软硬实力的战略性资源的储备与改进状况,如经济资源、产业资源、人力资源、自然资源、资本资源、知识技术资源、政府资源、军事和国防资源、国际资源及软实力(十大国家战略性资源),以及面向智能时代的大数据资源("10+1"国家战略性资源),这都是中国开启强国时代不

---

① 习近平:《汇聚两国人民力量 推进中美友好事业——在中美友好团体联合欢迎宴会上的演讲》,《人民日报》,2023 年 11 月 17 日。

② 习近平:《在二十届中央政治局常委同中外记者见面时的讲话》,2022 年 10 月 23 日,《求是》。

同层面的根基，是支撑建设世界强国的根本所在。改革开放以来，我国全面实施科教兴国战略，先后提出并深入实施人才强国战略、创新驱动发展战略和制造强国战略，为实现世界强国目标奠定了坚实的根基，赢得了长期投资红利。在可预见的未来时期，中国将扎扎实实地实现已经提出的若干强国目标[1]，实实在在地打牢强国根基。

一、经济实力

经济实力是国家综合国力最重要的基础。改革开放以来，我国进入经济起飞时期，经济、制造业、科技、对外贸易、基础设施（特别是交通运输业与通信业）都实现了前所未有的高速发展，根本上改变了我国长期以来"一穷二白"[2]的局面。从世界性现代化的落伍者、追赶者，到后来居上，在21世纪的前20年，我国的主要总量指标已经赶超美国，根据世界银行WDI数据库提供的发展指标及数据，我国已经从世界贫穷之国成为世界经济总量大国［GDP（PPP，2021年国际元），2017年］，从一个传统农业国家成为最大的现代制造业之国（制造业增加值，2010年），从科技空白之国成为最大的创新之国（科技期刊发展数，2016年；本国居民发明专利申请数，2010年），从贸易小国成为世界第一贸易大国（货物进出口总额，2013年），从交通小国成为第一交通大国（班轮指数，2004年），众多国有、非国有企业进入世界500强企业阵营，这些都成为中国式现代化强大的经济基础与长期经济红利。

新中国成立70多年后的今天，中国式现代化发展已经站在新的更高起点上，中国正前所未有地靠近世界舞台中心，既如期实现了第一个百年奋斗目标，也开启了实现第二个百年奋斗目标的新征程——建成社会主义现代化强国，主要体现为全面建设世界经济强国、农业强国[3]、制造强国、科技强国、

---

① 指在国家五年规划、中长期规划等中提出的，将在2020年、2035年实现的一系列具体的强国目标。

② 毛泽东：《论十大关系》（1956年4月25日），《毛泽东文选》第七卷，北京，人民出版社，1999年，第44页。

③ 习近平：《高举中国特色社会主义伟大旗帜　为全面建设社会主义现代化国家而团结奋斗——在中国共产党第二十次全国代表大会上的报告》（2022年10月16日），中国政府网，https://www.gov.cn/xinwen/2022-10/25/content_5721685.htm。

贸易强国、交通强国和企业强国。

经济、制造业、科技创新、贸易、交通、企业等六大体系融为一体，已经形成相互需求、相互支撑、相互驱动、相互带动的良性循环。特别是党的十八大以来，我国先后制定和发布了《中国制造2025》（2015年）、《国家创新驱动发展战略纲要》（2016年）、《国家信息化发展战略纲要》（2016年）、《"健康中国2030"规划纲要》（2016年）、《中国教育现代化2035》（2019年）、《体育强国建设纲要》（2019年）、《交通强国建设纲要》（2019年）、《知识产权强国建设纲要（2021—2035年）》（2021年）、《扩大内需战略规划纲要（2022—2035年）》（2022年）①、《质量强国建设纲要》（2023年）、《数字中国建设整体布局规划》（2023年），形成了中国独特的经济强国战略集。从供给与需求两个方面看，经济强国、制造强国、农业强国、科技强国、贸易强国、交通强国、企业强国等具有极强的供求关系、互动关系和强化关系，这就需要正确认识和处理好不同强国目标之间的相互关系，形成中国式经济强国大战略。

经济强国是中国式现代化强国的基础，应全面建成完整的国民经济体系和国内需求体系。 国民经济是制造业的基础，也是科技创新的最大需求，经济强，才能产业强、科技强，才能国家强。当前我国正处在从要素和资本驱动向创新驱动转变的关键时期，只有保证相对平稳的经济增长才能为制造强国建设创造良好的环境，为科技强国建设创造更加有力的经济支撑，也就是通过研发投入持续增长来支撑科技强国战略的推进。

---

① 《扩大内需战略规划纲要（2022—2035年）》明确提出："展望2035年，实施扩大内需战略的远景目标是：消费和投资规模再上新台阶，完整内需体系全面建立；新型工业化、信息化、城镇化、农业现代化基本实现，强大国内市场建设取得更大成就，关键核心技术实现重大突破，以创新驱动、内需拉动的国内大循环更加高效畅通；人民生活更加美好，城乡居民人均收入再迈上新的大台阶，中等收入群体显著扩大，基本公共服务实现均等化，城乡区域发展差距和居民生活水平差距显著缩小，全体人民共同富裕取得更为明显的实质性进展；改革对内需发展的支撑作用大幅提升，高标准市场体系更加健全，现代流通体系全面建成；我国参与全球经济合作和竞争新优势持续增强，国内市场的国际影响力大幅提升。"《中共中央 国务院印发〈扩大内需战略规划纲要（2022—2035年）〉》，中国政府网，2022年12月14日，https://www.gov.cn/zhengce/2022-12/14/content_5732067.htm。

农业强国是中国式现代化强国的基础和根基。习近平总书记明确指出：农业强国是社会主义现代化强国的根基，满足人民美好生活需要、实现高质量发展、夯实国家安全基础，都离不开农业发展。从中国的农业国情看，农用用地占世界农业用地面积的11.0%[①]，水资源占世界的比重为14.6%[②]，人均淡水量为1993立方米，相当于世界平均水平的36.2%[③]。

制造强国是中国式现代化强国的核心和基础，"制造业是国民经济的主体，是科技创新的主战场"[④]；只有制造业强，才能实体经济强，只有实体经济强，才能国家强。我国正加快在全球价值链中从以低端为主向以中高端为主转变，习近平特别强调，"我们现在制造业规模是世界上最大的，但要继续攀登，靠创新驱动来实现转型升级，通过技术创新、产业创新，在产业链上不断由中低端迈向中高端。一定要把我国制造业搞上去，把实体经济搞上去，扎扎实实实现'两个一百年'奋斗目标"[⑤]。只有中高端制造业实现重大突破与创新发展，才能实现经济保持中高速增长和产业迈向中高端水平的"双目标"。制造强国建设也将会对科技创新形成最大的"有效需求""高端需求"和"长期需求"。

科技强国是第一动力，"科技兴则民族兴，科技强则国家强"[⑥]。科技创新驱动要成为引领发展的第一动力，从根本上推动发展方式向依靠持续的知识积累、技术进步和劳动力素质提升转变，促进经济向形态更高级、分工更精细、结构更合理的阶段演进。只有科技强，才能从供给侧推动我国经济强国与制造强国建设。

---

① 数据来源：世界银行 WDI 数据库，https://data.worldbank.org.cn/indicator/AG.LND.AGRI. K2?end=2021&locations=CN-1W&most_recent_value_desc=true&start=1990。
② 数据来源：世界银行 WDI 数据库，https://data.worldbank.org.cn/indicator/ER.H2O.FWTL. K3?end=2021&locations=CN-1W&most_recent_value_desc=true&start=1990。
③ 数据来源：世界银行 WDI 数据库，https://data.worldbank.org.cn/indicator/ER.H2O.INTR. PC?end=2021&locations=CN-1W&most_recent_value_desc=true&start=1990。
④ 《国务院关于印发〈中国制造2025〉的通知》，中国政府网，2015年5月19日，https:// www.gov.cn/zhengce/content/2015-05/19/content_9784.htm。
⑤ 《习近平：一定要把我国制造业搞上去》，新华社，2019年9月18日郑州电。
⑥ 《习近平：深化科技体制改革 增强科技创新活力》，人民网，2013年7月17日，http:// jhsjk.people.cn/article/22231237。

贸易强国是中国进入世界舞台中心的国际贸易实力，坚持"引进来"与"走出去"相结合，要完善吸引外贸外资，巩固世界最大贸易国地位，又要国内企业、投资者"走出去"，实施"一带一路"倡议，拓展更大的国际贸易投资发展空间。

交通强国是建设中国式现代化经济体系的先行领域，建成现代化综合交通体系，有助于重塑中国经济地理，促进国内统一大市场，促进"一带一路"倡议，提供地区性、全球性交通设施公共产品，显著提升交通国际竞争力和影响力，进而重塑世界经济地理。

企业是国际竞争的市场主体，企业强国是参与国际经济与科技竞争的主要途径。企业强国与经济强国、制造强国、科技强国等目标之间形成供求关系、互动关系和强化关系，促进中国经济现代化发展的良性循环，实现从科技强到产业强，从企业强到国家强。反过来，国家强也必然促进科技强、企业强、产业强。

（一）进入世界经济强国行列

进入 21 世纪，党的十六大报告（2002 年）提出全面建成小康社会的目标是"在优化结构和提高效益的基础上，国内生产总值到二〇二〇年力争比二〇〇〇年翻两番，综合国力和国际竞争力明显增强"[1]。党的十七大报告（2007 年）提出全面建成小康社会的目标是"实现人均国内生产总值到二〇二〇年比二〇〇〇年翻两番"[2]。

从经济增长目标来看，按不变价格计算，到 2015 年中国 GDP 已相当于 2000 年的 3.99 倍，提前 5 年实现了党的十六大报告提出的目标；到 2017 年中

---

[1] 江泽民:《全面建设小康社会，开创中国特色社会主义事业新局面——在中国共产党第十六次全国代表大会上的报告》（2002 年 11 月 8 日），共产党员网，https://fuwu.12371.cn/2012/09/27/ARTI1348734708607117.shtml。

[2] 胡锦涛:《高举中国特色社会主义伟大旗帜 为夺取全面建设小康社会新胜利而奋斗——在中国共产党第十七次全国代表大会上的报告》（2007 年 10 月 15 日），共产党员网，https://fuwu.12371.cn/2012/06/11/ARTI1339412115437623.shtml。

国人均 GDP 已相当于 2000 年的 4.13 倍，提前 3 年实现了党的十七大报告提出的目标。

中国经济在很长的时间内保持了高速增长，GDP 总量从 2000 年的 10 万亿元到 2022 年突破 120 万亿元。[①] 若按 PPP（2021 年国际元）计算，则从 5.04 万亿国际元上升至 29.68 万亿国际元[②]，2000—2022 年年均增速达到 8.4%，其中 2000—2010 年 GDP 年均增速在 10% 以上，2010—2015 年年均增速在 7% 以上，而后进入中高速增长（7% 以下）阶段[③]。

国际比较来看，2000—2022 年中国的 GDP 年均增速明显高于世界 GDP 的年均增速（为 3.32%），也大大高于美国 GDP 的年均增速（为 2.00%）；中国 GDP 占世界总量的比重从 2000 年的 6.43% 上升至 2022 年的 18.47%，提高了 12.04 个百分点，平均每年提高 0.55 个百分点；而美国的 GDP 占世界总量的比重持续下降，从 2000 年的 19.82% 下降至 2022 年的 14.96%，减少了 4.86 个百分点，平均每年减少 0.22 个百分点（见表 3-1）。中国既是世界经济增长最大的动力之源，也是世界宏观经济最大的稳定器，第一次表现是在美国爆发的国际金融危机导致全球经济 2009 年首次出现负增长（为 -0.1%）时，其中美国经济增速为 -2.6%，欧元区为 -4.3%，日本为 -5.7%，而中国达到 9.4%，带动世界经济由负增长转向正增长。第二次是受新冠疫情冲击，2020 年世界经济出现负增长，为 -2.9%，其中美国为 -2.2%，欧元区为 -5.7%，日本为 -4.1%，印度为 -5.8%，俄罗斯为 -2.7%，而中国为 2.2%；2021 年时中国经济增长率达到 8.4%，并强有力地带动世界经济复苏，到达 6.4%[④]，再次成为世界经济增长最大的稳定器。这表明，中国经济越强大，世界越受益，世界越受益，中国发展机遇越大，形成了中国与世界经济增长的良性互动关系。2000—2022 年期间，按 2021 年国际元计算，中国对世界 GDP 增长的贡献率

---

①　国家统计局网站，https://data.stats.gov.cn/easyquery.htm?cn=C01&zb=A0201&sj=2000-2022。

②　数据来源：世界银行 WDI 数据库，https://data.worldbank.org.cn/indicator/NY.GDP.MKTP.PP.KD?locations=CN-US-EU。

③　国家统计局：《中国统计摘要 2023》，北京，中国统计出版社，2023 年，第 26 页。

④　国际货币基金组织：《世界经济展望》，2023 年 4 月。

高达 29.94%，远高于同期美国 10.34% 的贡献率和欧盟 8.11% 的贡献率；中美两国对世界经济增长的贡献率合计为 40.28%，其余 240 个国家和地区的贡献率为 59.72%。① 从世界经济增长与稳定性的大局来看，中国和美国长期合作是世界之大幸，反之则反。

表 3-1　中国、美国与世界的 GDP 及人均 GDP 比较（2000—2022 年）

指标	2000年	2005年	2010年	2015年	2022年	2000—2022 年年均增速（%）或时期变化量（百分点）
中国 GDP（万亿元）	10.03	18.73	41.21	68.89	120.47	11.96%
中国 GDP（万亿国际元）	5.04	8.04	13.74	20.11	29.68	8.39%
美国 GDP（万亿国际元）	15.54	17.62	18.5	20.72	24.05	2.00%
世界 GDP（万亿国际元）	78.42	93.98	111.47	131.75	160.74	3.32%
中国 GDP 占世界比重（%）	6.43	8.56	12.33	15.26	18.47	12.04（百分点）
美国 GDP 占世界比重（%）	19.82	18.75	16.60	15.73	14.96	−4.86（百分点）
中国 GDP 相对美国的追赶系数（%）	32.43	45.63	74.27	97.06	123.45	91.02（百分点）
中国人均 GDP（国际元）	3989	6165	10 268	14 576	21 019	7.85%
美国人均 GDP（国际元）	55 059	59 627	59 822	64 600	72 165	1.24%

---

① 计算数据来源：世界银行 WDI 数据库，https://data.worldbank.org.cn/indicator/NY.GDP.MKTP.PP.KD?locations=CN-US-EU-1W。

续表

指标	2000年	2005年	2010年	2015年	2022年	2000—2022年年均增速（%）或时期变化量（百分点）
世界人均 GDP（国际元）	12 763	14 342	15 993	17 793	20 215	2.11%
中国人均 GDP 相对世界人均 GDP 的水平（%）	31.25	42.99	64.20	81.92	103.98	72.73（百分点）
中国人均 GDP 相对美国的追赶系数（%）	7.24	10.34	17.16	22.56	29.13	21.89（百分点）

数据来源：（1）国家统计局网站，https://data.stats.gov.cn/easyquery.htm?cn=C01&zb=A0201&sj=2000-2022；（2）世界银行 WDI 数据库，https://data.worldbank.org/indicator/NY.GDP.MKTP.PP.KD?locations=CN-US-1W；（3）世界银行 WDI 数据库，https://data.worldbank.org/indicator/NY.GDP.PCAP.PP.KD?locations=CN-US-1W。

注：（1）2000—2022 年时期变化量为期末年减去基期年；（2）按 PPP 计算的 GDP 和人均 GDP 以 2021 年国际元计。

（二）进入世界制造强国行列

制造业是国民经济的主体，是立国之本、兴国之器、强国之基。新中国成立尤其是改革开放以来，我国制造业持续快速发展，建成了门类齐全、独立完整的产业体系，有力推动工业化和现代化进程，显著增强综合国力，支撑我世界大国地位。[①]

改革开放之后，中国进入经济起飞、工业化加速发展阶段。1978—2000年期间，工业增加值年平均增长率为 11.6%，成为中国经济增长的第一大"发动机"。到 2000 年，中国已跻身于世界工业大国前列，是世界第三大制造业国家，制造业增加值占世界的比重达到 7.8%；高技术产业增加值占世界总量的 3.16%，居世界第四位，高技术产品出口额占世界总量的 8.33%，居世界第

[①]《国务院关于印发〈中国制造 2025〉的通知》，中国政府网，2015 年 5 月 19 日，https://www.gov.cn/zhengce/content/2015-05/19/content_9784.htm。

三位，排在美国（17.76%）、日本（15.26%）之后。[①]

进入21世纪，党的十六大报告（2002年）明确提出走新型工业化道路，到2020年我国基本实现工业化。[②]为此，原国家计委提出了四个量化指标：一是2000—2020年GDP年均增速达到7.2%左右；二是2020年我国人均GDP达到3000美元以上；三是城镇化率超过50%；四是农业从业人员比重降到30%左右。[③]

中国加速从传统工业化向新型工业化转变，成为世界最大的工业国、制造业国、制成品出口国、高技术产品出口国、高技术产业增加值国，提前实现了党的十六大提出的2020年基本实现工业化的核心目标和主要指标。中国已经出现了后工业化时代的基本特征，工业增加值占GDP的比重、工业就业占总就业的比重也达到峰值，进而呈现下降趋势。[④]中国是如何成为世界最大的工业国、制造业国的呢？

一是我国工业保持了高速增长。2000—2022年期间，按不变价格计算，工业增加值年均增速高达8.7%。[⑤]按2010年美元价格，2000年时中国的工业增加值相当于美国的34.5%（见表3-2），2002年超过日本，2010年超过欧盟，2011年超过美国，成为世界第一大工业生产国，到2021年时相当于美国的1.69倍、欧盟的1.86倍、日本的4.87倍，中国工业增加值占世界的比重从2000年的7.9%上升至2021年的26.6%[⑥]。

二是我国制造业保持了高速增长。2000—2021年中国和美国制造业增加

① 计算数据来源：美国国家科学基金委员会网站，https://www.nsf.gov/。
② 江泽民：《全面建设小康社会，开创中国特色社会主义事业新局面——在中国共产党第十六次全国代表大会上的报告》（2002年11月8日），共产党员网，https://fuwu.12371.cn/2012/09/27/ARTI1348734708607117.shtml。
③ 曾培炎：《新世纪头二十年经济建设和改革的主要任务》，《十六大报告辅导读本》，北京，人民出版社，2002年，第79-80页。
④ 胡鞍钢：《中国进入后工业化时代》，《北京交通大学学报（社会科学版）》2017年第1期，第1-16页。
⑤ 国家统计局：《中国统计摘要2023》，北京，中国统计出版社，2023年，第29页。
⑥ 计算数据来源：世界银行WDI数据库，https://data.worldbank.org.cn/indicator/NV.IND.TOTL.KD?end=2021&locations=CN-US-JP-EU&start=1960。

值（美元现价）年平均增值率分别为 12.7% 和 2.3%（见表 3-2）。中国于 2011 年超过美国，成为世界第一大制造业国；到 2021 年，中国制造业增加值相当于美国的 1.95 倍，2022 年达到近 5 万亿美元，占世界总量的 30.4%[①]。

表 3-2　中美工业建筑业、制造业增加值（2000—2021 年）

指标	2000年	2005年	2010年	2015年	2021年	2000—2021 年年均增速（%）或时期变化量（百分点）
中国工业建筑业增加值（亿美元）	10 301	17 245	30 728	45 177	62 653	9.0%
美国工业建筑业增加值（亿美元）	29 841	31 911	30 887	33 840	36 906	1.0%
中国/美国（%）	34.5	54.0	99.5	133.5	169.8	135.3 百分点
中国制造业增加值（亿美元）	3928	7336	19 343	32 025	48 658	12.7%
美国制造业增加值（亿美元）	15 494	16 929	17 917	21 232	24 971	2.3%
中国/美国（%）	25.4	43.3	108.0	150.8	194.9	169.5 百分点

数据来源：（1）工业增加值数据来自世界银行 WDI 数据库，https://data.worldbank.org/indicator/NV.IND.TOTL.KD?end=2021&locations=CN-US-1W&start=1997；（2）制造业增加值数据来自世界银行 WDI 数据库，https://data.worldbank.org/indicator/NV.IND.MANF.CD?end=2021&locations=CN-US-1W&start=1997。

注：（1）2000—2021 年时期变化量为期末年减去基期年；（2）均按 2010 年美元价格计算。

三是我国制造业加速转型，从中低端向中高端转变。2000 年，我国高技术产业增加值占制造业增加值的比重仅为 9.6%，到 2014 年上升至 15.7%，平均每年提高 0.44 个百分点，高出美国 0.10 个百分点，这意味着，中国已是世界第一大高技术产业国。但是中国高技术产业增加值占制造业增加值的比重还是低于美国（2014 年为 23.2%）。

四是中国高技术产品出口额持续增长。从 2010 年的 4743.5 亿美元增长

① 数据来源：世界银行 WDI 数据库，https://data.worldbank.org.cn/indicator/NV.IND.MANF.CD?end=2022&locations=CN-US-1W&most_recent_value_desc=true&start=1995。

至 2021 年的 9423.1 亿美元，年均增速为 6.4%，与此同时，美国高技术产品出口额从 2010 年的 1660.4 亿美元上升至 2015 年峰值的 1752.4 亿美元，而后下降至 2021 年的 1692.2 亿美元，相较于 2010 年几乎为零增长，中国高技术产品出口额相对于美国从 2010 年的 2.86 倍上升至 2021 年的 5.57 倍[1]，这是美国对中国发动高技术贸易战的根本原因。这表明美国不仅制造业走向衰落，而且除了极少数高技术产品之外，高技术出口能力也在衰落，由此它才采取非市场化的关税与非关税手段打压中国。

《中国制造 2025》行动纲领中明确要求，推动我国制造业与信息化、互联网化、数字化深度融合，向质量增长、中高端增长、国内外制造为主增长转变，"到 2020 年，基本实现工业化，制造业大国地位进一步巩固"。这一目标已如期实现，中国作为世界最大的工业国、制造业国、高技术国的地位更加巩固。在美国发动对中国贸易战之时，时任总统特朗普曾称"我们绝不能允许其他国家在这个未来重要工业领域超过美国"。然而，与他的主观愿望相反，中国的工业实力、制造业实力、高科技实力，是美国无法改变的。但同时要清醒地看到，美国所掌握的核心技术是既不可能与中国分享，更不可能向中国出口的，这更需要我国实现科技的自立自强。

（三）进入世界创新型国家行列

"本世纪头二十年，是我国经济社会发展的重要战略机遇期，也是我国科技事业发展的重要战略机遇期。……总体目标是：到二〇二〇年，使我国自主创新能力显著增强，科技促进经济社会发展和保障国家安全能力显著增强，基础科学和前沿技术研究综合实力显著增强，取得一批在世界具有重大影响的科学技术成果，进入创新型国家行列，为全面建设小康社会提供强有力的支撑。"[2] 为此，我国制定了《国家中长期科学和技术发展规划纲要（2006—

---

[1] 计算数据来源：世界银行 WDI 数据库，https://data.worldbank.org/indicator/TX.VAL. TECH.CD?end=2021&locations=CN-1W-US&start=2010。

[2] 胡锦涛：《坚持走中国特色自主创新道路，为建设创新型国家而努力奋斗》（2006 年 1 月 9 日），《胡锦涛文选》第二卷，北京，人民出版社，第 402 页。

2020 年）》，提出了科技工作的指导方针（自主创新，重点跨越，支撑发展，引领未来）、2020 年的总体目标、五个具体指标①和总体部署。

2012 年党的十八大报告提出"科技创新是提高社会生产力和综合国力的战略支撑，必须摆在国家发展全局的核心位置。要坚持走中国特色自主创新道路"②。

2016 年，中共中央、国务院印发《国家创新驱动发展战略纲要》，提出我国建设世界科技创新强国的"三步走"战略目标，以及 8 个方面的主要战略任务。

党的十八大以来我国在实施创新发展驱动战略方面取得了显著成效，科技进步对经济增长的贡献率③从 2012 年的 52.2% 提高至 2020 年的超过 60%，提高了 7.8 个百分点。高技术产业增加值占规模以上工业增加值的比重从 2012 年的 9.4% 提高至 2020 年的 15.1%，提高了 5.7 个百分点。在重大科技成果产业化方面也取得了突破，创新性国家重大建设成果丰硕，天宫空间站、"蛟龙号"载人潜水器、500 米口径球面射电望远镜、"悟空号"暗物质粒子探测卫星、"墨子号"空间量子科学实验卫星、大飞机等重大科技成果相继问世。我国科技实力进入世界前列④，全球创新指数排名跃升至第 14 位。

---

① "到 2020 年，全社会研究开发投入占国内生产总值的比重提高到 2.5% 以上，力争科技进步贡献率达到 60% 以上，对外技术依存度降低到 30% 以下，本国人发明专利年度授权量和国际科学论文被引用数均进入世界前 5 位。"国务院：《国家中长期科学和技术发展规划纲要（2006—2020 年）》，中国政府网，https://www.gov.cn/gongbao/content/2006/content_240244.htm。

② 胡锦涛：《坚定不移沿着中国特色社会主义道路前进 为全面建成小康社会而奋斗——在中国共产党第十八次全国代表大会上的报告》（2012 年 11 月 8 日），共产党员网，https://www.12371.cn/2012/11/17/ARTI1353154601465336_all.shtml。

③ 《中华人民共和国国民经济和社会发展第十三个五年规划纲要》（以下简称《"十三五"规划》）首次采用科技进步贡献率作为国民经济目标的重要指标之一。科技进步贡献率指一国科技进步对经济增长的贡献份额，计算公式为：科技进步贡献率 = 全要素生产率增速 /GDP 增速。其中全要素生产率增速 = GDP 增速 – α× 固定资本增速 – β× 劳动投入增速（α 是资本报酬份额的系数，β 是劳动报酬份额的系数，α+β=1）。参见全国人大财政经济委员会，国家发展和改革委员会：《〈中华人民共和国国民经济和社会发展第十三个五年规划纲要〉解释材料》，北京，中国计划出版社，2016 年，第 24 页。

④ 习近平：《决胜全面建成小康社会 夺取新时代中国特色社会主义伟大胜利——在中国共产党第十九次全国代表大会上的报告》（2017 年 10 月 18 日），中国政府网，https://www.gov.cn/zhuanti/2017-10/27/content_5234876.htm。

进入 21 世纪，中国研究与试验发展（research and development，R&D，或简称"研发"）经费投入强度（与 GDP 之比）实现历史性突破，从 2000 年的 0.89% 提高至 2022 年的 2.55%[①]，已接近 OECD 成员国的平均水平（2.71%）。我国研发支出大幅增长，从 2000 年的 896 亿元增长至 2022 年的 30 870 亿元，按 PPP（2021 年国际元）计算，从 2000 年 448 亿国际元上升至 2022 年 7599 亿国际元，年均增长率为 13.7%，其中 2021 年企业资金投入占比近 4/5（为 78.0%），政府资金投入占比近 1/5（为 19.0%）[②]，2020 年我国基础研究经费投入占研发经费投入的比重从 2015 年的 5.05% 提高到 6.16%，基础研究经费投入为 1504 亿元，相当于 359 亿国际元，预计到 2025 年将达到 2800 亿元左右，相当于 668 亿国际元。[③] 从国际比较来看（见表 3-3），按 2017 年国际元计算，中国研发支出占世界的比重从 2000 年的 4.5% 上升至 2019 年的 21.9%，提高了 17.4 个百分点，相对美国的追赶系数从 2000 年的 12.1% 上升至 2019 年的 80.2%，已经跃居世界第二位，可以相信不久后将跃居世界第一位。

表 3-3　美国、欧盟、中国的研发支出占世界比重（2000—2019 年）

国家	2000 年（%）	2010 年（%）	2019 年（%）	2000—2019 年时期变化量（百分点）
美国	37.1	29.0	27.3	−9.8
欧盟	21.8	19.1	18.2	−3.6
中国	4.5	15.0	21.9	17.4
中国/美国	12.1	51.7	80.2	68.1

资料来源：The State of U.S. Science and Engineering 2022, https://ncses.nsf.gov/pubs/nsb20221/u-s-and-global-science-and-technology-capabilities.

注：2000—2019 年变化量为期末年减去基期年。

---

① 国家统计局：《中国统计摘要 2023》，北京，中国统计出版社，2023 年，第 177 页。
② 国家统计局：《中国统计年鉴 2022》，北京，中国统计出版社，2022 年，第 628 页。
③ 全国人大财政经济委员会，国家发展和改革委员会：《〈中华人民共和国国民经济和社会发展第十四个五年规划和 2035 年远景目标纲要〉释义》，北京，中国计划出版社，2021 年，第 236 页。

研发人力资源成为中国创新的长期优势和最重要的国家人才战略资源。按从事研发活动人员全时当量口径计算，中国从 2000 年的 92.2 万人年增加至 2022 年的 635.4 万人年[①]，相当于 2000 年的 6.89 倍，年平均增长率为 9.2%。从国际视角看，2000 年中国研发人员数仅相当于 OECD 成员国研发人员总数的 12.3%，到 2022 年这一比值已高达 45.3%（见表 3-4），我国的"研发人员总量居世界首位"[②]，成为中国科技创新最重要的人才来源。从世界范围内顶级研发人才资源来看，**这仍是中国科技人才最大的短板，但又是未来中国最大的发展潜力**，因此，既要长期持续大力培养研发人员，也要采取有效的措施在全球范围内大力吸引全球顶级科学家或国际合作、短期访问讲学，"聚天下英才而用之"[③]。预计到 2035 年我国研发人员全时当量将比 2020 年翻一番以上，超过 1200 万人年，相当于 OECD 成员国研发人员全时当量（预计为 1950 万人年）的 60% 以上，成为世界最大的研发人力资源国家，成为"实现高水平科技自立自强，进入创新型国家前列"[④] 宏大目标的强大推动力。

表 3-4　中国和 OECD 的研发人员情况（2000—2022 年）

指标	2000年	2005年	2010年	2015年	2022年	2000—2020年年均增速（%）
中国研发人员全时当量（万人年）	92.2	136.5	255.4	375.9	635.4	8.9
OECD（每千人研发人员）	6.24	7.10	7.73	8.42	10.11	2.2

---

① 国家统计局:《中国统计摘要 2023》，北京，中国统计出版社，2023 年，第 177 页。

② 习近平:《高举中国特色社会主义伟大旗帜 为全面建设社会主义现代化国家而团结奋斗——在中国共产党第二十次全国代表大会上的报告》（2022 年 10 月 16 日），中国政府网，https://www.gov.cn/xinwen/2022-10/25/content_5721685.htm。

③ 习近平:《我国广大知识分子要主动担当积极作为 为国家富强民族振兴人民幸福多作贡献》，新华社，2017 年 3 月 4 日北京电。

④ 习近平:《高举中国特色社会主义伟大旗帜 为全面建设社会主义现代化强国而团结奋斗——在中国共产党第二十次全国代表大会上的报告》（2022 年 10 月 16 日），中国政府网，https://www.gov.cn/xinwen/2022-10/25/content_5721685.htm。

续表

指标	2000年	2005年	2010年	2015年	2022年	2000—2020年年均增速（%）
OECD 研发人员全时当量（万人年）	749	884	998	1122	1404	2.9
中国/OECD 研发人员之比（%）	12.3	15.4	25.6	33.5	45.3	

数据来源：（1）中国数据来自国家统计局：《中国统计摘要 2023》，北京，中国统计出版社，2023 年，第 177 页；（2）OECD 研发人员数据来自 OECD 网站，https://data.oecd.org/rd/researchers.htm。

作为我国的执政党，中国共产党集聚了全国最大规模的人才资源。根据中共中央组织部党内统计数据显示，截至 2022 年年底，党员总数为 9804 万人[1]，占全国 15 岁及以上人口（117 316 万人）的约 8.4%，相当于在世界各国家或地区总人口中排在第 16 位的越南总人口（2022 年 9819 万人）的规模[2]。中国共产党是世界上拥有最大规模党员的执政党，党员不仅分布在全国各地及基层党组织中，而且大专及以上学历的党员数高达 5365.4 万人，占党员总数的 54.7%[3]，这正是中国式现代化不断取得成功的最重要人才资源基础。

劳动生产率高成为中国追赶美国的基本途径之一。这充分反映了科技进步和创新驱动的重要作用。[4]根据国家统计局提供的数据，2001—2020 年我

---

[1] 中共中央组织部：《中国共产党党内统计公报》（2023 年 6 月 30 日），共产党员网，https://www.12371.cn/2023/06/30/ARTI1688094366650728.shtml。

[2] 数据来源：世界银行 WDI 数据库，https://data.worldbank.org/indicator/SP.POP.TOTL?most_recent_value_desc=true。

[3] 新华社，2023 年 6 月 30 日北京电。

[4] 劳动生产率反映一国全部就业人员的平均效率，它主要受劳动者的整体素质、技能水平以及科技、装备、制度、管理模式的先进性和有效性等因素影响。《"十三五"规划》首次将其作为 25 个经济社会发展主要指标之一。全国人大财政经济委员会，国家发展改革委员会：《〈中华人民共和国国民经济和社会发展第十三个五年规划纲要〉解释材料》，北京，中国计划出版社，2016 年，第 20 页。

国的劳动生产率年均增速为 8.5%[①]，根据世界银行提供的劳动生产率数据，中国的劳动生产率（PPP，2021 年国际元）与美国的追赶系数从 2000 年的 6.4% 上升至 2022 年的 26.9%[②]，今后中国仍具有持续的经济追赶后发优势，且随着人均劳动力固定资本、人力资本存量，以及科技进步贡献率的不断提高，将共同促进劳动生产率水平持续提高，加快追赶美国。

我国基础科学研究能力大幅提高，跃居世界前列。 根据美国国家科学基金会提供的信息，我国科技期刊论文[③] 发表数，从 2000 年的 5.33 万篇上升至 2020 年的 66.97 万篇，是美国（45.59 万篇）的 1.47 倍[④]，2000—2020 年年均增速达到 13.5%。中国科技期刊论文发表数占世界的比重从 2003 年的 7.3% 提高至 2020 年的 22.8%，提高了 15.5 个百分点，平均每年提高 0.91 个百分点，而美国占比则从 2003 年的 27.1% 降至 2020 年的 15.5%，退居世界第 2 位，欧盟则从 32.8% 降至 19.6%，退居世界第 3 位（见表 3-5）。中国科学技术信息研究所发布的《中国科技论文统计报告（2022）》显示，我国热点论文的世界占比持续增长，世界热点论文数量首次排名第 1 位；高被引论文数量继续保持世界排名第 2 位；发表在国际顶尖期刊上的论文数量世界排名继续保持在第 2 位，高水平国际期刊论文数量排名保持在第 1 位。[⑤] 这表明，我国提前实现了《国家中长期科学和技术发展规划纲要（2006—2020 年）》提出的"国际科学论文被引用数均进入世界前 5 位"的预期目标。

---

① 国家统计局：《中国统计摘要 2021》，北京，中国统计出版社，2021 年，第 10 页。
② 数据来源：世界银行 WDI 数据库，https://data.worldbank.org/indicator/SL.GDP.PCAP. EM.KD?end=2021&locations=CN-US&start=1960。
③ 科技期刊论文是指在下述领域出版的科学和工程类文章：物理、生物、化学、数学、临床医学、生物医学研究、工程和技术，以及地球和空间科学。数据来源：美国国家科学基金会，《科学工程指标》。
④ 数据来源：世界银行 WDI 数据库，https://data.worldbank.org.cn/indicator/IP.JRN.ARTC. SC?end=2020&locations=CN-US&most_recent_value_desc=true&start=1996。
⑤ 中国科学技术信息研究所：《中国科技论文统计报告（2022）》（2022 年 12 月 29 日），https://stm.castscs.org.cn/u/cms/www/202212/29180350w9yt.pdf。

表3-5 中国、日本、美国、欧盟的科技期刊论文发表数占世界比重（2003—2020年）

单位：%

年份	中国	日本	美国	欧盟
2003 年	7.3	8.2	27.1	32.8
2004 年	9.2	7.7	26.6	31.8
2005 年	11.2	7.4	25.7	31.1
2006 年	12.1	7.1	24.5	30.8
2007 年	13.0	6.6	23.5	30.6
2008 年	14.3	6.1	22.4	30.3
2009 年	15.6	5.8	21.5	29.8
2010 年	16.2	5.5	21.0	29.1
2011 年	16.2	5.4	20.6	28.7
2012 年	15.6	5.1	20.3	29.1
2013 年	16.4	4.9	19.7	28.6
2014 年	17.1	4.6	19.1	28.1
2015 年	17.8	4.3	18.6	27.5
2016 年	18.6	4.2	17.8	26.7
2017 年	19.3	4.2	17.7	21.9
2018 年	20.7	4.0	17.0	20.8
2019 年	22.3	3.7	16.0	20.0
2020 年	22.8	3.4	15.5	19.6
2003—2020 年时期变化量（百分点）	15.5	−4.8	−11.6	−13.2

计算数据来源：（1）美国国家科学基金会，《科学工程指标》；（2）世界银行 WDI 数据库，https://data.worldbank.org.cn/indicator/IP.JRN.ARTC.SC?end=2020&locations=CN-US-1W-EU-JP&start=2003。

我国居民发明专利申请量从2000年的2.5万件上升至2022年的146.5万件，相当于2000年的58.6倍，年均增速高达20.3%，中国于2009年超过美国，于2010年超过日本，于2015年超过OECD成员国的总和，占世界总数的比重从2000年的3.1%提高至2020年的58.4%，相当于美国的4.98倍，相当于日本的 5.93 倍[①]，提前实现了《国家中长期科学和技术发展规划纲要（2006—2020 年）》提出的到 2020 年"本国人发明专利年度授权量进入世界前 5 位"的目标。2018 年，全球有效专利达到 1400 万件，其中美国约有 310 万件有效专利，占世界总量的 22.1%，中国有 240 万件，占世界总量的 17.1%，日本有210 万件，占世界总量的 15.0%。美国的有效专利中有一半来自国外，而中国的有效专利中来自国内的占到 70%。[②] 2021 年，我国的申请人通过《专利合作条约》（Patent Cooperation Treaty，PCT）途径提交的国际专利申请达 6.95万件，连续第三年居申请量排行榜首位。[③] 根据美国国家科学基金会发布的《2022 年科学与工程指标》报告，中国申请的国际专利占世界总量的比重从2010 年的 16% 上升至 2020 年的 49%，欧盟（27 国）的比重从 12% 降至 8%，美国的比重从 15% 降至 10%，日本的比重从 35% 降至 15%，欧盟、美国、日本三者合计为 33%。中国 KTI 产业[④] 产出从 2010 年的 948 亿美元上升至2019 年的 19 819 亿美元，超过了美国的 13 017 亿美元、欧盟的 10 753 亿美元，分别是美国的 1.5 倍、欧盟的 1.8 倍。2011 年中国超过美国成为世界上最大的KTI 产业生产国；中国占全球 KTI 制造业产出的比重从 2010 年的 18% 提高至2019 年的 31%。[⑤]

我国技术市场交易额迅速增长，从 2000 年的 651 亿元增长至 2022 年的 47 791 亿元，相当于 2000 年的 73.4 倍，年均增速为 21.6%，与 GDP 之比由 0.65% 提高至 3.95%，已经高于研发投入所占 GDP 的比重 2.55%[⑥]，这一方面反映了研发投入技术市场的巨大经济收益，另一方面也反映了技术市场收

① 计算数据来源：世界银行 WDI 数据库，https://data.worldbank.org.cn/indicator/IP.PAT. RESD?end=2020&locations=CN-US-1W-EU-JP&start=1998。
② 世界知识产权组织（WIPO）：《世界知识产权指标 2019》，2019 年 10 月 16 日。
③ 《2021 年我国 PCT 国际专利申请再次蝉联全球第一 华为连续五年位居申请人榜首》，国家知识产权局网站，www.cnipa.gov.cn/art/2022/2/10/art_53_173154.html。
④ 2010 年的《科学与工程指标》报告首次提出知识技术密集型（Knowledge and Technology Intensive，KTI）产业的概念，由知识密集型服务业和高技术产业构成。
⑤ 数据来源：美国国家科学基金会网站，https://ncses.nsf.gov/pubs/nsb20221/u-s-and-global-science-and-technology-capabilities。
⑥ 国家统计局：《中国统计摘要 2023》，北京，中国统计出版社，2023 年，第 177 页。

益又直接成为研发投入的重要来源，表明我国研发产业（指科学研究和技术服务业）成为经济效益增长最快、创造新增就业最快的新兴领域。第三次中国经济普查数据显示：2013 年年末，全国共有科学研究和技术服务业企业法人单位 34.5 万个，从业人员 603.3 万人，分别比 2008 年年末增长 154.8% 和 97.4%；企业法人单位资产总计 67 452.9 亿元，比 2008 年年末增长 110.9%，行业人均资产高达 111.8 万元 [1]，估计到 2022 年至少翻一番，人均资产超过 200 万元。第四次中国经济普查数据显示：2018 年年末，全国共有科学研究和技术服务业法人单位 [2] 127.6 万个，从业人员 1182.9 万人，是 2013 年的 1.96 倍，年均增速高达 14.4%。[3] 科学研究和技术服务业不仅是典型的人力资本密集型行业，而且还是创新资本密集型行业，已经成为以市场驱动为主的新兴产业。

（四）进入世界贸易强国行列

进入 21 世纪，中国加入世界贸易组织，国内市场全面开放，大规模地参与经济全球化，成为世界最大的贸易体。

我国货物进出口总额从 2000 年的 4743 亿美元上升至 2022 年的 63 096 亿美元，相当于 2000 年的 13.3 倍；我国货物进出口贸易额占世界比重从 2000 年的 3.62% 提高至 2022 年的 12.49%。[4] 在世界货物进出口贸易中的排名，2000 年居第 8 位，此后相继超越英国、法国、德国和日本，2013 年超过美国跃居世界第 1 位，我国世界贸易最大国的地位更加巩固。

我国货物出口贸易额从 2000 年的 2492 亿美元上升至 2022 年的 35 636 亿美元，相当于美国 1.74 倍，年均增速为 12.9%，占世界比重从 2000 年 3.86% 上升至 2022 年的 14.33%，于 2009 年之后保持世界第一。我国货物进口贸易额从 2000 年的 2251 亿美元上升至 2022 年的 27 160 亿美元，年均增速为

---

① 国家统计局：《第三次全国经济普查主要数据公报（第三号）》（2014 年 12 月 16 日），http://www.stats.gov.cn/tjsj/zxfb/201412/t20141216_653701.html。
② 第四次全国经济普查公报中未给出不同类型法人单位的分项数据，故不作同期比较。
③ 国家统计局：《第四次全国经济普查公报（第二号）》（2019 年 11 月 20 日），https://www.stats.gov.cn/sj/zxfb/202302/t20230203_1900525.html。
④ 国家统计局：《中国统计年鉴 2019》，北京，中国统计出版社，2019 年，第 92、197 页。

11.99%，占世界比重从 2000 年的 3.39% 提高至 2022 年的 10.60%，于 2009 年之后保持世界第 2 位，居美国之后，相当于美国的 80.4%（见表 3-6）。中国对外贸易从长期的出口导向增长向进出口基本平衡的方向转变，正逐步减少巨额美元外汇储备，以便获得更大的对外贸易红利。

我国的贸易结构不断优化，2002—2021 年我国高技术出口额[1]占制成品出口的比重一直在 30% 左右，明显高于日本（2021 年 18%）、美国（2021 年 20%）[2]；2019 年中国高技术出口额所占世界比重高达 25.1%，相当于美国（5.4%）的 4.6 倍[3]。

表 3-6　中美货物进出口额及占世界比重（2000—2022 年）

指标	2000年	2005年	2010年	2015年	2022年	2000—2022 年年均增速（％）或时期变化量（百分点）
中国货物出口额（亿美元）	2492	7620	15 778	22 735	35 936	12.90%
美国货物出口额（亿美元）	7819	9010	12 785	15 026	20 648	4.51%
世界货物出口额（亿美元）	64 540	103 930	153 010	164 890	249 045	6.33%
中国货物出口占世界比重（％）	3.86	7.33	10.31	13.79	14.43	10.57 百分点
美国货物出口占世界比重（％）	12.11	8.67	8.36	9.11	8.29	-3.82 百分点
中国货物进口额（亿美元）	2251	6600	13 962	16 796	27 160	11.99%

---

[1] 根据联合国商品贸易统计（Comtrade）数据库定义，高科技出口产品是指具有高研发强度的产品，例如航空航天、计算机、医药、科学仪器、电气机械。

[2] 世界银行 WDI 数据库，https://data.worldbank.org.cn/indicator/TX.VAL.TECH.MF.ZS?end=2021&locations=CN-JP-US-1W&start=2007。

[3] 世界银行 WDI 数据库，https://data.worldbank.org.cn/indicator/TX.VAL.TECH.CD?end=2019&locations=CN-US-1W-OE&start=2007。

续表

指标	2000年	2005年	2010年	2015年	2022年	2000—2022年年均增速（%）或时期变化量（百分点）
美国货物进口额（亿美元）	12 593	17 327	19 692	23 153	33 762	4.58%
世界货物进口额（亿美元）	66 475	107 530	154 397	167 430	256 212	6.32%
中国货物进口占世界比重（%）	3.39	6.14	9.04	10.03	10.60	7.21 百分点
美国货物进口占世界比重（%）	18.94	16.11	12.75	13.83	13.18	−5.76 百分点

计算数据来源：世界贸易组织数据库、世界银行 WDI 数据库。

注：2000—2022 年时期变化量为期末年减去基期年。

我国服务贸易发展迅速，所居世界位次由 1982 年的第 34 位上升至 2014 年的第 2 位。我国服务出口额从 2000 年的 787 亿美元上升到 2021 年的 3384 亿美元，相当于 2000 年 4.30 倍，年均增速为 7.2%。我国服务贸易出口额占世界比重由 2000 年的 4.6% 上升至 2021 年的 5.5%，居世界第 5 位，美国为我国的 3.84 倍[1]；服务贸易进口额占世界比重由 2.2% 上升至 6.7%，居世界第三，排在美国（9.7%）、德国（7.1%）之后[2]。这表明中国在发展服务贸易方面还有巨大的潜力，在货物贸易增长的同时应更加重视服务贸易增长，这就需要加快建设更高水平开放型的经济新体制，推进贸易和投资自由化、便利化，推进规则、规制、管理、标准等制度型开放，构筑与更高水平开放匹配的监管和风险防控体系，推动共建"一带一路"高质量发展，在发展中国家率先构建面向全球的高标准自由贸易区网络，优化自由贸易区布局（如海南

---

[1] 计算数据来源：世界银行 WDI 数据库，https://data.worldbank.org.cn/indicator/BX.GSR.NFSV.CD?end=2022&locations=CN-US-1W&start=2000。

[2] 计算数据来源：世界银行 WDI 数据库，https://data.worldbank.org.cn/indicator/BM.GSR.NFSV.CD?end=2022&locations=CN-US-1W&most_recent_value_desc=true&start=2000。

自由贸易港建设），以货物贸易"零关税"、服务贸易"既准入又经营"为方向，推进贸易自由化、便利化。

我国的贸易伙伴已经发展到 240 多个国家和地区，是其中 122 个国家和地区的第一大贸易伙伴，这是中国进入世界贸易舞台的重大标志之一。从 2004 年起，欧盟和美国连续 14 年位列我国第一大和第二大贸易伙伴；2011 年起，东盟成为我国第三大贸易伙伴[1]，2019 年超过美国成为我国第二大贸易伙伴，2020 年超过欧盟成为我国第一大贸易伙伴，2022 年中国与东盟进出口总额达到 9753 亿美元，占我国进出口总额的 15.5%[2]。"一带一路"倡议提出以来，我国与沿线国家贸易关系日趋紧密，2013—2022 年我国与"一带一路"沿线国家货物进出口额从 1.04 万亿美元增至 2.07 万亿美元，翻了一番，年均增长约 8%。

我国已连续多年为全球第二大外资流入国。2022 年，我国实际使用外商直接投资 1891 亿美元，规模为 1983 年的 206 倍，年均增长 14.6%，我国对外直接投资流量累计超过 1.52 万亿美元，对外承包工程完成营业额累计超过 15 689 亿美元[3]。

总体而言，我国作为世界第一贸易大国的地位更加巩固，在利用全球外国直接投资中的地位和作用日益凸显，正在加快建设世界贸易强国。同时也要看到，我国外贸总体上仍然是大而未强，重点要鼓励高技术、高质量、高附加值产品的出口，提升在全球价值链中的地位。[4]

（五）进入世界交通通信强国行列

基础设施的现代化是一个国家经济现代化的物质工程基础，它能够有效地为社会生产和居民生活提供公共服务，保障国家社会经济活动正常运行，同时促进各地区互联互通、促进各类要素自由流动、促进国内统一大市场形

---

① 国家统计局：《改革开放 40 年》，北京，中国统计出版社，2018 年，第 51 页。
② 国家统计局：《中国统计摘要 2023》，北京，中国统计出版社，2023 年，第 101 页。
③ 国家统计局：《中国统计摘要 2023》，北京，中国统计出版社，2023 年，第 102-103 页。
④ 钟山：《我国第一贸易大国地位更加巩固 贸易强国建设进程在不断加快》，新华网，2019 年 3 月 9 日。

成、促进区域经济一体化、促进经济全球化。

进入 21 世纪，中国发动了一场史无前例的基础设施现代化的"革命"。根据 OECD 数据库提供的信息，中国基础设施投资总额从 2000 年的 260.8 亿欧元上升至 2017 年的 6340.8 亿欧元，相当于 2000 年的 24.3 倍，年均增速为 20.65%，是美国基础设施投资年均增速（为 1.02%）的 20 倍！中国基础设施投资相对美国的比重在 2000 年时仅为 35.9%，此后于 2005 年超过美国，到 2017 年已为美国的 7.35 倍（见表 3-7）。

表 3-7　中美基础设施投资（2000—2017 年）

国家	2000 年	2005 年	2010 年	2015 年	2017 年	2000—2017 年年均增速（%）或时期变化量（百分点）
中国（亿欧元）	260.8	672.5	2273.6	5260.9	6340.8	20.65%
美国（亿欧元）	726.8	579.9	694.7	949.1	863.1	1.02%
中国/美国（%）	35.9	116.0	327.3	554.3	734.7	698.8 百分点

计算数据来源：OECD 数据库，https://stats.oecd.org/。
注：2000—2017 年时期变化量为期末年减去基期年。

我国交通基础设施建设实现跨越式发展，建立了世界最大规模的现代化运输网络。一是，我国成为世界上唯一高速铁路成网运行的国家，截至 2022 年年末我国营运铁路总里程 15.5 万千米，居世界第 2 位。其中，高铁营运里程达到 4.2 万千米（见表 3-8），居世界第 1 位，超过了全球其他国家的总和；铁路复线率为 59.6%，电化率为 73.8%[①]。高铁客运量从 2008 年的 734 万人次到 2021 年升至 19.22 亿人次，相当于全国平均每人乘坐了 1.36 次高铁，占铁路客运量的比重从 0.5% 提高至 63.4%，即占铁路营运总里程 26.6% 的高铁[②]服务了全国 3/5 以上的铁路客运量。

[①] 《2022 年交通运输行业发展统计公报》，交通运输部网站，https://www.gov.cn/govweb/lianbo/bumen/202306/content_6887539.htm。
[②] 国家统计局：《中国统计年鉴 2022》，北京，中国统计出版社，2022 年，第 528 页。

二是，全国公路里程从 2000 年的 140.27 万千米增加到 2022 年的 535.48 万千米，居世界第 2 位，排在美国（658.66 千米）之后[①]。我国高速公路迅速发展，自 1988 年有了第一条高速公路，到 2000 年高速公路里程达 1.63 万千米，到 2022 年达 17.73 万千米（见表 3-8），总里程超过美国，居世界第 1 位，覆盖 97% 的 20 万以上人口城市及地级行政中心，许多省份实现县县通高速公路。农村公路总里程达到 405 万千米，居世界第 1 位，有 99.64% 的乡镇和 99.47% 的建制村通了硬化路，有 99.1% 的乡镇和 96.5% 的建制村开通了客车。2018 年，全国公路营运客运量 179 亿人次，全国人均 12.7 人次，货运量 396 亿吨，全国人均 28.2 吨[②]，我国成为世界最大规模的人流、物流统一的大市场，显示出巨国规模效应。

我国已经建成横贯东西、纵贯南北、内畅外通的现代综合运输通道网络布局。基本建成了"四沿通道"，即沿海高速铁路、沿海高速公路、沿江高速铁路、沿边公路，不断推进与周边国家跨境通道和"一带一路"沿线通道的建设。

三是，我国内河航道里程从 2000 年的 11.93 万千米增加至 2022 年的 12.80 万千米，居世界第 1 位，建成"两横一纵两网十八线"为主体的内河航运体系。目前已在长江上建成或在建各式现代化桥梁超过 200 座，长江既是中国乃至世界的黄金水道，也是中国南北方互联互通的江上之桥，更成为中国经济最发达、经济密度最高的经济带。

表 3-8 各种运输线路里程（2000—2022 年）

单位：万千米

年份	铁路营运里程	高铁营运里程	公路里程	高速公路里程	定期航班航线里程	输油气管道里程
2000 年	6.87		140.27	1.63	150.29	2.47
2005 年	7.54		334.52	4.10	199.85	4.40

---

① CIA, The World Factbook 2019, https://www.cia.gov/library/publications/resources/the-world-factbook/fields/385rank.html。

② 国家统计局：《中国统计摘要 2023》，北京，中国统计出版社，2023 年，第 152 页。

续表

年份	铁路营运里程	高铁营运里程	公路里程	高速公路里程	定期航班航线里程	输油气管道里程
2010 年	9.12	0.513	400.82	7.41	276.51	7.83
2015 年	12.1	1.984	457.73	12.35	531.72	10.87
2017 年	12.7	2.516	477.35	13.64	748.30	12.01
2018 年	13.2	2.990	484.65	14.26	837.98	12.23
2020 年	14.6	3.792	519.81	16.10	942.63	12.87
2022 年	15.5	4.2	535.48	17.73	699.89	13.64
2000—2022 年年均增速（%）	3.8	19.2（2010—2022 年）	5.4	11.5	7.2	8.1

数据来源：（1）国家统计局：《中国统计摘要 2023》，北京，中国统计出版社，2023 年，第 145 页；（2）2022 年高速铁路里程数据来自交通运输部《2022 年交通运输行业发展统计公报》。

四是，我国航空运输能力大幅度提升，服务覆盖全国 88.5% 的地市，76.5% 的县，形成以国际枢纽机场为中心，区域枢纽机场为骨干，其他干线、支线机场相互配合的大格局。全国共有 220 座国际机场、400 个航空港，定期航班国内通航城市 224 个，国际定期航班通航 60 个国家的 158 个城市。中国民航客运量从 1975 年的 100 万人次上升至 2019 年的 6.60 亿人次，年平均增长率高达 15.9%，远高于世界同期年均增速 5.4%，中国民航客运量占世界的比重从 0.23% 上升至 14.8%，相当于美国客运量的 71.2%[①]。中国已经成为世界第二大民用航空市场，正处在民航交通快速发展的大众化、普及化、多元化、国际化的黄金发展阶段，未来还有巨大的发展潜力，将迅速赶超美国。

五是，中国已经从内陆型大国变成海洋型大国。这里采用"班轮运输相

---

① 世界银行 WDI 数据库，icator/IS.AIR.PSGR?end=2019&locations=1W-CN&most_recent_value_desc=true&start=1984&view=chart。

关指数",它用来衡量一个国家是不是真正意义上的海洋大国、海运大国。这一指数包含五个量化指标:船舶数量、船舶集装箱承载能力、最大船舶规模、服务量以及在一国港口部署集装箱船舶的公司数量。计算时取中国 2004 年的数据为 100,到 2021 年该指数已经提高至 171,居世界首位,远远超过韩国的 111.3、新加坡的 110.7、美国的 102.6。[①]2021 年,中国港口完成集装箱吞吐量 2.63 亿 TEU[②],占世界总量的 31.3%,相当于美国 6055 万 TEU 的 4.34 倍[③]。这表明中国不仅是世界陆上现代化交通第一大国,也已成为世界海洋现代化运输第一大国,海运辐射到七大洲所有港口,承担了全国 90% 以上的外贸货物运输量,占据世界主要港口货物吞吐总量的 1/3 以上。这就是为什么中国有能力、有意愿打造海上丝绸之路,为世界提供大量的、长期的海上交通运输设施、通道与产品,促进各大洲、各国、各地区的互联互通。

我国交通运输规模总量位居世界前列,成为名副其实的世界交通大国。在新的历史起点上,根据党的十九大报告中国加快建设交通强国,努力实现由世界交通大国向世界交通强国的转变。[④]到 2035 年,基本建成交通强国。现代化综合交通体系基本形成,人民满意度明显提高,支撑国家现代化建设能力显著增强;拥有发达的快速网、完善的干线网、广泛的基础网,城乡区域交通协调发展达到新高度;基本形成"全国 123 出行交通圈"(都市区 1 小时通勤、城市群 2 小时通达、全国主要城市 3 小时覆盖)和"全球 123 快货物流圈"(国内 1 天送达、周边国家 2 天送达、全球主要城市 3 天送达),旅客联程运输便捷顺畅,货物多式联运高效经济;智能、平安、绿色、共享交通发

---

① 世界银行 WDI 数据库,https://data.worldbank.org.cn/indicator/IS.SHP.GCNW.XQ?end= 2021&locations=CN-US-KR-SG&most_recent_value_desc=true&start=2006&view=chart。

② TEU 是英文 Twenty-feet Equivalent Unit 的缩写,以长度为 20 英尺的集装箱为国际计量单位,也称国际标准箱单位。通常用来表示船舶装载集装箱的能力,也是集装箱和港口吞吐量的重要统计、换算单位。

③ 世界银行 WDI 数据库,https://data.worldbank.org.cn/indicator/IS.SHP.GOOD.TU?end= 2021&locations=CN-US-1W&most_recent_value_desc=true&start=2006&view=chart。

④ 杨传堂、李小鹏:《奋力开启建设交通强国的新征程》,《求是》2018 年第 4 期。

展水平明显提高，城市交通拥堵基本缓解，无障碍出行服务体系基本完善；交通科技创新体系基本建成，交通关键装备先进安全，人才队伍精良，市场环境优良；基本实现交通治理体系和治理能力现代化；交通国际竞争力和影响力显著提升。[1]

中国已经成为世界拥有最大现代通信网络的国家。2008 年，中国的宽带互联网用户超过美国，到 2021 年中国宽带互联网用户达到 5.36 亿户，占世界总用户数的 40.3%，相当于美国的 4.24 倍。[2]2021 年，中国互联网普及率达到 73.0%，移动电话用户达到 16.43 亿户，相当于美国 3.62 亿户的 4.54 倍。中国已经建成世界最大规模的 4G 网络，用户接近 13 亿户，高速光纤覆盖乡镇及 98% 以上的行政村，固定宽带家庭普及率、移动宽带家庭普及率分别达 96%、108%[3]。根据国家互联网信息办公室发布的《数字中国发展报告（2022 年）》，截至 2022 年年底，我国累计建成开通 5G 基站 231.2 万个，5G 用户达 5.61 亿户，全球占比均超过 60%。[4] 根据《5G 发展总体规划（2020—2025 年）》，到 2025 年全国 5G 用户网络将普及到 56%，用户总规模超过 8 亿户。[5] 这表明中国已经在 5G 方面引领世界潮流。到 2035 年，数字化发展水平进入世界前列，数字中国建设取得重大成就。数字中国建设体系化布局更加科学完备，经济、政治、文化、社会、生态文明建设各领域数字化发展更加协调充分，有力支撑全面建设社会主义现代化国家。[6]

---

① 《中共中央 国务院印发〈交通强国建设纲要〉》，中国政府网，2019 年 9 月 19 日，http:// www.scio.gov.cn/xwfbh/xwbfbh/wqfbh/39595/41829/index.htm。

② 数据来源：世界银行 WDI 数据库，https://data.worldbank.org.cn/indicator/IT.NET.BBND? end=2021&most_recent_value_desc=true&start=1998。

③ 全国人大财政经济委员会，国家发展和改革委员会：《〈中华人民共和国国民经济和社会发展第十四个五年规划和 2035 年远景目标纲要〉释义》，北京，中国计划出版社，2021 年，第 179 页。

④ 《〈数字中国发展报告（2022 年）〉发布 我国 5G 用户达 5.61 亿户》，中国政府网，2023 年 5 月 24 日，https://www.gov.cn/govweb/lianbo/bumen/202305/content_6875868.htm。

⑤ 国家统计局：《中国统计年鉴 2022》，北京，中国统计出版社，2022 年，第 541 页。

⑥ 《中共中央 国务院印发〈数字中国建设整体布局规划〉》，中国政府网，2023 年 2 月 27 日，https://www.gov.cn/zhengce/2023-02/27/content_5743484.htm。

（六）成为世界最大规模市场主体国家

进入 21 世纪，我国市场主体的规模呈爆发性增长，市场主体注册数从 2002 年 3111 万户上升至 2022 年的 1.69 亿户，年均增长率为 8.83%。全国登记企业在册总数从 2002 年的 734 万户上升至 2022 年的 5283 万户，年均增长率达到 10.37%，与全国总人口之比为 12.06%。其中，民营企业注册数增长最快，到 2022 年达到 4701 万户，年均增长率为 15.49%，占企业总数的比重从 2002 年的 35.97% 提高至 2022 年的 88.98%，提高了 53.01 个百分点；个体工商户从 2002 年的 2377 万户上升至 1.14 亿户，年均增长率达到 8.15%（见表 3-9）。中国成为世界上拥有最大规模市场主体的国家，也成为世界最大的创业国家、企业家之国。

我国成为世界上最大的提交商标申请国。我国商标申请数从 2002 年的 156.73 万件上升至 2022 年 751.6 万件，年均增速为 8.15%（见表 3-9）；占世界的比重从 20.48% 上升至 50.46%。我国的商标申请数在 2001 年超过美国，2011 年超过 OECD 成员国的总数，到 2014 年相当于美国（28.33 万件）的 7.05 倍，2017 年相当于 OECD 成员国（138.23 万件）的 4.28 倍。2020 年，中国居民提交的商标申请数占比为 61.5%，相当于美国的 16.6 倍[①]。

截至 2022 年年底，我国有效商标注册量为 4267.2 万件[②]。通过马德里系统[③]向中国知识产权局提交的国际商标注册数从 2004 年的 52.76 万件增至 2017 年的 553.9 万件，占世界的比重从 25.9% 提高至 56.6%，大大超过美国所占世界的比重（2017 年为 4.4%）。

---

① 数据来源：世界银行 WDI 数据库，https://data.worldbank.org.cn/indicator/IP.TMK.RSCT?end=2021&most_recent_value_desc=true&start=1998。
② 《国务院新闻办举行发布会 介绍 2022 年知识产权相关工作情况》，中国政府网，2023 年 1 月 16 日，https://www.gov.cn/xinwen/2023-01/16/content_5737371.htm。
③ 马德里系统是一个国际商标注册体系，是针对全球商标注册和管理的解决方案，既方便又划算。只需提交一份申请，缴纳一组费用，便可在多达 120 个国家申请保护。通过一个集中化的系统，就可变更、续展或扩展全球商标。

表 3-9　全国在册市场主体数及商标申请数（2002—2022 年）

年份	全国实有企业			个体工商户（万户）	全国总计（万户）	与全国总人口之比（%）	本国提交商标申请数（万件）
	总数（万户）	其中					
		民营企业（万户）	民营企业占比（%）				
2002 年	734	264	35.97	2377	3111	2.42	156.73
2003 年	770	329	42.73	2353	3123	2.41	170.03
2004 年	814	402	49.39	2350	3164	2.43	191.84
2005 年	857	472	55.08	2464	3321	2.53	209.04
2006 年	919	544	59.19	2596	3515	2.67	224.23
2007 年	964	603	62.55	2742	3706	2.80	228.62
2008 年	971	657	67.66	2917	3888	2.93	224.06
2009 年	1043	740	70.95	3197	4240	3.18	236.11
2010 年	1136	846	74.47	3453	4589	3.42	275.47
2011 年	1253	968	77.25	3756	5009	3.72	313.44
2012 年	1367	1086	79.44	4059	5426	4.00	333.33
2013 年	1528	1229	80.43	4436	5964	4.38	367.06
2014 年	1819	1546	84.99	4984	6803	5.07	395.73
2015 年	2263	1967	86.92	5995	8258	5.64	287.60
2016 年	2592			5930	8522	6.30	380.08
2017 年	3034	2726	89.85	6580	9614	6.94	590.16
2018 年	3474			7329	10 803	7.90	737.10
2022 年	5283	4701	88.98	11 400	16 900	12.06	751.60
2002—2022年年均增速（%）及时期变化量（百分点）	10.37%	15.49%	53.01百分点	8.15%	8.83%	9.64百分点	8.15%

注：2022 年全国在册市场主体数中包含 223.6 万户农民专业合作社。

数据来源：（1）国家市场监督管理总局历年数据；（2）2022 年全国登记在册市场主体数、个体工商户数来自国家统计局；（3）2002—2014 年商标申请数据来自世界银行 WDI 数据库，https://data.worldbank.org.cn/indicator/IP.TMK.RESD?end=2014&locations=CN-1W&start=1982。

更多中国企业进入世界 500 强行列。企业强的重要标志之一是进入
《财富》世界 500 强排行榜，它一直是衡量全球大型公司最著名、最权威的榜单，
从 1995 年开始公布全球企业榜单。2000 年，在《财富》世界 500 强名单中中
国内地 / 大陆仅有 9 家企业，且都是国企，主要是中央企业，而美国进入榜单
高达 179 家，日本为 108 家。在 2008 年国际金融危机爆发之后，2010 年上榜
的中国企业超过 50 家，美国降至 140 家，日本降至 71 家；2015 年上榜的中
国企业达 110 家，到 2019 年上榜的中国企业上升至 129 家，已超过美国（121
家），是第三位日本（52 家）的两倍之多，其中内地和香港的企业 119 家[①]，
中央企业 48 家，财政部出资企业 11 家，地方国有企业 24 家，国有企业上榜
总数为 88 家，其余 28 家为民营企业，形成了世界 500 强企业中日益强大的"中
国兵团"（见表 3-10）。其中，有 24 家中国企业进入前 100 强（内地企业 23 家），
有 11 家进入前 50 强（内地企业 10 家）。到 2022 年，中国上榜的企业提高为
145 家，其中国有企业为 99 家，中央企业为 47 家。这充分表明，企业兴，国
家兴；企业强，国家强。中国企业与中国经济一同大踏步进入世界企业与世界
经济舞台的中心。

表 3-10　主要国家（地区）《财富》世界 500 强企业数比较（1996—2022 年）

单位：家

国家	1996 年	2000 年	2005 年	2010 年	2015 年	2019 年	2022 年
中国	2	11	18	54	110	129	145
大陆 / 内地	2	9	15	43	103	119	136
国有企业	2	9	15	41	82	88	99
中央企业	2	9	15	40	47	48	47
美国	153	179	177	140	134	121	124
日本	141	108	81	71	52	52	47
英国	32	38	35	30	25	16	18

---

① 《2019 年财富世界 500 强排行榜》，财富中文网，2019 年 7 月 22 日，http://www.fortunechina.
com/fortune500/c/2019-07/22/content_339535.htm。

国家	1996 年	2000 年	2005 年	2010 年	2015 年	2019 年	2022 年
德国	40	37	36	37	28	29	28
法国	42	37	39	39	29	31	25

数据来源：（1）Fortune Global 500 网站，https://www.prnewswire.com/news-releases/fortune-releases-annual-fortune-global-500-list-301596399.html；（2）中央企业数据资料来自国务院国资委网站。

最后来看世界品牌 500 强数据，该数据来自英国 Brand Finance 公司发布的历年排名数据（见表 3-11）。美国一直是世界品牌第一大国，在品牌 500 强榜单中一直保有接近 200 家，占到总量的近 40%；中国在过去十多年里快速追赶，在 2011 年超过瑞士、2014 年超过德国、2015 年超过法国和日本、2016 年超过英国之后，跃居世界第二，到 2019 年有 77 个品牌上榜。在 2019 年的品牌 500 强榜单中，中国品牌总价值高达 13 074 亿美元，是 2008 年总价值（923 亿美元）的 14.2 倍，占世界总量的比重从 3.0% 提高至 19.0%，比日本（6.1%）、德国（5.8%）、法国（4.5%）的总和（16.4%）还高，仅次于美国（45.4%）。[①]

表 3-11　Brand Finance 品牌 500 强分布（2008—2023 年）

年份	美国	中国	日本	法国	英国	德国
2008 年	194	13	54	38	39	34
2011 年	170	23	51	39	35	34
2012 年	181	30	51	35	41	33
2013 年	185	29	47	32	38	34
2014 年	188	33	40	38	39	32
2015 年	189	40	39	35	41	30
2016 年	197	50	41	31	41	25

---

① *Globle 500 2019*, Brand Finance 网站，https://brandfinance.com/images/upload/global_500_2019_free.pdf。

续表

年份	美国	中国	日本	法国	英国	德国
2017 年	196	57	38	36	30	26
2019 年		77				
2023 年	186	70	38	34	26	28
2008—2023 年时期变化量	-8	57	-16	-4	-13	-6

数据来源：Brand Finance 品牌榜单数据库。

2023 年，中国和美国入选世界品牌 500 强的数量合计为 256 个，占 51.2%。中国入选的 70 个品牌分布于 19 座城市，入选数量较多的城市是北京（34 个）、深圳（8 个）、上海（7 个）、杭州（3 个）、广州（2 个）、香港（2 个）。

二、社会基础

（一）进入高人类发展水平国家行列

马克思曾提出社会主义的本质就是要促进人的全面发展，"人以一种全面的方式，也就是说，作为一个完整的人，占有自己全面的本质"[1]，共产主义社会是"以每个人的全面而自由的发展为其基本原则的社会形式"[2]。对于如何实现人的"全面而自由的发展"，人类社会经历了漫长曲折的探索过程。

"二战"以后，追求国民生产总值增加、以经济增长为核心的发展观长期主导各国经济社会实践。在这种发展观指引下，各国相继进行经济建设，实现了物质财富极大积累。虽然这一发展观随着人们的实践不断深化，然而它始终是"以物为中心"的发展观，进一步讲是"以资本为中心"发展观。

中国式现代化的本质和核心是人的现代化，人的现代化就是全体人民的现代化，充分体现在全体人民的发展能力不断提高，具体表现为人类发展指

---

① 《马克思恩格斯全集》第四十二卷（上），北京，人民出版社，1979 年，第 123 页。
② 马克思：《资本论》第一卷，北京，人民出版社，1975 年，第 649 页。

数① 的不断提高。

1950—2020 年，中国的经济社会发展经历了"极贫时代"（1949—1978 年）、"先富时代"（1978—2000 年）和"共富时代"（2000 年以后）三个发展阶段，人类发展指数先后跃上三个大台阶。中国成为世界上人类发展水平提高最快的国家，实现了从"极低人类发展水平"到"低人类发展水平"，到"中等人类发展水平"，再到"高人类发展水平"的转变（见表 3-12），反映了现代中国的历史变迁和巨大变化，可称为"中国的人类发展奇迹"。

表 3-12　中国经济社会发展指标与人类发展指标（1950—2021 年）

指标	1950年	1960年	1970年	1980 年	1990年	2000年	2010年	2021年
人均 GNI（PPP，2017 年国际元）	172	396	472	719	1522	3417	8846	17 536
平均受教育年限（年）	1.0	2.0	3.2	5.33	6.43	7.85	9.9	10.9
人口平均预期寿命（岁）	41.0	44.0	61.0（1975 年）	65.7（1982 年）	68.6	71.4	73.5	78.2
基尼系数	0.558（1953 年）	0.305（1964 年）	0.279	0.320	0.322	0.387（1999 年）	0.437	0.371（2020 年）
农村贫困发生率（%）	—	—	—	96.2	73.5	49.8	17.2	0
中国 HDI	0.145	0.255	0.342	0.423	0.484	0.584	0.691	0.768

---

①　Human Development Index（HDI）由联合国开发计划署（The United Nations Development Programme，UNDP）在《1990 年人文发展报告》中提出，它由预期寿命、成人识字率和人均 GDP 的对数三个指标构成，分别反映人的长寿水平、知识水平和生活水平。此后，HDI 在生活水平变量中增加了人均 GDP 并用 PPP 进行换算，在知识变量中增加了平均受教育年限等。UNDP 在报告中将人类发展划分四个阶段：低人类发展水平（HDI 为 0 ~ 0.550）、中等人类发展水平（HDI 为 0.551 ~ 0.700）、高人类发展水平（HDI 为 0.701 ~ 0.800）、极高人类发展水平（HDI 为 0.800 以上）（见 UNDP: Human Development Report 2020）。为了便于比较，笔者进一步将低人类发展水平划分为极低人类发展水平（0 ~ 0.400）和低人类发展水平（0.401 ~ 0.550）。

续表

指标	1950年	1960年	1970 年	1980 年	1990年	2000年	2010年	2021年
世界 HDI	—	—	—	0.559	0.601	0.645	0.697	0.732
中国 GHDI（亿人 HDI）	—	—	—	4.18	5.71	8.17	9.35	10.23
中国所在人类发展组	极低人类发展水平	极低人类发展水平	极低人类发展水平	低人类发展水平	低人类发展水平	中等人类发展水平	中等人类发展水平	高人类发展水平

数据来源:(1)人均 GNI 数据,其中 1950—1980 年的数据为笔者根据 Angus Maddison 和世界银行的数据计算所得;1990—2017 年的数据来自世界银行 WDI 数据库,详见 Angus Maddison, The World Economy: A Millennial perspective, OECD Table 1-5a。(2)15 岁及以上人口平均受教育年限,根据历次全国人口普查数据计算。(3)人口平均预期寿命,其中 1960 年为 1960—1965 年的平均数,1960 年实际数据为 36.3 岁;1950—1970 年的数据来自 Population Division of the Department of Economic and Social Affairs of the United Nations Secretary, World Population Prospects: The 2015 Revision, http://esa.un.org/unpd/wpp/index.htm;1982—2021 年的数据为国家统计局公布的数据。(4)基尼系数,其中 1950—1980 年的数据来自 Branko L. Milanovic, All the Ginis, 1950—2012 (updated in Autumn 2014) http://econ.worldbank.org;1990 年、2000 年的数据来自世界银行 Martin Ravallion 和 Shaohua Chen 根据 2004 年国家统计局住房调查计算的数据。(5)农村贫困发生率数据来自国家统计局:《中国统计摘要 2020》,北京,中国统计出版社,2020 年,第 69 页。(6)HDI 数据,其中 1950—1970 年中国的数据为笔者估算;1980 年的数据来自 UNDP,《2014 年人类发展报告》;1990—2021 年的数据来自 UNDP,《2021/2022 年人类发展报告》,表 2。

注:(1)人均 GNI 按 PPP（2017 年国际元）计算;(2)农村贫困发生率按照 2010 年的标准,即每人每年 2300 元（2010 年不变价）。

第一阶段,极贫时代（1949—1978 年）。1950 年时的中国是世界上人类发展指数最低的国家之一。当时,中国的人均国民总收入（Gross National Income,GNI）只有 172 国际元（PPP,2017 年国际元）,同样低于印度的人均 GNI（836 国际元）,仅为当时世界平均水平的 21.2%,在世界上处于极低收入水平。医疗卫生条件在世界上同样处于极低水平,一些偏僻的农村和少数民族地区的婴儿死亡率大多高于 200‰,孕产妇死亡率为 1500/10 万[①];

---

① 国家统计局:《新中国五十年(1949—1999)》,北京,中国统计出版社,1999 年,第 86 页。

全国约有 2000 万吸食鸦片的烟民，占当时总人口的 4.4%[1]；而且传染病流行
猖獗、寄生虫病传播广泛、地方病流行且发病率极高，1949 年之前我国城市
肺结核死亡率为 250/10 万，50 年代全国传染病报告发病率高达 3000/10 万。
在 1949 年之前，中国的人口死亡率高达 25‰ ~ 33‰，属于典型的高死亡率
国家。

旧中国的教育事业极为落后，在世界上处于极低教育水平，全国 80% 以
上人口是文盲人口[2]，学龄儿童净入学率只有 9.2%。1949 年，全国高等学校在
校生数为 12.6 万人，中等学校在校生数为 126.8 万人，小学在校生数为 2439
万人，各级各类学校在校生不足全国总人口的 5%。15 岁以上人口平均受教
育年限仅为 1.0 年，与印度（0.99 年）基本持平，大大低于美国（8.4 年）。总
体来说，**成立之初的新中国在世界上处于极低收入水平、极低健康水平、极
低教育水平，因此也处于极低人类发展水平，HDI 仅为 0.145，不仅大大低于
发达国家（美国为 0.682），而且低于同期印度的水平（0.167），处于极贫时代。**

新中国成立之后，居民的教育、健康水平得到不断改善。首先，全国小
学学龄儿童净入学率从 1952 年的 49.2% 提高至 1978 年 94.0%，实现了小学
教育普及，小学毕业生升学率达到 87.7%，初中毕业生升学率达到 40.9%[3]；成
人文盲率从 1949 年的 80% 降至 1964 年 33.58%（全国第二次人口普查数据），
到 1978 年降至 26% 左右（笔者估算），1982 年降至 22.8%（全国第三次人口

---

[1] 鸦片是舶来品，早在唐朝时期罂粟就随着与中亚地区的交往进入中国。但长期以来，
中国人始终把罂粟当成药用植物和观赏植物。直到 19 世纪，以英国人为首的西方人
为了赚钱，将罂粟的副产品鸦片作为流毒全国的"杀人"利器。20 世纪初期，中国估
计有 2500 万人吸食鸦片，相当于当时全国总人口（43714 万人）的 5.7%，是世界"鸦
片之国"。新中国成立初期，贩卖、制造毒品的活动也相当猖獗，几乎遍及全国。据初
步估计，吸食鸦片等的烟民，全国约有 2000 万人，占当时总人口的 4.4%。参见庞松：《毛
泽东时代的中国（1949—1976）》（一），北京，中共党史出版社，2003 年，第 147-153 页。
[2] 《60 载教育 奠基中国（共和国部长访谈录）——教育部部长周济谈新中国 60 年教育》，
《人民日报》，2009 年 8 月 27 日。
[3] 《辉煌 70 年》编写组：《辉煌 70 年——新中国经济社会发展成就（1949—2019）》，北京，
中国统计出版社，2019 年，第 458 页。

普查数据），而 1981 年时印度的成人文盲率高达 59%[1]。

其次，中国人口平均预期寿命大幅度提高，到 1975 年已提高至 61 岁，高于世界平均水平（60 岁），同期印度仅为 51 岁[2]。正因为中国与印度不同的人力资本水平，使得中国的经济增速始终高于印度，也充分反映了不同社会制度（特别是卫生与教育制度）对人力资本水平的影响，例如中国是通过农村合作医疗制度基本覆盖了农村人口，使其获得可及性的卫生服务。

第二阶段，先富时代（1978—2000 年）。改革开放之初，中国的 HDI 达到 0.423（1980 年），高于同期印度的水平，人类发展指数的提高主要源于人口健康和教育状况的改善。从人均收入来看，中国仍然是世界极低收入水平国家，1980 年中国的人均 GNI（PPP，2017 国际元）仅为 719 国际元，相当于世界平均水平的 22.1%。中国的领导人极其务实，特别是邓小平同志在 20 世纪 80 年代初便明确提出了到 2000 年达到小康水平的战略目标，此后中国在人类发展指数的提升方面取得重要进展。到 2000 年，中国的 HDI 达到 0.584，20 年间提高了 0.161，与世界平均水平的差距不断缩小。其中，人均 GNI（PPP，2017 国际元）从 1980 年的 719 国际元提高到 2000 年的 3417 国际元，年均增长率为 8.1%；人均 GDP（PPP，2017 年国际元）从 1980 年的 629 国际元提高到 2000 年 3452 国际元[3]，年均增长率为 8.9%，处于历史最快增长时期，中国也是当时世界上人均 GDP 增速最快的国家；人口平均受教育年限从 1980 年 5.33 年提高至 2000 年的 7.85 年，平均每年提高 0.126 年；人口平均预期寿命从 1982 年的 65.7 岁提高到 2000 年的 71.4 岁，平均每年提高 0.285 岁，但明显低于 1950—1980 年的平均增幅（0.82 岁）。在人类发展指数不断提升的同时，居民的收入差距有所扩大，基尼系数从 1990 年的 0.322 上升至 1999

---

[1] 世界银行 WDI 数据库，https://data.worldbank.org/indicator/SE.ADT.LITR.ZS?locations=CN-1W-IN。

[2] 世界银行 WDI 数据库，https://data.worldbank.org/indicator/SP.DYN.LE00.IN?locations=CN-1W-IN。

[3] 世界银行 WDI 数据库，https://data.worldbank.org.cn/indicator/NY.GDP.PCAP.PP.KD?end=2021&locations=1W-CN&start=1990&view=chart。

年的 0.387[①]，社会政策发展相对滞后。与此同时，减贫取得重大成果，按照 2010 年贫困标线准[②]，农村贫困人口从 1978 年的 7.70 亿人减少至 2000 年的 2.87 亿人，减少了 4.83 亿人，农村贫困发生率从 97.5% 下降至 49.8%，下降了 47.7 个百分点，平均每年贫困发生率下降 2.17 个百分点，22 年时间实现了一半农村贫困人口脱贫。这一时期，我国经济持续高速增长，对人类发展指数提升的贡献超过了教育和健康改善的贡献[③]，中国的人类发展水平实现了从 1980 年 0.423 的"低人类发展水平"提高到 2000 年 0.584 的"中等人类发展水平"。诚如党的十六大报告所言，"人民生活总体上达到小康水平"，但报告也同时指出，"现在达到的小康还是低水平的、不全面的、发展很不平衡的小康，人民日益增长的物质文化需要同落后的社会生产之间的矛盾仍然是我国社会的主要矛盾"[④]。

第三阶段，全面小康时代（2000—2020 年）。 进入 21 世纪，党的十六大报告明确提出，"我们要在本世纪头二十年，集中力量，全面建设惠及十几亿人口的更高水平的小康社会"[⑤]，这意味着中国从先富时代进入全面小康时代。这一时期，中国的人类发展水平再上新台阶，到 2011 年 HDI 达到 0.707，步入高人类发展水平组，2021 年又进一步提高至 0.768，已经高于世界平均水平（2021 年为 0.732）[⑥]，在不久的将来中国将进入世界极高人类发展水平组。其中，2021 年中国人均 GNI 达到 17 536 美元，2000—2021 年年均增速为 8.1%，仍属于高增长时期。由于经济社会转型矛盾突显，国家加大投资医疗卫生、教育和社会保障等公共事业，重建社会保护制度，迅速在全国范围内建立起

---

① 世界银行 WDI 数据库，https://data.worldbank.org/indicator/SI.POV.GINI?end=2021&locations=1W-CN&start=1960&view=chart。

② 2010 年贫困线标准为每人每年生活水平 2300 元（2010 年不变价）。国家统计局：《中国统计摘要 2021》，北京，中国统计出版社，2021 年，第 69 页。

③ 联合国开发计划署，国务院发展研究中心：《中国人类发展报告 2016：通过社会创新促进包容性的人类发展》，北京，中译出版社，2016 年，第 141 页。

④⑤ 江泽民：《全面建设小康社会，开创中国特色社会主义事业新局面——在中国共产党第十六次全国代表大会上的报告》（2002 年 11 月 8 日），共产党员网，https://fuwu.12371.cn/2012/09/27/ARTI1348734708607117.shtml。

⑥ UNDP, 2022, Human Development Report 2021/2022, Page 278, 280。

基本公共服务网络，民生改善取得显著成效。用不到十年的时间，实现基本医疗保障人口的全覆盖。全国人口平均预期寿命从 2000 年的 71.4 岁提高至 2021 年的 78.2 岁，平均每年提高 0.32 岁，实现在较高人均预期寿命水平基础上保持较高速的增长；15 岁以上人口平均受教育年限从 2000 年 7.85 年提高至 2021 年 10.9 年，平均每年提高 0.15 年，属于历史较快增长时期。居民收入差距的基尼系数自 2010 年的峰值（0.437）开始下降，到 2020 年已降至 0.371[1]，城乡居民人均可支配收入相对差距从 2009 年的 3.1 倍下降至 2022 年的 2.45 倍[2]。按照 2010 年农村贫困线标准，农村贫困人口从 2000 年的 4.62 亿人减少至 2019 年的 551 万人，减少了 45 673 万人，农村贫困发生率从 49.8% 下降至 0.6%，下降了 49.2 个百分点。[3]2021 年 2 月 25 日，习近平总书记在全国脱贫攻坚总结表彰大会上庄严宣告，我国脱贫攻坚战取得了全面胜利，现行标准下 9899 万农村贫困人口全部脱贫，832 个贫困县全部摘帽，12.8 万个贫困村全部出列，区域性整体贫困得到解决，完成了消除绝对贫困的艰巨任务。[4]总体来看，中国在这段时期迈上两个大台阶，即从**"中等人类发展水平"**到**"高人类发展水平"**，为未来迈上"极高人类发展水平"奠定了坚实的基础。按人类发展指数总值（GHDI，即 HDI 与总人口数的乘积）计算，中国从 1980 年的 4.18 亿人 HDI 上升至 2021 年的 10.23 亿人 HDI，始终是世界上人类发展指数总值最大的国家，这充分反映了中国人类发展福祉的重大进展，充分反映了中国式现代化的基本特征之一，即"人口规模巨大的现代化。我国十四亿多人口整体迈进现代化社会，人口规模超过现有发达国家人口的总

---

① 世界银行 WDI 数据库，https://data.worldbank.org/indicator/SI.POV.GINI?end=2021&locations=1W-CN&start=1960&view=chart。
② 国家统计局：《中国统计摘要 2022》，北京，中国统计出版社，2022 年，第 55 页。
③ 国家统计局：《中国统计摘要 2021》，北京，中国统计出版社，2021 年，第 69 页。
④ 习近平：《在全国脱贫攻坚总结表彰大会上的讲话》（2021 年 2 月 25 日），中国政府网，https://www.gov.cn/xinwen/2021-02/25/content_5588869.htm?eqid=be922bfe0004e3fc0000000664636381。

和"①（OECD 国家总人口为 13.72 亿人），体现了以全体人民为中心的巨大福祉。

从 HDI 的世界排名来看，中国是过去四十年中世界上 HDI 排名上升最快的国家（见表 3-13）。1980 年中国在世界 124 个国家中排名第 92 位，仅相当于世界前 74.19%，到 2021 年中国在世界 191 个国家中排名第 79 位，已相当于世界前 41.36%，大大缩小了与极高人类发展水平（即发达）国家 HDI 之间的相对差距。

表 3-13　中国、印度、美国的 HDI 世界排位变化趋势（1980—2021 年）

指标	1980 年	1990 年	2000 年	2010 年	2021 年
中国 HDI	0.423	0.484	0.584	0.691	0.768
中国在世界排位	92（124）	103（143）	108（166）	102（188）	79（191）
中国在世界前百分比（%）	74.19	72.03	65.06	54.26	41.36
印度 HDI	0.369	0.434	0.491	0.575	0.633
印度在世界排位	100（124）	114（143）	120（166）	136（188）	132（191）
印度在世界前百分比（%）	80.65	79.72	72.29	72.34	69.11
美国 HDI	0.825	0.872	0.891	0.911	0.921
美国在世界排位	2（124）	2（143）	5（166）	5（188）	21（191）
美国在世界前百分比（%）	1.61	1.40	3.01	2.66	10.99

数据来源：（1）UNDP，《2014 年人类发展报告》，表 2；（2）UNDP，《2022 年人类发展报告》，表 1、表 2。

注：（1）括号内数据为可统计的国家数；（2）各国在世界的前百分比是按各国在全球排位和统计国家数之比的百分比。

中国花了七十多年的时间，实现了从极低人类发展水平，到低人类发展水平，再到中等人类发展水平的转变，又进入高人类发展水平，走出了一条具有中国特色的人类发展水平提升之路。具体体现为三条道路：一是从"世界极低收入国家"到"世界中高收入国家"的经济发展道路；二是从"东亚病夫"

① 习近平：《高举中国特色社会主义伟大旗帜 为全面建设社会主义现代化国家而团结奋斗——在中国共产党第二十次全国代表大会上的报告》（2022 年 10 月 16 日），中国政府网，https://www.gov.cn/xinwen/2022-10/25/content_5721685.htm。

到"东方巨人"的健康发展道路；三是从"文盲充斥""人才匮乏"到"世界人力资源强国""世界人才强国"的教育发展道路。[①] 这是中国发展奇迹的根本来源，也是中国对世界人类发展的巨大贡献。

（二）进入世界教育强国行列

"百年大计，教育为本。教育是民族振兴、社会进步的基石，是提高国民素质、促进人的全面发展的根本途径，寄托着亿万家庭对美好生活的期盼。强国必先强教。优先发展教育、提高教育现代化水平，对实现全面建设小康社会奋斗目标、建设富强民主文明和谐的社会主义现代化国家具有决定性意义。"[②]

优先发展教育，建设教育强国，是贯彻"以人民为中心"发展理念的具体路径。推进中国式教育现代化，对全体人民进行持续人力资本投资，就是"一本万利"的伟大工程，也是促进全体人民全面发展的根本途径。我国正处于教育现代化的攻坚发展期，处于前所未有的教育实力、国际竞争力与国际影响力迅速崛起的黄金机遇期。我们要清晰认识教育强国的战略定位，前瞻性地展望中国式现代化及经济社会发展大趋势，并根据国民经济和社会发展的总体要求对建设世界教育强国战略超前部署。

习近平总书记指出："教育强则国家强。高等教育发展水平是一个国家发展水平和发展潜力的重要标志。实现中华民族伟大复兴，教育的地位和作用不可忽视。"[③]

强国必先强教。党的十九大报告明确提出"建设教育强国是中华民族伟大复兴的基础工程"，"加快一流大学和一流学科建设，实现高等教育内涵式

---

① 胡鞍钢，王洪川，鄢一龙：《中国现代化：人力资源与教育（1949—2030）》，《教育发展研究》2015 年第 1 期，第 9-14 页。

② 《国家中长期教育改革和发展规划纲要（2010—2020 年）》，中国政府网，2010 年 7 月 29 日，https://www.gov.cn/jrzg/2010-07/29/content_1667143.htm。

③ 《习近平：把思想政治工作贯穿教育教学全过程 开创我国高等教育事业发展新局面》，人民网，2016 年 12 月 9 日，https://cpc.people.com.cn/n1/2016/1209/c64094-28936173.html。

发展"①。党的二十大报告明确提出"教育是国之大计、党之大计"，"加快建设教育强国"②，这是党中央对建设世界教育强国的发展定位。2018 年 3 月中共中央印发的《深化党和国家机构改革方案》中规定"组建中央教育工作领导小组"，这为加强党中央对教育工作的集中统一领导，奠定了制度基础。同时，也说明大力推进中国式教育现代化和全面建设教育强国，在全面建设社会主义现代化强国全局中占据更加重要地位。

　　我国的教育现代化总体发展水平已跃居世界中高收入国家前列。回望过去，我国的教育现代化发展先后经历了以小学教育为主的驱动阶段、以初中教育为主的驱动阶段、以高中教育为主的驱动阶段和以高等教育为主的驱动阶段（见表 3-14）。

表 3-14　我国各类教育毛入学率（1949—2022 年）

单位：%

年份	学前阶段	小学阶段	初中阶段	高中阶段	高等教育阶段
1949 年	0.4	20.0	3.1	1.1	0.26
1978 年	10.6	107.6（1970 年）			
1990 年		111.0	66.7	33.6（1995 年）	3.4
2000 年	46.1	104.6	88.6	42.8	12.5
2010 年	53.7	104.6	100.1	82.5	26.5
2015 年	75	103.5	104.0	87.0	40.0
2020 年	85.2	102.9	102.5	91.2	54.4
2022 年			95.5	91.6	59.6

　　数据来源：国家统计局：《中国统计摘要 2023》，北京，中国统计出版社，2023 年，第183 页。

---

① 习近平：《决胜全面建成小康社会 夺取新时代中国特色社会主义伟大胜利——在中国共产党第十九次全国代表大会上的报告》（2017 年 10 月 18 日），中国政府网，https://www.gov.cn/zhuanti/2017-10/27/content_5234876.htm。

② 习近平：《高举中国特色社会主义伟大旗帜 为全面建设社会主义现代化国家而团结奋斗——在中国共产党第二十次全国代表大会上的报告》（2022 年 10 月 16 日），中国政府网，https://www.gov.cn/xinwen/2022-10/25/content_5721685.htm。

　　我国在发展中国家率先实现小学教育普及。1970 年我国小学毛入学率已达到 107.6%，高于中高收入国家水平（为 104.1%），取得历史性跨越式发展。1978 年小学学龄儿童净入学率达到 94.0%。1982 年全国文盲率降至 22.81%，明显低于 30.57% 的世界平均水平[①]，2020 年降至 2.67%，在发展中国家率先基本消除了文盲人口（指文盲率低于 3%）。我国成人识字率到 2020 年超过 97%，明显高于世界平均水平（2020 年为 87%），相当于中高收入国家的平均水平（2020 年为 96%）[②]，其中我国女性识字率从 1949 年的不足 10% 上升至 1982 年的 82.1%（世界平均水平为 74.5%），到 2010 年上升至 100%（世界平均水平为 89.9%）。

　　之后，在发展中国家中我国率先实现九年义务教育普及，进入以初中教育为主的驱动阶段。1986 年《中华人民共和国义务教育法》颁布，我国开始实行九年义务教育。初中阶段毛入学率从 1990 年的 66.7% 提高到 2002 年的 90%，初中教育进入高度普及[③]阶段，2010 年时超过 100%，九年义务教育巩固率为 93.8%，已达到世界高收入国家水平[④]。2012—2021 年义务教育在全面普及的基础上，进一步实现了县域基本均衡。

　　接着，我国进入以高中教育为主的驱动阶段。高中教育毛入学率从 1995 年的 33.6% 提高至 2005 年的 52.7%，之后加速普及化，到 2022 年已经达到 91.6%，进入高度普及化阶段。

　　再之后，我国进入以高等教育为主的驱动阶段。高等教育毛入学率从 1990 年的 3.4% 提高到 2002 年的 15.0%，2019 年时高等教育毛入学率超过 50%，2020 年达到 54.4%，实现了从精英教育（毛入学率小于 15%）到大众教育（毛入学率大于 15%）再到普及教育（毛入学率大于 50%）的转变，完成了《国家中长期教育改革和发展规划纲要（2010—2020 年）》所提

---

① 成人文盲率 =100% − 成人识字率。数据来源：世界银行 WDI 数据库，https://data.worldbank.org.cn/indicator/SE.ADT.LITR.ZS?locations=1W。

② 数据来源：世界银行 WDI 数据库，https://data.worldbank.org.cn/indicator/SE.ADT.LITR.ZS?locations=1W-OE-CN-XT&start=1984&view=chart。

③ 指毛入学率在 90% 以上。

④ 国家统计局：《改革开放 40 年》，北京，中国统计出版社，2018 年，第 265 页。

出的 2020 年高等教育毛入学率 40% 的目标①。到 2022 年，我国高等教育毛入学率又提高至 59.6%②，大大高于同期世界平均毛入学率（2020 年为 40%）③。我国高等学校在校生数从 2002 年的 903 万人提高至 2022 的 3659 万人，年均增速为 7.2%；其中，研究生在校生从 50.1 万人提高至 365 万人，年均增速为 10.4%④。全国各类高等教育在学总规模为 4655 万人⑤。我国成为世界上拥有最大规模高等教育在校生的国家，诚如习近平总书记所言：我国拥有世界上规模最大的高等教育体系⑥。

总的来看，中国式教育现代化取得重大进展，各级教育普及程度均达到或超过中高收入国家平均水平。⑦这充分体现了"教育先行"，特别是"高等教育先行"的理念。

中国加快建设世界一流大学。1998 年江泽民同志在庆祝北京大学建校一百周年大会上的讲话中提出"为了实现现代化，我国要有若干所具有世界先进水平的一流大学。这样的大学，应该是培养造就高素质的创造性人才的摇篮，应该是认识未知世界、探求客观真理、为人类解决面临的重大课题提供科学依据的前沿，应该是知识创新、推动科学技术成果向现实生产力转化的重要力量，应该是民族优秀文化与世界先进文明成果交流借鉴的桥梁"⑧。为此，我国在 1999 年正式实施《面向 21 世纪教育振兴行动计划》，即"985 工程"。习近平总书记在 2016 年明确提出："党中央作出加快建设世界一流大学和一流学科的战略决策，就是要提高我国高等教育发展水平，增强国家核心竞争

① 《国家中长期教育改革和发展规划纲要（2010—2020 年）》，国家教育部网站，www.scio.gov.cn/ztk/xwfb/2014/31482/zcfg31490/Document/1379901/1379901。
② 国家统计局：《中国统计摘要 2022》，北京，中国统计出版社，2022 年，第 183 页。
③ 世界银行 WDI 数据库，https://data.worldbank.org.cn/indicator/SE.TER.ENRR?locations=1W-CN。
④ 国家统计局：《中国统计摘要 2023》，北京，中国统计出版社，2023 年，第 183 页。
⑤ 《2022 年全国教育事业统计公报》，《人民日报》，2023 年 7 月 6 日，第 1 版。
⑥ 习近平：《深入实施新时代人才强国战略 加快建设世界重要人才中心和创新高地》，《求是》2021 年第 24 期。
⑦ 陈宝生：《国之大计 党之大计——新中国教育事业的历史成就与现实使命》，《人民日报》，2019 年 9 月 10 日，第 13 版。
⑧ 《继承和发扬五四运动的光荣传统》，《江泽民文选》第二卷，北京，人民出版社，2006 年，第 123 页。

力。"①中国加快建设世界一流大学、一流学科体系的步伐，仅用了十几年的时间就取得明显的成效，一批高校进入世界高校 500 强行列，跃居世界前列（见表 3-15）。

表 3-15 进入各排名榜单的中国高校数量

单位：所

发布机构		发布年份	大陆/内地	香港	澳门	台湾
100强	《泰晤士报高等教育专刊》（Times Higher Educationg，THE）世界大学排名	2024 年	7	5	0	0
	美国新闻与世界报道（U.S. News & World Report）世界大学排名	2024 年	4	4	0	0
	Quacquarelli Symonds（QS）世界大学排名	2024 年	5	5	0	1
	QS 全球毕业生竞争力排名	2022 年	5	3	0	1
	美国基本科学指标数据库（Essential Science Indicators，ESI）引用量排名	2023 年	7	—	—	—
	上海交通大学学术排名	2023 年	10	1	0	0
	THE 世界大学声誉排名	2023 年	7	3	0	0
200强	THE 世界大学排名	2024 年	13	5	1	1
	U. S. News & World Report 世界大学排名	2024 年	14	5	0	0
	QS 世界大学排名	2024 年	8	5	0	2
	QS 全球毕业生竞争力排名	2022 年	6	—	—	—

① 《习近平：把思想政治工作贯穿教育教学全过程》，人民网，2016 年 12 月 8 日，http://jhsjk.people.cn/article/28935836。

续表

	发布机构	发布年份	大陆/内地	香港	澳门	台湾
200强	ESI 引用量排名	2023 年	17	—	—	—
	上海交通大学学术排名	2023 年	32	4	0	0
500强	THE 世界大学排名	2024 年	31	6	2	7
	U. S. News & World Report 世界大学排名	2024 年	47	5	1	2
	QS 世界大学排名	2024 年	29	6	1	6
	QS 全球毕业生竞争力排名	2022 年	26	—	—	—
	ESI 引用量排名	2023 年	47	—	—	—
	上海交通大学学术排名	2023 年	88	5	2	5

注：（1）本表为笔者根据国际上主要的世界大学排名名单整理；（2）表中横线表示数据缺失。

我国仅用了几十年时间走完了发达国家两三百年的义务教育普及之路，在21世纪仅用了二十年时间实现了高等教育从大众化向普及化的快速发展。根据全国人口普查数据，我国大专及以上受教育水平的人口从2000年的4571万人上升至2020年的21 836万人，年均增速高达8.1%，平均每年增加863万人；高中（含中专）受教育水平的人口从14 109万人上升至21 301万人[①]，增加了7192万人，平均每年增加359.6万人，年均增速为2.1%；2020年，我国劳动年龄人口平均受教育年限达到10.8年，新增劳动力中接受高等教育的比例超过48%[②]，2022年新增劳动力平均受教育年限达到14年，高于世界平均水平。

---

① 计算数据来源：国务院第七次全国人口普查领导小组办公室：《2020年第七次全国人口普查主要数据》，北京，中国统计出版社，2021年，第11页。
② 陈宝生：《国之大计 党之大计——新中国教育事业的历史成就与现实使命》，《人民日报》，2019年9月10日，第13版。

（三）进入世界人才强国行列

人才是指具有一定的专业知识或专门技能，进行创造性劳动并对社会作出贡献的人，是人力资源中能力和素质较高的劳动者。人才是我国经济社会发展的第一资源。[①]习近平总书记指出，"当今世界的综合国力竞争，说到底是人才竞争，人才越来越成为推动经济社会发展的战略性资源"[②]。自从2002年中共中央、国务院制定《2002—2005年全国人才队伍建设规划纲要》首次提出人才强国战略以来，我国出台并实施了首部人才中长期发展规划——《国家中长期人才发展规划纲要（2010—2020年）》（以下简称《人才规划》）。《人才规划》明确提出，到2020年，我国人才发展的总体目标是：培养和造就规模宏大、结构优化、布局合理、素质优良的人才队伍，确立国家人才竞争比较优势，进入世界人才强国行列，为在本世纪中叶基本实现社会主义现代化奠定人才基础。[③]随着中国特色社会主义进入新时代，党的十九大将人才强国摆在新的更高位置，报告明确指出："人才是实现民族振兴、赢得国际竞争主动的战略资源。要坚持党管人才原则，聚天下英才而用之，加快建设人才强国。"[④]习近平总书记进一步强调："发展是第一要务，人才是第一资源，创新是第一动力。""强起来要靠创新，创新要靠人才。"[⑤]人才在2050年全面建设社会主义现代化强国战略布局中具有前所未有的重要作用。

《人才规划》明确了国家人才发展的六项主要指标，笔者采用目标一致法对其实际完成情况进行了评估（见表3-16）。

[①③] 《国家中长期人才发展规划纲要（2010—2020年）》，中国政府网，2010年6月6日，https://www.gov.cn/jrzg/2010-06/06/content_1621777.htm。

[②] 习近平：《做党和人民满意的好老师——同北京师范大学师生代表座谈时的讲话》（2014年9月9日），中国政府网，https://www.gov.cn/xinwen/2014-09/10/content_2747765.htm?from=androidqq&wd=&eqid=b3692b410000542e000000066458b05e。

[④] 习近平：《决胜全面建成小康社会 夺取新时代中国特色社会主义伟大胜利——在中国共产党第十九次全国代表大会上的报告》（2017年10月18日），中国政府网，https://www.gov.cn/zhuanti/2017-10/27/content_5234876.htm。

[⑤] 习近平参加十三届全国人大一次会议广东代表团的审议，新华社，2018年3月7日。

表 3-16　国家人才发展主要指标（2008—2020 年）

主要指标	2008 年实际值	2015 年规划目标	2015 年实际值	2020 年规划目标	2020 年实际值	2008—2020 年时期变化量	完成情况
人才资源总量（万人）	11 385	15 625	17 500	18 025	22 000（2019 年）	10 615（2008—2019 年）	超额完成
每万劳动力中研发人员（人年/万人）	24.8	33	48.5	43	68	43.2	超额完成
高技能人才占技能劳动者比例（％）	24.4	27	27.3	28	近 30	约 5.6 百分点	超额完成
主要劳动年龄人口受过高等教育的比例（％）	9.2	15	16.9	20	24.9（2021 年）	15.7 百分点(2008—2021 年)	超额完成
人力资本投资占 GDP 比例（％）	10.75	13	15.8	15	14.7	3.95 百分点	接近完成
人才贡献率（％）	18.9	32	33.5	35	35	16.1 百分点	预计完成

数据来源：（1）2008 年实际值、2015 年规划目标、2020 年规划目标来自《国家中长期人才发展规划纲要（2010—2020 年）》；（2）2015 年、2020 年实际值来自中组部、人社部、国家统计局 2015 年度、2020 年度人才资源统计公报。

注：（1）2020 年研发经费支出占 GDP 的比重为 2.40%，教育总经费与 GDP 之比为 5.23%，卫生总费用占 GDP 的比重为 7.10%，三者合计占 14.73%；（2）人才贡献率为区间年均值，2008 年的数据为 1978—2008 年的平均值，2015 年的数据为 2008—2015 年的平均值，2020 年的数据为 2008—2020 年的平均值。

首先，到 2020 年六项指标均顺利完成，完成率达到 100%。其中，有两项指标（每万劳动力中研发人员、人力资本投资占 GDP 比例）在 2015 年提前完成目标。我国各类人才数量已跃居世界首位。全国人才资源总量从 2010 年的 1.2 亿人增长到 2019 年的 2.2 亿人，其中专业技术人才从 5550.4 万人增长到 7839.8 万人^①。我国人才资源总量超过了世界第六大人口国巴西的人口总规模（2021 年为 2.13 亿人^②），居世界首位。我国已经形成世界最大规模、比较完整的研发人才队伍，2020 年全社会研发人员全时当量达到 523.5 万人年，居世界第一。根据美国科学基金会《2018 年科学与工程指标》报告，全球获得科学与工程（S&E）学位的人数超过 750 万人，其中近一半的学位由中国和印度所授予，中国的科学与工程技术博士学位授予数量已跃居世界第二位。^③2020 年我国技能劳动者已超过 2 亿人，超过了美国劳动力人口的总规模（2020 年为 1.66 亿人^④），其中高技能人才超过 5000 万人，占比为 1/4^⑤。最重要的是，我国实现了《人才规划》所提出的宏大目标："培养造就一批善于治国理政的领导人才，一批经营管理水平高、市场开拓能力强的优秀企业家，一批世界水平的科学家、科技领军人才、工程师和高水平的哲学社会科学专家、文学家、艺术家、教育家，一大批技艺精湛的高技能人才，一大批社会主义新农村建设带头人，一大批职业化、专业化的高级社会工作人才，充分发挥高层次人才在经济社会发展和人才队伍建设中的引领作用。"^⑥

其次，从各类人才队伍建设进展来看，六类人才中除党政人才因 2020 年目标缺失无法评估外，其余五类人才中有四类人才都将按期完成目标（见表 3-17），其中企业经营管理人才和高技能人才在过去几年呈爆发性增长，专业技术人才目标预计将提前完成。只有社会工作专业人才目标未能完成，这也说明"专门性社会服务"仍处于发展起步期，相关人才供给远不能有效满足社会需求，**社会工作专业人才仍是我国人才队伍建设的明显短板。**

---

① 习近平：《深入实施新时代人才强国战略 加快建设世界重要人才中心和创新高地》，《求是》，2021 年 12 月 15 日。
② 商务部网站，http://br.mofcom.gov.cn/article/ddgk/zwrenkou/202303/20230303397681.shtml。
③ 张明喜、郭腾达：《创新中国：从科技大国迈向科技强国》，《光明日报》，2019 年 10 月 10 日，第 16 版。
④ 世界银行 WDI 数据库，https://data.worldbank.org/indicator/SL.TLF.TOTL.IN?end= 2020& locations=CN-1W-US&most_recent_value_desc=false&start=1990。
⑤ 《人民日报》，2020 年 12 月 19 日。
⑥ 《国家中长期人才发展规划纲要（2010—2020 年）》，中国政府网，2010 年 6 月 6 日，https://www.gov.cn/jrzg/2010-06/06/content_1621777.htm。

表 3-17　国家各类人才队伍建设情况（2010—2020 年）

单位：万人

各类人才队伍	2010 年实际值	2015 年规划目标	2015 年实际规划	2020 年规划目标	2020 年预期值	2010—2015 年时期变化量	完成情况
党政人才	701		729			28	
企业经营管理人才	2979.8	3500	4334.1	4200	5000	1354.3	提前完成
专业技术人才	5550.4	6800	7328.1	7500	8500	1777.7	预计完成
高技能人才	2863.3	3400	4501	3900	5000	1637.7	提前完成
农村实用人才	1048.6	1300	1692.3	1800	2200	643.7	预计完成
社会工作专业人才	20.4	200	75.9	300	150	55.5	未完成

数据来源：（1）2015 年、2020 年规划目标来自《国家中长期人才发展规划纲要（2010—2020 年）》，2015 年实际值来自中组部、人社部、国家统计局 2015 年度人才资源统计公报；（2）2020 年预期值为笔者估算。

最后，我国在开发利用国际人才资源方面取得重大进展。从引进国际化人才的角度来看，**中国已经成为世界上具有吸引力的人才流入大国**。这里将具有国外留学经历的或外国留学人员视为国际人才。2008—2019 年，我国学成归国人员累计达到 391 万人，相当于累计出国人员 535 万人的 73.1%。到 2017 年，外国来华留学生人数累计达 341.03 万人，成为我国人才队伍进一步国际化的最主要渠道（见表 3-18）。

表 3-18　全国出国留学、学成归国、外国来华留学情况（2008—2019 年）

年份	出国留学人员数（人）	学成归国人员数（人）	归国率（%）	外国来华留学生数（人）
2008 年	179 800	69 300	38.5	223 499
2009 年	229 300	108 300	47.2	238 184
2010 年	284 700	134 800	47.3	265 090
2011 年	339 700	186 200	54.8	292 611
2012 年	399 600	272 900	69.3	328 330
2013 年	413 900	353 500	85.4	356 499
2014 年	459 800	364 800	79.3	377 054
2015 年	523 700	409 100	78.1	397 035
2016 年	544 500	432 500	79.4	442 773
2017 年	608 400	480 00	79.0	489 200
2018 年	662 100	519 400	78.4	—
2019 年	703 500	580 300	82.5	—
累计数	5 349 000	3 912 000	73.1	3 410 275

数据来源：（1）国家统计局：《中国统计摘要 2022》，北京，中国统计出版社，2022 年，第 186 页；（2）2019 年数据来自教育部。

总的来看，我国第一个《人才规划》的实施取得了超出预期的效果。按照规划目标，我国在 2020 年如期进入世界人才强国行列。到 2020 年，我国人才资源总量从 2008 年的 1.14 亿人已增加到约 2.2 亿人，增长 93%，超过原定 1.8 亿人的目标，人才资源占就业总数（7.5 亿人）的比重提高到 29.3%；主要劳动年龄人口中受过高等教育的达到 2.1 亿人，占劳动年龄人口总数（约 10 亿人）的比例达到约 24.9%，累计提高约 15.7 个百分点，其中高等教育跨越式发展有效地支撑了人才队伍的大发展，也显著提高了人才队伍的整体素质；人才资本对经济增长的贡献率达到 35%，人才结构更加合理促进使用效能大幅度提升。同时，我国人才队伍布局更加合理，各类人才队伍建设取得显著成效，党管人才格局基本形成，人才发展环境得到极大改善，各类人才总量跃居世界前列，在人口数量红利下降的同时，人才红利持续上升。

（四）建设世界最大健康之国

健康是人类发展大势所趋。进入 21 世纪，联合国先后通过了千年发展目标（Millennium Development Goals，MDGs）计划和可持续发展目标（Sustainable Development Goals，SDGs）计划，都将健康作为其核心指标。然而，无论是 MDGs 还是 SDGs 都只是在描绘蓝图，并没有统一的行动纲领和落实方案。而 2016 年中共中央、国务院印发的《"健康中国 2030"规划纲要》（以下简称《纲要》）"是我国积极参与全球健康治理、履行我国对联合国'2030 可持续发展议程'承诺的重要举措"[①]。

从国际比较来看，少数发达国家曾提出健康国民目标，如美国、日本。中国在经济发展水平远低于发达国家的条件下，提出建设健康中国的愿景和行动纲领，这充分体现了社会主义制度的优势，即"集中全国力量办全体人民健康"的头等大事。《纲要》的公布，就是党和政府对全体人民的公开承诺、郑重承诺，也是必须要兑现的承诺，充分表明党和政府"以全体人民健康为中心"。

《纲要》是健康中国建设的主线和依据，有了它才能纲举目张，集中全社会的各种力量，办全国人民健康之大事，实现激励相容与协同发展。党中央以世界眼光，顺应人类发展大趋势，主动作为，把建设健康中国作为面向现代化、面向未来、面向世界的重大国家战略，也作为政府、市场和人民共同的奋斗目标和行动依据。《纲要》指出，要努力"全方位、全（生命）周期维护和保障人民健康"，"把健康融入所有政策"[②]，全面了解、正确认识、必须遵循人的发展生命周期。通过建设以人民为中心的健康服务网络，进一步提高全体人民的健康水平，实现"大健康"，从以治病为中心转变为以人民健康为中心。《纲要》贯彻五大发展理念，引领健康中国建设，核心就是要增加"软

---

① 《习近平主持召开中共中央政治局会议 审议"健康中国 2030"规划纲要》，中国共产党新闻网，2016 年 8 月 27 日，http://cpc.people.com.cn/gb/n1/2016/0827/c64094-28669954.html。

② 《中共中央 国务院印发〈"健康中国 2030"规划纲要〉》，中国政府网，2016 年 10 月 25 日，https://www.gov.cn/zhengce/2016-10/25/content_5124174.htm?eqid=8f41987b002a7e4a000 000026471aa44。

件投资",即对人力资本的投资,具体体现为实现健康服务的"五个全"。

第一,按照人的生命"全周期",即从胎儿到生命终结的全周期来设计。从年龄维度来看,涵盖婴儿出生前后期、幼儿期、儿童期、少年期、青年期、成年期、老年期、高龄期(80岁以上);从健康指标来看,就是不断降低孕产妇死亡率、婴儿死亡率、5岁以下儿童死亡率等核心指标。

第二,涵盖各类健康服务的"全过程"。从卫生与健康的服务维度来看,包括全民医疗卫生服务、全民健康监测、全民健康教育、全民疾病预防、全民医疗卫生保障、全民健身服务、环境治理、食品药品安全等方面,使人民群众享有公平可及、系统连续的预防、治疗、康复、健康促进的健康服务。

第三,涵盖不同类型的"全人群",包括少年儿童健康、中小学卫生健康、妇女健康、老人健康、少数民族人口,以及其他特殊人群健康等,尤其是贫困地区的学生和人口。

第四,健康中国政策融入现代化"全局",包括健康服务政策、健康保障政策、健康环境政策、发展环境产业政策、普及健康和健身生活知识教育政策等。

第五,健康中国创造的健康福祉惠及"全体人口",实现全体人民共同建设健康中国、共同分享健康中国,即共享共建。

党中央提出了实施健康中国战略,要完善健康保障体系,提升健康服务能力,建成与社会主义现代化强国相适应的健康国家。为了满足十几亿全体人民多样化的健康需求,必须大力发展健康产业。"要坚持正确处理政府和市场关系,在基本医疗卫生服务领域政府要有所为,在非基本医疗卫生服务领域市场要有活力。"[1] 目前,虽然我国健康服务业已经成为国民经济的重要支柱,卫生总费用与GDP之比已经达到7.05%(2020年),但仅相当于发达国家平均比重(12.2%)的57%,仍处在较低水平。

从更加积极的视角来看,我国的健康产业会有相当大的发展空间,这就

---

[1] 《习近平在全国卫生与健康大会上强调把人民健康放在优先发展战略地位 努力全方位全周期保障人民健康》,中国政府网,2016年8月20日,https://www.gov.cn/xinwen/2016-08/20/content_5101024.htm。

需要不断推进供给侧结构性改革，健全全民医保体系，促进健康产业转型发展，实现健康产业与其他关联产业的高度融合，形成公平可及、系统连续、覆盖全体人口、全生命周期、全健康服务领域的大健康产业布局；打造"知（健康知识普及）、防（预防为主）、医（医疗服务）、护（养护康复）、养（健身养生）"的全方位"大健康"服务网络和平台，增强健康产品和健康服务供给能力，满足人民的健康需求；发展中国特色的"大健康"产业体系，推动健康事业与健康产业有机衔接，促进全民健身和全民健康深度融合，使健康政策融入全局、健康服务贯穿全程、健康福祉惠及全民；大幅提高全民健康素养，引导居民形成自主自律、符合自身特点的健康生活方式，有效控制主要健康危险因素，基本形成有利于健康的生产生活环境。到 2050 年，实现我国主要健康指标达到世界前列。在全面实现社会主义现代化强国第二个百年目标的同时，建成与之相适应、相支撑的健康中国。预计届时人均预期寿命将突破81 岁。尽管我国总人口数低于印度、退居世界第二位，但我国健康总人力资本将居世界首位，我国国民健康素质已经开始居于世界前列。

（五）建设社会主义文化强国

党的十九大报告指出："文化是一个国家、一个民族的灵魂。文化兴国运兴，文化强民族强。没有高度的文化自信，没有文化的繁荣兴盛，就没有中华民族伟大复兴。要坚持中国特色社会主义文化发展道路，激发全民族文化创新创造活力，建设社会主义文化强国。"[1] 党的二十大报告明确提出：到 2035年，基本建成文化强国，国家文化软实力显著增强。[2]

党的十八大以来，我国加快构建世界最大规模的现代公共文化体系。2021 年，我国广播节目综合人口覆盖率达到 99.5%、电视节目综合人口

① 习近平：《决胜全面建成小康社会，夺取新时代中国特色社会主义伟大胜利——在中国共产党第十九次全国代表大会上的报告》（2017 年 10 月 18 日），中国政府网，https://www.gov.cn/zhuanti/2017-10/27/content_5234876.htm。

② 习近平：《高举中国特色社会主义伟大旗帜 为全面建设社会主义现代化强国而团结奋斗——在中国共产党第二十次全国代表大会上的报告》（2022 年 10 月 16 日），中国政府网，https://www.gov.cn/xinwen/2022-10/25/content_5721685.htm。

覆盖率达到 99.7%，有线广播电视实际用户超过 2 亿户，占家庭总户数的
44.63%[①]；主要文化产品和服务如电视剧播出数、电视节目制作时间、录音制
品、录像制品、图书总印数、期刊总印数、报纸总印数、电子出版物等的消
费人口居世界首位。

　　社会主义现代化的文化建设，要求推动社会主义文化大发展大繁荣，建
成社会主义文化强国。文化建设的首要工作是精神文明建设，要进一步加强
社会主义核心价值体系建设，以社会主义核心价值体系武装全党、教育人民，
使之成为全社会的思想灯塔、价值共识和精神内核。文化建设要惠及全体人民，
要建成覆盖全体人民的公共文化服务体系，全面提升公民文明素质和社会文
明程度，在更高层次、更大程度上丰富人民精神文化生活。文化建设离不开
文化产业的发展，要大力提升文化产业规模化、集约化、专业化水平，使之
成为国民经济的支柱性产业，持续增强中华文化的国际影响力。

　　2015 年，中国发布《关于加快构建现代公共文化服务体系的意见》和《国
家基本公共文化服务指导标准（2015—2020 年）》，对加快构建现代公共文化
服务体系、推进基本公共文化服务标准化均等化，以及保障人民群众基本文化
权益作出全面部署。一是加快公共数字文化建设，实施国家公共文化数字支撑
平台、国家数字文化网等一批重点项目。截至 2015 年年底，文化信息资源共
享工程已建成 1 个国家中心、33 个省级分中心、2843 个市县支中心、35 719
个乡镇（街道）基层服务点、70 万个村（社区）基层服务点。二是完善公共
文化设施网络，加强基层文化服务能力建设。截至 2021 年年底，全国文化系
统共有艺术表演团体 18 370 个、公共图书馆 3215 个、文化馆 4351 个、博物
馆 5772 个[②]，数字图书馆推广工程已在 40 个省级馆、479 个地市级馆实施。三
是继续推进公共文化设施免费开放，各级公共美术馆向公众免费开放，各级图
书馆、文化馆（站）向公众免费提供基本公共文化服务项目。通过农村广播电
视村村通、户户通工程，乡镇综合文化站工程，农村电影放映工程，农家书屋

---

① 国家统计局：《中国统计年鉴 2022》，北京，中国统计出版社，2022 年，第 742 页。
② 国家统计局：《中国统计年鉴 2022》，北京，中国统计出版社，2022 年，第 748 页。

工程及农村数字文化工程等惠民工程，农村公共文化服务能力大大增强。

此外，过去十几年我国文化产业整体规模迅速提升，日益成为经济发展新的增长点。2015 年，我国实有文化企业达到 241 万户，文化产业增加值达到了 27 235 亿元，相当于 2005 年增加值 4253 亿元的 6.40 倍，年均增速高达 20.40%，相当于名义 GDP 年均增速 13.94% 的 1.46 倍，这意味着名义 GDP 增长率每提高 1 个百分点，文化产业增加值增长率提高 1.46 个百分点，文化产业属于高增长弹性的新兴产业（指该产业的增长率要高于 GDP 的增长率）。

到 2021 年，我国 GDP 总量达到 115 万亿元，"大文化产业"（文化、旅游、体育三大产业）增加值高达 11.01 万亿元，占 GDP 的比重为 9.57%。其中，文化相关产业增加值为 5.23 万亿元，相当于 2015 年的 1.92 倍，年均增速为 11.5%，占 GDP 的比重为 4.56%（见表 3-19）。此外，文化产业与旅游业深度融合发展，2021 年全国旅游及相关产业增加值达到 45 484 亿元，占 GDP 的比重为 3.96%；文化产业特别是广播电视业与体育产业深度融合，体育产业增加值达到 12 245 亿元，占 GDP 的比重为 1.06%。[①] "大文化"产业已经成为我国国民经济最重要的支柱性产业（指占 GDP 的比重超过 7.0%）之一，是实现社会主义文化强国的重要标志之一，也是增强我国综合国力、软实力、中华文化国际影响力的重要基础，为实现中华民族伟大复兴提供强大的动力和重要支撑。

表 3-19　我国文化及相关产业增加值及占 GDP 比重（2005—2021 年）

年份	文化及相关产业增加值（亿元人民币）	占 GDP 比重（%）
2005 年	4253	2.30
2010 年	11 052	2.75
2015 年	27 235	3.97
2020 年	44 945	4.43
2021 年	52 385	4.56

① 国家统计局：《中国统计摘要 2023》，北京，中国统计出版社，2023 年，第 13 页。

续表

年份	文化及相关产业增加值 （亿元人民币）	占 GDP 比重（%）
2005—2015 年年均增速（%） 及时期变化量（百分点）	20.40%	1.67 百分点
2015—2021 年年均增速（%） 及时期变化量（百分点）	11.5%	0.59 百分点

数据来源：（1）2005—2015 年数据来自国家统计局，《光明日报》，2017 年 1 月 7 日；（2）2020 年数据来自国家统计局，《中国统计摘要 2022》，北京，中国统计出版社，2022 年，第 13 页；（3）2021 年数据来自国家统计局，《中国统计摘要 2023》，北京，中国统计出版社，2023 年，第 13 页。

总之，建设文化强国为实现其他强国目标打下了实实在在的基础，为全面建设社会主义现代化世界强国奠定了基本保障。中国已经稳稳站好开启强国时代的历史方位，稳扎稳打、毫不动摇，保持战略定力，在全面建成小康社会的基础上，全面夯实强国之基，全面推进强国战略，这是全面实现社会主义现代化强国的战略路径。

三、政治保障

习近平总书记指出，"中国特色社会主义最本质的特征是中国共产党领导，中国特色社会主义制度的最大优势是中国共产党领导"[1]。新中国成立以来，社会主义在中国已经历了长达七十多年的不断发展、渐进改革、内生性进化，形成了世界上独一无二的制度体系。[2] 中国制度的独特性源于中国独特的文化

---

[1] 习近平：《在庆祝中国共产党成立 95 周年大会上的讲话》（2016 年 7 月 1 日），共产党员网，https://news.12371.cn/2016/07/01/ARTI1467383240864582.shtml。

[2] 党的十八大报告指出：中国特色社会主义制度，就是人民代表大会制度的根本政治制度，中国共产党领导的多党合作和政治协商制度、民族区域自治制度以及基层群众自治制度等基本政治制度，中国特色社会主义法律体系，公有制为主体、多种所有制经济共同发展的基本经济制度，以及建立在这些制度基础上的经济体制、政治体制、文化体制、社会体制等各项具体制度。胡锦涛：《坚定不移沿着中国特色社会主义道路前进 为全面建成小康社会而奋斗——在中国共产党第十八次全国代表大会上的报告》（2012 年 11 月 8 日），共产党员网，https://www.12371.cn/2012/11/17/ARTI1353154601465336_all.shtml。

传统、独特的历史积淀、独特的国情基础、独特的发展道路，其核心是党的领导地位和人民主体地位，体现在政治、经济、社会、文化、军事、外交等方方面面。正因其独特性，中国具备了一系列十分重要的制度优势。[①] 正如习近平总书记所指出的，"中国特色社会主义制度的生命力，就在于这一制度是在中国的社会土壤中生长起来的"[②]，它充分适应中国国情，使中国共产党能够担当起历史和人民所赋予的伟大使命，即实现推进现代化建设、完成祖国统一、维护世界和平与促进共同发展三大历史任务，使中国能够在激烈的国际竞争和风云变幻的国际环境中始终立于不败之地，不断提高综合国力、国际影响力和竞争力，带领十四亿多中国人民走向中华民族伟大复兴的光明大道，也就是 1949 年时毛泽东同志所预言的"人间正道"。

（一）中国共产党领导

中国共产党具有强大的执政能力，并自觉通过持续不断的自身建设巩固这种能力。"打铁还需自身硬"，中国共产党始终将马克思主义信仰和社会主义、共产主义信念作为政治灵魂，始终坚持与时俱进推动党的思想理论体系和执政方式创新，不断提高党内民主制度化水平和实效，增强自身创新活力，始终致力于打造更加坚强有力、更高素质的执政骨干队伍。尤其是党的十八大以来，以习近平总书记为核心的党中央将全面从严治党纳入"四个全面"战略布局，把作风建设和反腐败斗争作为全面从严治党的重要内容，着力构建党统一领导的反腐败工作体制，形成依规治党与依法治国有机统一的党和国家治理体系[③]；从制定关于改进工作作风、密切联系群众的"八项规定"，到开

---

① 比较优势原本是经济学中的概念，指一国生产某种产品的机会成本低于其他国家，则这个国家在生产该种产品上拥有比较优势。政治制度的比较优势不在于衡量投入要素的经济性，而在于比较制度产出的优越性，即在国家治理上，是否取得比其他国家更好的绩效。

② 习近平:《在庆祝中国人民政治协商会议成立 65 周年大会上的讲话》(2014 年 9 月 21 日)，中国政府网，https://www.gov.cn/xinwen/2014-09/21/content_2753772.htm。

③ 王岐山参加十二届全国人大五次会议北京代表团全体会议时的讲话，新华网，2017 年 3 月 6 日。

展群众路线教育实践活动、"三严三实"专题教育及"两学一做"学习教育,"不忘初心、牢记使命"主题教育,再到大力倡导构建亲清新型政商关系,党的作风建设和反腐败斗争取得了一系列重大成效,赢得了人民群众的高度评价。

中国共产党是学习型政党,具有极强的学习自觉性。习近平总书记指出:"历史和现实都告诉我们,事业发展没有止境,学习就没有止境";"中国共产党人依靠学习走到今天,也必然要依靠学习走向未来"。①建设学习型政党,是中国共产党长期以来的优良传统;中国共产党形成了自上而下系统性的学习机制。在中央层面,中共中央政治局已经形成了固定的集体学习机制,学习内容十分广泛,以第十八届中央政治局为例,集体学习涉及"四个全面"战略布局和全面参与全球治理、"五位一体"总体布局和国防与军队建设的各个方面,与以习近平同志为核心的党中央把握国内国际两个大局、引领中国迈向社会主义现代化强国的宏大布局相适应,重大问题导向十分突出,兼具全球视野和历史关照。学习形式丰富多样,既有专家授课、系统讲授,又有内部交流、参观学习,极大地促进了知识与信息在中央领导集体中的共享,也向全党作出了很好的示范。地方各级党委也设有理论学习中心组,定期组织集体学习。随着 2017 年 3 月《中国共产党党委(党组)理论学习中心组学习规则》的制定实施,党内组织化学习机制进一步成熟和完善。中国共产党还十分重视向全世界包括西方国家在内的一切其他国家学习其先进文明成果,向发达资本主义国家学习市场经济经验、向新加坡学习干部管理与廉政建设就是十分典型的例子。

(二)国家公益性产品有效供给

中国制度为中国人民提供了最重要的国家公益性产品,即天下大治、安定团结、政治有序、社会井然。国家公益性产品,是指能够在全社会范围提

---

① 《习近平在中央党校建校 80 周年庆祝大会暨 2013 年春季学期开学典礼上的讲话》(2013 年 3 月 1 日),中共中央党校网站,https://www.ccps.gov.cn/xxsxk/zyls/201908/t20190829_133853.shtml。

供的，赖以促进和保护全体人民福祉所需的产品和服务。天下大治、秩序井然，就如同新鲜空气，虽然看不见摸不着，但每一个人都无时无刻不需要它。在世界大国及主要政党中，中国共产党尤其珍视并且善于维护政治稳定、社会稳定，这种稳定性来自中国共产党的历史担当，既是对全体中国人民的社会责任，也是对全人类和平发展的世界贡献。政治稳定，主要体现在中国共产党的发展目标、执政思想、干部队伍、发展规划以及重大政策的连续性，还体现在中国共产党与党外政治力量的长期团结与合作；社会稳定，即"天下大治"，主要体现在社会规范的广泛有效性和社会冲突的高可控性，其直接体验就是社会公道正义的实现感和人民生命财产的安全感。[①]中国共产党始终坚持立党为公、执政为民，党的执政地位长期稳固、执政能力不断提升，是中国实现政治稳定、社会稳定的关键；坚持党指挥枪，从政治上思想上建设一支听党指挥的强大人民军队，是中国实现政治稳定、社会稳定、国家安全的基石。正是有了上述最重要的前提条件，中国全体人民才能够安居乐业，中国才能一步步实现社会主义现代化的战略目标，迈向中华民族伟大复兴。

（三）政府与市场"两只手合力论"

政府和市场是中国式现代化发展的两大核心手段，二者在不同领域、不同层面发挥不同作用。我们形象地将其称为中国东方巨人的"两只手"，即看得见的政府之手和看不见的市场之手。一方面，市场经济是迄今为止人类发现的最有效的资源配置方式。实践表明，市场机制是经济活力的源泉，是提高企业效率的最佳途径，市场对资源的配置应当起到决定性作用。市场之手在资源配置、有效竞争、激励创新、以价格杠杆调节供需方面具有极强作用。但另一方面，市场也是"掠夺之手"，在资本逐利性的推动下，市场存在自发性、盲目性，市场主体极端追求个人利益也会对社会利益、集体利益乃至环境利益造成极大危害，因此在一些领域，必须管住市场的掠夺之手。而政府

---

① 新华社记者综合报道：《综述："在哪里都没有比在中国更有安全感"——外国人为中国治安点赞》，新华社，2017 年 4 月 25 日电。

之手在组织有效市场方面发挥着不可或缺的作用，通过基础设施等硬件投资和对公共卫生、教育、知识、信息等软件投资，促进各类市场资源更有效率地配置。政府在纠正市场失灵方面也发挥着不可或缺的作用，通过宏观调控保障宏观经济稳定，实施积极的就业政策保障最大的民生，实施基本公共服务均等化覆盖城乡、地区全体人口，缩小城乡地区发展差距。但也会出现因官僚主义而过度干预市场，或公共服务严重缺位，甚至获取经济利益的情况。因此必须要让这两只手在应该发挥作用的领域扬其所长，在不应涉足的领域避其所短。用好政府的"有形之手"与市场的"无形之手"，两只手要各就其位，各得其所。"两只手都要硬"，是硬而不僵，更加尊重市场的作用，更好发挥政府的作用；"两只手都要活"，是活而不乱，充分发挥"两只手"各自的优势，发挥相互结合、相互补充、相互促进的作用，同时避免或减少各自的劣势，发挥相互制衡、相互对冲、相互抵消的作用。这是改革开放四十多年所印证的卓有成效的中国经济治理经验，也是社会主义市场经济体制优越性的重要体现。

（四）社会组织化

中国特色社会主义制度极大地提高了中国社会的组织化水平。将人民组织起来、彻底告别"一盘散沙"的局面，不仅是中国改变半封建半殖民地悲惨命运、建立人民国家的必要条件，也是中国作为后发国家在现代化道路上实现对先行国家加速追赶的重要前提，这是由中国的基本国情和发展环境决定的。中国社会得以有效组织，其前提是有了中国共产党这个高度组织化的强有力的核心。中国共产党是世界第一大执政党，拥有9900余万党员；中共中央组织部是世界上最大的"人力资源部"。中国共产党通过不断吸纳中华民族优秀分子建立起两支"先锋队"[1]，通过科学的理论体系和思想政治建设保证

---

① 《中国共产党章程》：中国共产党是中国工人阶级的先锋队，同时是中国人民和中华民族的先锋队。

全党在思想上集中统一①，在严格的纪律维系下由全体党员、党的中央机构、党的地方组织和基层组织共同构成有机的统一整体，使党具备强大动员力和执行力，担负起领导我国社会主义现代化事业的使命。党又与国家机构、与中国社会方方面面的组织之间建立起紧密耦合的联系，2022 年各级党组织的数量已多达 506.5 万个，其中基层党委 28.9 万个，总支部 32.0 万个，支部 445.6 万个，从国家层面一直延伸至企业、社区和自然村，从而将推动经济社会发展的各方面力量充分整合在党的领导下，进而将十四亿多中国人民组织起来，实现全民族的大团结。

（五）各民族大团结

中国制度能够有效妥善处理民族关系，维护国家统一，促进民族团结与共同繁荣发展。中国共产党领导实行的民族区域自治作为一项基本政治制度和中国少数民族地区的基本政权形式，符合中华人民共和国单一制政体和崇尚团结统一的中国传统政治文化，充分体现了各民族平等团结和共同繁荣的基本原则。在中国共产党领导下，中国成功地建立起了"一体多元"的现代国家：这里的"一体"是基础，不仅指中华民族的整体性，也指各民族构成了命运共同体；"多元"是"一体"基础之上的"多元"，主要表现为多民族、多语言、多文化。正如习近平总书记所指出的："我国是统一的多民族国家。各民族多元一体，是老祖宗留给我们的一笔重要财富，也是我们国家的重要优势。"② 新中国成立七十多年来，中国实施了一系列重要的民族发展政策，如对口支援、西部大开发战略等，不仅使民族地区经济社会事业得到跨越式发展，极大地改变了民族地区千百年来贫穷落后的面貌，也极大地改善了少数民族群众的生活。此外，还在民族干部培养、文化传统保护等许多方面做了大量

---

① 相比之下，美国两党的全国性机构与地方分支之间没有严格的上下级关系，是一个松散的政党组织，组织的主要功能是为了选举，通过政党组织凝聚政治力量的能力与中国共产党不可同日而语。

② 《习近平在会见 5 个自治区 13 名基层民族团结优秀代表时的讲话》，新华社，2015 年 9 月 30 日电。

的工作，创造了多民族和谐共荣的"中国典范"。

（六）改革开放与创新

中国社会主义制度始终在改革创新中与时俱进，不断进行自我完善。改革开放永无止境，只有进行时、没有完成时。中国共产党将改革开放定为基本国策，中国是世界上最大的改革社会；改革就意味着创新，只有在创新中才能不断保持对变化环境的适应性，赢得永续发展。中国制度改革创新的比较优势，不仅体现在有关改革本身对马克思主义经典理论的发展性、对中国现代化进程需求的适应性上，还体现在改革领域的全面性、改革路径的科学性以及改革持续深入的自觉性上。党的十一届三中全会以来，中国以经济体制改革为引领，建立了社会主义市场经济体制的基本框架；协同推进政治、文化、社会、生态、军事、外交体制改革，使之与经济体制改革相适应，形成了中国特色社会主义事业总体布局。党的十八届三中全会，提出了全面深化改革总目标和二〇二〇年阶段目标，将全面深化改革写入新时期"四个全面"战略布局。具体到政治体制改革来看，党的民主集中制得以坚持，党中央集体领导体制先重建后巩固，又不断创新发展，形成了核心与"七大机制"的集体领导体制框架。① 以人为本和依法治国的执政理念全面树立，执政方式走上科学执政、民主执政和依法执政的轨道。人民代表大会制度特别是选举制度不断完善，公众有序政治参与不断扩大，人民民主权利得到更高水平保障。政治协商会议制度、基层民主制度、民族区域自治制度具体机制不断丰富，党内民主有序扩大。党风廉洁与反腐败机制、国家监察制度创新发展。

（七）新型举国体制

新型举国体制是面向国家和人民重大战略需求，在党的领导下多元主体共同参与，综合运用政府和市场等资源配置手段，凝聚各方力量以完成既定

---

① 胡鞍钢，杨竺松：《坚持完善党中央集体领导体制："七大机制"与核心》，《清华大学学报（哲学社会科学版）》2017 年第 1 期。

任务的一种组织模式和运行机制。[①] 新型举国体制是传统举国体制的增强版、升级版，不仅继承了传统举国体制的优点，而且契合了社会主义市场经济、共赢主义经济全球化等时代要求，把社会主义集中力量办大事的优势和市场配置资源的竞争优势有机结合，正如习近平总书记所言，"要健全市场经济条件下新型举国体制优势"[②]。新型举国体制的所谓"新型"特征最主要体现在资源配置市场化、参与主体多元化和外部环境开放化方面。在当今国家竞争日益加剧和民族复兴胜利在望的关键时期，新型举国体制既是顺应时代发展潮流、积极参与全球治理、有效应对大国竞争的客观要求，又是充分利用后发优势、推动产业转型升级、确保中华民族伟大复兴顺利实现的制度保障。新型举国体制是中国特色社会主义新时代强大国家意志和国家能力的重要体现，在涉及国家发展战略的前沿科技类领域、涉及普惠兜底性质的民生工程类领域、涉及国家国防安全的军民融合类领域、涉及人民生命财产的应急管理类领域、涉及体育强国目标的竞技体育类领域以及涉及国家可持续发展的重大生态工程类领域，已经充分体现在《"十三五"规划》之中，共计实施165项国家重大工程项目，对实现第一个百年奋斗目标起到了关键性作用。为此，应当坚定不移地主动探索新型举国体制的发展模式，充分发挥新型举国体制的积极作用，以推动第二个百年奋斗目标如期实现、圆满实现。

四、国际环境

当前世界正经历百年未有的大变局。这种大变局涉及诸多方面，其中影响最大的主要体现在：一是经济实力对比大变局，不仅包括大国间的力量对比，还包括南方国家和北方国家的力量对比；二是国际技术创新大变局、国际贸易格局大变局、综合国力对比大变局等。此外，百年大变局还包括发展方式的转变，如由传统工业化向可持续发展转变，共同应对气候变化挑战，以

---

① 谢宜泽，胡鞍钢：《新型举国体制：时代背景、基本特征与适用领域》，《深圳大学学报（人文社会科学版）》，2021年第38卷第4期，第18-26页。
② 《两院院士大会中国科协第十次全国代表大会在京召开 习近平发表重要讲话》，中国政府网，2021年5月28日，https://www.gov.cn/xinwen/2021-05/28/content_5613702.htm。

及新科技革命带来的转变。在百年未有之大变局中，中国正前所未有地靠近世界舞台中心，成为影响世界大变局的核心要素。

（一）南北经济实力格局大变局

进入21世纪以后，南北经济实力格局发生重大转变（见表3-20）。在2000—2022年以OECD成员国为主体的北方国家的GDP世界占比持续下降，以PPP（2021年国际元）计算，OECD成员国GDP占世界的比重从2000年的61.74%下降至2022年的44.68%，其中美国占比从2000年的19.81%下降至2022年的14.96%，欧盟占比从2000年的22.15%下降至2022年的14.96%。[①]南方国家GDP占世界的比重持续上升，从2000年的38.26%提高至2022年的55.32%，其中新兴经济体占世界比重从24.14%提高至38.90%，中国占比从6.42%提高至18.47%，跃居世界第一，印度占比从4.18%提高至7.58%，跃居世界第三。[②]2000—2022年，南方国家对世界经济增长的贡献率高达71.57%，其中中国的贡献率为29.94%，印度的贡献率为10.81%；而北方国家的贡献率仅为28.43%，其中美国的贡献率仅为10.34%，大大低于中国的贡献率。[③]

表3-20　世界十五大经济体GDP占世界经济总量的比重变化（2000—2022年）

国家/地区	2000年GDP（PPP，10亿国际元）	2022年GDP（PPP，10亿国际元）	2000—2022年年均增速（%）	2000年占世界GDP比重（%）	2022年占世界GDP比重（%）	2000—2022年时期变化量（百分点）
中国	5037	29 683	8.40	6.42	18.47	12.04
美国	15 536	24 051	2.01	19.81	14.96	−4.85

---

① 计算数据来源：世界银行WDI数据库，https://data.worldbank.org/indicator/NY.GDP.MKTP.PP.KD?end=2022&locations=US-OE-1W-EU&start=1990。
② 计算数据来源：世界银行WDI数据库，https://data.worldbank.org/indicator/NY.GDP.MKTP.PP.KD?end=2022&locations=1W-CN-IN&start=1990。
③ 计算数据来源：世界银行WDI数据库，https://data.worldbank.org/indicator/NY.GDP.MKTP.PP.KD?end=2022&locations=1W-OE-US-CN-IN&start=1990。

续表

国家/地区	2000 年 GDP（PPP，10 亿国际元）	2022 年 GDP（PPP，10 亿国际元）	2000—2022 年年均增速（%）	2000 年占世界 GDP 比重（%）	2022 年占世界 GDP 比重（%）	2000—2022 年时期变化量（百分点）
印度	3279	12 180	6.15	4.18	7.58	3.40
日本	4975	5652	0.58	6.34	3.52	−2.83
德国	4094	5246	1.13	5.22	3.26	−1.96
俄罗斯	2977	5614	2.92	3.80	3.49	−0.30
印度尼西亚	1309	3718	4.86	1.67	2.31	0.64
巴西	2437	3902	2.16	3.11	2.43	−0.68
英国	2639	3696	1.54	3.37	2.30	−1.07
法国	2899	3738	1.16	3.70	2.33	−1.37
墨西哥	2047	2783	1.41	2.61	1.73	−0.88
意大利	2874	3068	0.30	3.67	1.91	−1.76
土耳其	973	2810	4.94	1.24	1.75	0.51
韩国	1184	2580	3.60	1.51	1.61	0.10
沙特阿拉伯	871	1845	3.47	1.11	1.15	0.04
15 国总计	53 132	110 566	3.39	67.75	68.79	1.04
其中：新兴经济体	18 931	62 535	5.58	24.14	38.90	14.77
其中：发达经济体	34 201	48 031	1.56	43.61	29.88	−13.73
欧洲联盟	17 369	24 050	1.49	22.15	14.96	−7.19
经合组织成员	48 417	71 821	1.81	61.74	44.68	−17.06
世界	78 423	160 740	3.32	100.00	100.00	

计算数据来源：世界银行 WDI 数据库，https://data.worldbank.org.cn/indicator/NY.GDP.
MKTP.PP.KD?end=2022&locations=US-OE-1W-EU-MX-DE-TR-JP-FR-CN-IN-RU-ID-BR-GB-
FR-MX-KR-IT-SA&start=1990。

注：（1）GDP 为按 PPP（2021 年国际元）计算；（2）新兴经济体指表中的中国、印度、
俄罗斯、印度尼西亚、巴西、墨西哥、土耳其、沙特阿拉伯。

（二）世界贸易形成新格局

根据货物进出口额，中国已从 2000 年的第八大贸易体成为世界第一大货物进出口国，2018 年中国货物进出口额占世界总量的 11.84%，美国占 10.96%，中美成为世界两大贸易中心。到 2022 年，中国已成为 140 多个国家和地区的最大贸易伙伴，这一数量远多于美国。

进入 21 世纪以后，南北贸易格局发生大变局。在 2000—2022 年，以 OECD 成员国为主体的北方国家的货物服务贸易出口额所占世界比重持续下降，以现价美元计算，OECD 成员国占比从 2000 年的 73.3% 下降至 2022 年的 58.4%，其中美国占比从 2000 年的 13.9% 下降至 2021 年的 8.2%，欧盟占比从 2000 年的 32.9% 下降至 2022 年的 30.0%。南方国家货物服务贸易出口额占世界比重则持续上升，从 2000 年的 26.7% 提高至 2022 年的 41.6%，其中中国内地占比从 2000 年的 3.2% 提高至 2022 年的 12.0%，跃居世界第一，内地与香港合计占比达到 14.2%（香港占比为 2.2%），相当于美国所占比重（8.2%）的 1.76 倍。南方国家对世界货物服务贸易出口额的贡献率为 46.4%，其中中国的贡献率为 15.0%，居世界首位；而北方国家的贡献率为 53.6%，其中美国的贡献率仅为 6.2%。[①]

在 2000—2022 年，以 OECD 成员国为主体的北方国家的货物服务贸易进口额占世界比重持续下降，以现价美元计算，OECD 成员国所占世界比重从 2000 年的 75.3% 下降至 2022 年的 61.6%，其中美国占比从 2000 年的 18.6% 下降至 2021 年的 11.1%，欧盟占比从 2000 年的 32.0% 下降至 2022 年的 29.6%。南方国家货物服务贸易进口额占世界比重持续上升，从 2000 年的 24.7% 提高至 2022 年的 38.4%，其中中国内地占比从 2000 年的 2.8% 提高至 2022 年的 10.2%，内地与香港合计占比达 12.4%（香港占比为 2.2%），相当于美国所占比重（11.1%）的 1.12 倍。南方国家对世界货物服务贸易进口额的

---

① 计算数据来源：世界银行 WDI 数据库，https://data.worldbank.org/indicator/NE.EXP. GNFS.CD?end=2022&locations=1W-OE-US-CN-EU-HK&most_recent_value_desc= true&start=1960。

贡献率为43.2%，其中中国的贡献率为12.9%，居世界第一；而北方国家的贡献率为56.8%，其中美国的贡献率仅为8.5%，居世界第二。[①]

（三）美国进入衰落时代

美国GDP（PPP，2021年国际元）占世界GDP总量的比重已从2000年的19.81%下降至2022年的14.96%，平均每年下降0.22个百分点。在此期间，美国先后发动阿富汗战争、伊拉克战争，空袭利比亚、干涉叙利亚，用于发动战争的支出达到了惊人的8万亿美元；2008年又爆发了殃及世界的国际金融危机，美国国内债务累累，联邦政府财政赤字持续扩大，从2001年小布什执政的1.6万亿美元上升至2016年的18.5万亿美元[②]，截至2023年年底，美国债务总量已突破34万亿美元，大大超过了其当年的GDP总量27万亿美元。这是一种典型的"我死之后，哪管洪水滔天"机制，美国的每一届政府都会给后人留下沉重的负债，直接导致了美国从经济顶峰（占世界GDP总量的1/5）衰落下来。[③]而美国对中国发动的贸易战并不能改变其衰落的趋势。

（四）共同应对气候变化的最大挑战

自第一次工业革命开始累积的碳排放量仍然维持在历史的最高点，引发了全球气候变化，这是21世纪人类面临的最大挑战，也是中国带头发动绿色工业革命的发展机遇和世界发动绿色工业革命的基本选择。未来人类发展范式转型的本质就是实现经济增长与碳排放脱钩，改变人类从18世纪60年代以来工业化发展的模式和路线图，在实现经济增长与碳排放"脱钩"的同时，促进经济增长和生态资本消耗间的"全面脱钩"，缩小人与自然之间的差距、

---

① 计算数据来源：世界银行WDI数据库，https://data.worldbank.org/indicator/NE.IMP.GNFS.CD?end=2022&locations=1W-OE-US-CN-EU-HK&most_recent_value_desc=true&start=1960。

② 世界银行WDI数据库，https://data.worldbank.org.cn/indicator/GC.DOD.TOTL.CN?locations=US。

③ 胡鞍钢：《美国为何衰落》，《学术界》2014年第5期。

人与人之间的差距，以及人与国家之间的差距。这包括三方面的内容：一是促使已有的"黑色"或"褐色"能源实现"绿化"，即采用能耗更低、更清洁的方式使用化石能源，使单位能耗的污染强度下降；二是促使化石能源的使用与经济产出"脱钩"，尽量减少化石能源在经济生产和消费中所占的比重；三是促进非化石能源、可再生能源、绿色能源的大幅上升，并促进这类能源的利用最终占据主导地位。中国的碳排放占世界排放总量的比重高达 27.6%，已经进入高峰平台期，未来我国将在 2030 年前实现碳排放达到峰值的减碳目标，在世界应对全球气候变化中扮演重要的角色，随着今后中国碳排放进入下降期，全球碳排放也将进入下降期。

（五）第四次工业革命迅速兴起

进入 21 世纪，人类开始了史无前例的第四次工业革命。习近平总书记指出："从 18 世纪第一次工业革命的机械化，到 19 世纪第二次工业革命的电气化，再到 20 世纪第三次工业革命的信息化，一次次颠覆性的科技革新，带来社会生产力的大解放和生活水平的大跃升，从根本上改变了人类历史的发展轨迹。如今，我们正在经历一场更大范围、更深层次的科技革命和产业变革。"[1] 世界正面临百年未有之大变局，其中之一就是迅速兴起的第四次工业革命。这场革命的实质是多种现代要素的大革命、大融合，即创新革命、信息革命、网络革命、数字革命、智能革命、教育革命、绿色革命，形成强大的新质生产力，为中国等发展中国家工业化提供了千载难逢的历史机遇。其中，第三次信息通信工业革命的高峰期将与第四次工业革命的绿色工业革命、数字革命、智能社会叠加在一起，相互作用，相互影响，相互促进。世界各国特别是南方国家在尚未完成第一次、第二次、第三次工业革命的情况下，正在经历范围更大、层次更深的第四次工业革命。尽管发展中国家获得了难得的发展机遇，但同时很多发展中国家与发达国家的技术鸿沟也将会进一步拉大。中国是第四次工业革命重要的受益者，既是最大的自变量，又是最大的因变量，

---

[1] 《习近平在金砖国家领导人约翰内斯堡会晤大范围会议上的讲话》，人民网，2018 年 7 月 26 日，http://jhsjk.people.cn/article/30172564。

既面临完成三次工业革命的主要任务，还要成为第四次工业革命的创新引领者，加快实现从"中国制造"到"世界制造"，从"中国创新"到"世界创新"，从"中国数字"到"世界数字"，从"中国智能"到"世界智能"，从"中国绿色"到"世界绿色"，从"中国市场"到"世界市场"，从"中国工业革命"到"世界工业革命"。

第四章

经济强国目标

历史事实证明，经济大国不等于经济强国。[①]

——习近平

要坚定不移走中国特色自主创新道路，深化体制改革，不断开创国家创新发展新局面，加快从经济大国走向经济强国。[②]

——习近平

党的二十大报告提出，"到二○三五年，我国发展的总体目标是：经济实力、科技实力、综合国力大幅跃升，人均国内生产总值迈上新的大台阶，达到中等发达国家水平"[③]。其中就包括实现经济强国、制造强国、农业强国、科技强国、贸易强国、交通强国等目标，这些目标的实现将使我国具有高度的物质文明，社会生产力水平大幅提高，核心竞争力名列世界前茅，经济总量和市场规模超越美国、欧盟等发达国家或经济体。

---

①② 习近平：《在参加全国政协十二届一次会议科协、科技界委员联组讨论时的讲话》，新华社，2013 年 3 月 4 日北京电。

③ 习近平：《高举中国特色社会主义伟大旗帜 为全面建设社会主义现代化国家而团结奋斗——在中国共产党第二十次全国代表大会上的报告》（2022 年 10 月 16 日），中国政府网，https://www.gov.cn/xinwen/2022-10/25/content_5721685.htm。

一、经济强国目标

党的十九大报告明确提出，到 2035 年我国经济实力将大幅跃升。[①] 党的二十大报告再次提出，我国发展的总体目标之一是到 2035 年经济实力大幅跃升。[②] 中国经济将长期保持中高速增长，据笔者估算，2020—2035 年我国 GDP 年均增速在 5% 左右，若按照 4.7% 的年均增速，则到 2035 年我国 GDP 将比 2020 年翻一番。与此同时，根据世界银行 WDI 数据库提供的基础性数据，按 PPP（2021 国际元）估算，中国经济的增速也将高于美国的增速（2.0%），中国 GDP 总量明显超过美国，中国 GDP 占世界总量的比重持续上升。我国的 GDP 总量将从 2020 年的 26.58 万亿国际元上升至 2035 年的 52.94 万亿国际元，15 年实现翻一番；中国 GDP 占世界总量的比重将从 2020 年的 18.17% 上升至 2035 年的 1/4 左右（见表 4-1）。我国经济实力将大幅跃升，作为世界最大经济体的地位更加牢固。中国对世界 GDP 增长的贡献率在 35% 以上，不仅是世界经济增长的最大发动机，而且也是世界宏观经济最大的稳定器。到 2050 年，中国 GDP 占世界总量的比重预计将达到近 30%，是名副其实的世界经济强国。

2020—2035 年，中国人均 GDP 年均增长率预计为 4.8%，高于同期世界的 1.5%，也明显高于同期美国的 1.0%，高出美国 3.8 个百分点。中国的人均 GDP 预计将从 2020 年的 18 834 国际元增加至 2035 年的 38 051 国际元，中国的人均 GDP 相对世界人均水平将从 2020 年的 100.72% 上升至 2035 年的 162.76%，相对美国的人均水平将从 2020 的 28% 上升至 2035 年的 48.72%（见表 4-1），可视为达到中等发达水平阶段，是基本实现社会主义现代化的重大标志。到 2050 年，中国的人均 GDP 预计将达到世界人均 GDP 的 2 倍左右，

① 习近平：《决胜全面建成小康社会 夺取新时代中国特色社会主义伟大胜利——在中国共产党第十九次全国代表大会上的报告》（2017 年 10 月 18 日），中国政府网，https://www.gov.cn/zhuanti/2017-10/27/content_5234876.htm。
② 习近平：《高举中国特色社会主义伟大旗帜 为全面建设社会主义现代化国家而团结奋斗——在中国共产党第二十次全国代表大会上的报告》（2022 年 10 月 16 日），中国政府网，https://www.gov.cn/xinwen/2022-10/25/content_5721685.htm。

达到美国人均 GDP 的 70% 左右，相当于 OECD 成员国的平均水平，标志着中国进入比较发达国家水平阶段。

表 4-1　中国的 GDP、人均 GDP 及与美国、世界的比较（2010—2035 年）

指标	2010 年	2020 年	2025 年	2035 年	2020—2035 年预计年均增速（%）或时期变化量（百分点）
中国 GDP（万亿元）	41.21	101.36	132.47	201.87	4.7%
中国 GDP（万亿国际元）	13.74	26.58	33.44	52.94	4.7%
美国 GDP（万亿国际元）	18.50	22.30	24.62	30.01	2.0%
世界 GDP（万亿国际元）	111.47	146.25	167.09	218.10	2.7%
中国 GDP 占世界比重（%）	12.33	18.17	20.01	24.27	6.10 百分点
中国人均 GDP（国际元）	10 268	18 834	23 809	38 051	4.8%
美国人均 GDP（国际元）	59 822	67 266	70 697	78 094	1.0%
世界人均 GDP（国际元）	15 933	18 699	20 144	23 378	1.5%
中国人均 GDP 相对美国人均水平（%）	17.16	28.00	33.68	48.72	20.72 百分点
中国人均 GDP 相对世界人均水平（%）	64.44	100.72	118.20	162.76	62.04 百分点

数据来源：（1）按人民币计算的 2010 年、2020 年中国 GDP 数据来自国家统计局网站，https://data.stats.gov.cn/easyquery.htm?cn=C01&zb=A0201&sj=2000-2022；（2）按 PPP（2021 年国际元）计算的中国、美国、世界 GDP 及人均 GDP 数据来自世界银行数据库，https://data.worldbank.org.cn/indicator/NY.GDP.PCAP.PP.KD?end=2022&locations=US-1W-CN&start=1990，https://data.worldbank.org.cn/indicator/NY.GDP.MKTP.PP.KD?end=2022&locations= US-1W-CN&start=1990；（3）2025 年、2035 年数据为笔者估算。

回顾中国经济现代化的基本历史轨迹，1949—1978 年是中国现代经济的初步成长期，建立了比较完整、比较独立的工业化、现代化的经济体系。自 1978 年以来的 40 多年时间，中国经济进入持续增长阶段，先后经历了极低收入（1978—1990 年）、低收入（1990—2000 年）、下中等收入（2000—2010 年）、上中等收入（2010 年至今）阶段。展望今后 30 年时间，将先后达到高收入

（2025 年前后，2023 年中国人均 GDP 已经达到 22135 国际元，在高收入国家中排倒数第五位）、中等发达（2035 年前后，2025 年中国人均 GDP 达到 28309 美元，在高收入国家中排位倒数第六位，2035 年中国人均 GDP 达到 38501 国际元，在高收入国家中排倒数第十七位）、比较发达（2050 年前后）阶段，这充分反映了中国经济现代化的历史性、阶段性、连续性进程以及未来发展大方向、大趋势，成为实现党的十九大报告、党的二十大报告所提出的中国式现代化两个阶段的经济发展战略部署与目标。

二、制造强国目标

"制造业是国民经济的主体，是立国之本、兴国之器、强国之基。""新中国成立尤其是改革开放以来，我国制造业持续快速发展，建成了门类齐全、独立完整的产业体系，有力推动工业化和现代化进程，显著增强综合国力，支撑我世界大国地位。""经过几十年的快速发展，我国制造业规模跃居世界第一位，建立起门类齐全、独立完整的制造体系"[1]。我国拥有 41 个工业大类、207 个工业中类、666 个工业小类，是全世界唯一拥有联合国产业分类中全部工业门类的国家。[2]

到 2020 年，中国已如期基本实现工业化。[3] 如表 4-2 所示，我国制造业增加值从 2015 年的 3.20 万亿美元增至 2022 年的 4.98 万亿美元，相当于美国制造业增加值（2021 年为 2.5 万亿美元）的 1.99 倍，占世界制造业增加总值的比重从 2015 年的 26.0% 上升至 2022 年的 34.6%。[4] 中国作为世界第一制造

---

[1] 《国务院关于印发〈中国制造 2025〉的通知》，中国政府网，2015 年 5 月 19 日，https://www.gov.cn/zhengce/zhengceku/2015-05/19/content_9784.htm。

[2] 《去年我国全部工业增加值超 40 万亿元 制造业规模连续 13 年居世界首位》，中国政府网，2023 年 3 月 19 日，https://www.gov.cn/xinwen/2023-03/19/content_5747420.htm。

[3] 党的十六大报告明确提出：到 2020 年基本实现工业化。江泽民：《全面建设小康社会，开创中国特色社会主义事业新局面——在中国共产党第十六次全国代表大会上的报告》（2002 年 11 月 8 日），共产党员网，https://fuwu.12371.cn/2012/09/27/ARTI1348734708607117.shtml。

[4] 世界银行 WDI 数据库，https://data.worldbank.org/indicator/NV.IND.MANF.CD?locations=CN-US-1W。

业大国的地位更加巩固。2022 年我国高技术产业增加值达到 7736 亿美元，占制造业增加值的比重为 15.5%；2022 年我国高技术出口额达到 7697 亿美元，占世界比重为 22.3%[①]，代表我国制造业从中低端向高中端发展的方向，凸显了制造业的优化升级。高技术制造业增加值占 GDP 比重从 2015 年的 4.9% 提高至 2020 年的 5.5% 以上，高技术制造业成为重要的支柱性产业；2015 年中国高技术产品出口额为 6522 亿美元，占世界的比重为 28.6%，到 2021 年达到 9423 亿美元，相当于美国（1692 亿美元）的 5.57 倍。[②] 中国作为高技术产品出口第一大国的地位更加巩固。

表 4-2　我国制造业与高技术产业增加值（2015—2035 年）

指标	2015年	2022年	2025年	2035年	2022—2035 年预计年均增速（%）及时期变化量（百分点）
制造业增加值（亿美元）	32 025	49 756	58 426	99 800	5.5%
制造业增加值占GDP 比重（%）	29	28	27	25	–3 百分点
高技术产业增加值（亿美元）	4978	7736	9345	17 542	6.5%
高技术产业增加值占制造业比重（%）	15.5	15.5	16.3	17.6	2.1 百分点
高技术出口（亿美元）	6522	9423（2021 年）	11 896	21 304	6.0%（2021—2035 年）

数据来源：（1）2015—2022 年制造业增加值数据来自世界银行 WDI 数据库，https://data.worldbank.org/indicator/NV.IND.MANF.CD?end=2022&locations=CN-US&start=1997；（2）高技术产业增加值基期数据来自美国国家科学基金会；（3）2015—2021 年高技术出口额数据来自世界银行 WDI 数据库，https://data.worldbank.org/indicator/TX.VAL.TECH.CD?end=2021&locations=CN&start=2007；（4）2025—2035 年数据为笔者估算。

注：制造业增加值、高技术出口额为现价美元。

[①] 世界银行 WDI 数据库，https://data.worldbank.org/indicator/TX.VAL.TECH.CD?end=2022&locations=lw-CN&most_recent_valve_desc=tsve&stact=1993。

[②] 世界银行 WDI 数据库，https://data.worldbank.org/indicator/TX.VAL.TECH.CD?locations=CN-US-1W。

到 2025 年，中国有望实现《中国制造 2025》提出的目标："制造业整体素质大幅提升，创新能力显著增强，全员劳动生产率明显提高，两化（工业化和信息化）融合迈上新台阶。重点行业单位工业增加值能耗、物耗及污染物排放达到世界先进水平。形成一批具有较强国际竞争力的跨国公司和产业集群，在全球产业分工和价值链中的地位明显提升。"[①]

到 2035 年，中国将要实现高度工业化与高技术产业化。这一时期（2022—2035 年）中国制造业增加值年均增速预计为 5.5%，高于 GDP 的增速，处在中高速增长期。中国制造业增加值将从 2022 年的 4.98 万亿美元（2022 年价格）上升至 2035 年的 10 万亿美元左右，比 2022 年翻一番，整体竞争力、创新力居世界首位，将引领世界制造业创新潮流。

这一时期中国高技术产业增加值年均增速预计为 6.5% 左右，高于制造业增速和 GDP 增速，成为经济增长的重要动力。中国高技术产业增加值将从 2022 年的 7736 亿美元（2022 年价格）上升至 2035 年的 1.75 万亿美元，相当于 2022 年的 2.3 倍，我国作为世界第一大高技术制造国的地位将更加巩固。

这一时期中国高技术出口额年均增速预计为 6%，高于出口总额的增速，将从 2021 年 9423 亿美元（2021 年价格）上升至 2035 年的 2.1 万亿美元，我国作为世界第一大高技术出口国的地位将更加巩固。

中国制造业加速转型，进入全球价值链中高端及高端领域。2021 年中国高技术产业增加值占制造业增加值比重为 30%，明显高于 OECD 的 17% 和美国的 20%[②]，今后仍有条件超过这一高水平，标志着从"中国制造"向"中国创造"的持续转变，不断创造新技术和新产品、新模式和新业态、新需求和新市场。此外，中国企业进入世界 500 强企业第一阵营的规模竞争力、创新力居前列。

[①] 《国务院关于印发〈中国制造 2025〉的通知》，中国政府网，2015 年 5 月 19 日，https://www.gov.cn/zhengce/content/2015-05/19/content_9784.htm。

[②] 世界银行 WDI 数据库，https://data.worldbank.org/indicator/TX.VAL.TECH.MF.ZS?locations=US-CN-OE&most_recent_value_desc=true&start=1984&view=chart。

到 2050 年，我国将全面实现世界制造强国目标。制造业综合实力进入世界强国前列。制造业主要领域具有创新引领能力和明显竞争优势，建成全球领先的技术体系和产业体系。[1] 到 2050 年，我国制造业增加值预计比 2035 年增长 80%，年均增速为 4.0%，其中高技术产业增加值再翻一番，年均增速为 4.7% 左右。这标志着，中国将不仅建成真正的世界制造业强国，而且将建成真正的世界高技术产业强国，为全面实现社会主义现代化强国奠定工业化、现代制造业基础。

三、农业强国目标

从历史上看，中国一直是世界人口最多的国家[2]，也一直是世界农业生产大国。根据吴慧《中国历代粮食亩产研究》，早在西汉时期，中国的粮食亩产就已经达到了 267 斤，粮食总产量达到 591.4 亿斤，人均占有粮食为 993 斤，当时中国总人口约为 5900 万。[3]

到 1949 年，我国无论是人均粮食产量，还是农业劳动生产率都降至历史最低水平，粮食亩产仅为 137 斤，人均占有原粮为 418 斤，相当于 209 公斤，平均每日仅为 0.56 公斤，既是历史最低水平，也是联合国粮食及农业组织（FAO）公布的温饱线——280 公斤的 75%。同年时任美国国务卿艾奇逊预言，中国共产党政府也不见得能解决中国人口的吃饭问题。毛泽东同志对此发表《唯心历史观的破产》一文反驳，根据革命加生产即能解决吃饭问题的真理，"在共产党领导下，只要有了人，什么人间奇迹也可以造出来"。[4]

新中国的农业现代化发展历史证明了毛泽东同志的伟大预言。首先，农业现代化是中国式现代化的重要组成部分。1956 年党的八大通过的《中国共产

---

[1] 《国务院关于印发〈中国制造 2025〉的通知》，中国政府网，2015 年 5 月 19 日，https://www.gov.cn/zhengce/content/2015-05/19/content_9784.htm。

[2] 根据联合国公布的数据，印度的人口数量在 2023 年超过中国，成为世界第一人口大国。

[3] 吴慧：《中国历代粮食亩产研究》，北京，农业出版社，1985 年，第 194-195 页。

[4] 毛泽东：《唯心历史观的破产》（1949 年 9 月 16 日），《毛泽东选集》第四卷，北京，人民出版社，1999 年，第 1512 页。

党章程》指出，中国共产党的任务，就是有计划地发展国民经济，尽可能迅速地实现国家工业化，有系统、有步骤地进行国民经济的技术改造，使中国具有强大的现代化的工业、现代化的农业、现代化的交通运输和现代化的国防。[1] 这是中国共产党实现社会主义现代化的基本任务，简称"四个现代化"。1964 年、1975 年周恩来同志代表毛泽东同志提出在 20 世纪内全面实现"四个现代化"目标时，均包括了农业现代化。[2] 农业现代化始终是中国式四个现代化的国民经济基础，也是它的最大短板。其次，我国农业现代化取得了重大的进展，取得了举世瞩目的历史性成就，用不足世界 9% 的耕地、6% 的水资源供养了世界近 20% 的人口。在党的二十大报告中也明确提出"加快建设农业强国"的目标[3]。世界农业强国的基本特征可以归纳为"四强一高"，即农业供给保障能力强、农业科技创新能力强、农业可持续发展能力强、农业竞争力强和农业发展水平高。[4] 再有举全国之力共同建设农业强国，这包括农业机械化、数字化、智能化、绿色化与商品化、市场化、国内贸易流通一体化与国际贸易一体化，确保农业增加值（2015 年不变价美元）占世界比重在 1/3左右（2023 年为 32.0%[5]），确保人均农业增加值相当于世界人均水平的 1.70倍左右。

四、科技强国目标

中国共产党是近代以来科技强国最忠实的继承者和实践者。新中国百年

---

[1] 中共中央文献研究室：《建国以来重要文献选编》第九册，北京，中央文献出版社，2011 年，第 270 页。

[2] 《周恩来选集》下卷，北京，人民出版社，1984 年，第 439、479 页。

[3] 习近平：《高举中国特色社会主义伟大旗帜 为全面建设社会主义现代化国家而团结奋斗——在中国共产党第二十次全国代表大会上的报告》（2022 年 10 月 16 日），中国政府网，https://www.gov.cn/xinwen/2022-10/25/content_5721685.htm。

[4] 魏后凯，崔凯．《建设农业强国的中国道路：基本逻辑、进程研判与战略支撑》，《中国农村经济》2022 年第 1 期，第 2-23 页。

[5] 数据来源：世界银行 WDI 数据库，https://data.worldbank.org/indicator/NV.AGR.TOTL.KD?end=2023&locations=CN-1W&most_recent_value_desc=true&start=2000&view=chart。

科技强国进程大致经历了三个阶段："奠基型"科技建国建设（1949—1977 年，在发展中大国唯一建立了比较独立、比较完整的现代科学技术体系），"加速追赶型"科技兴国建设（1978—2011 年）和"赶超型"科技强国建设（2012年至今）。中国共产党领导中国人民建设科技强国的基本经验可概括为：坚持党对科技事业的统一领导；坚持独立自主的科技发展道路；坚持举国体制的科技发展战略；坚持尊重科技人才的科技方针；坚持改革开放的科技发展国策。[①]

2016 年中共中央、国务院发布的《国家创新驱动战略发展纲要》提出了"三步走"的战略目标，其中第二步为到 2030 年跻身创新型国家前列，发展驱动力实现根本转换，经济社会发展水平和国际竞争力大幅提升，为建成经济强国和共同富裕社会奠定坚实基础。根据党的十九大报告、党的二十大报告提出的 2035 年基本实现社会主义现代化的新目标、新要求，笔者就 2035 年世界科技强国中长期目标提出以下建议。

——研发投入持续高速增长，形成中国科技实力的新优势和最重要的国家科技战略资源。2020—2035 年，我国研发经费支出占 GDP 的比重从 2.41%提高至 3.0% 以上，相当于美国 2017 年的水平；基于 2020 年的研发资本流量（2021 年国际元）数据，我国研发支出从 2020 年的 2.15 万亿元（2015 年价格）提高至 2035 年的 5.94 万亿元，相当于从 6405 亿国际元提高至 1.77 万亿国际元，年均增速为 7.0%[②]，2020 年之后超过美国。我国研发投入占世界总量的比重将从 2020 年的 1/6 左右提高至 2035 年的 1/4 左右（见表 4-3）。国家科技投入主要用于基础研究、应用基础研究，其中基础研究投入占全国研发支出的比重将超过 10%。

---

① 田进华，张卫东：《中国共产党百年科技强国的历史实践与基本经验》，《江汉论坛》2022 年第 7 期，第 18-23 页。
② 预计研发支出与 GDP 的增长弹性为 1.49，既按不变价格计算的 GDP 每增长 1 个百分点，研发支出增长 1.49 个百分点。

表 4-3 我国研发支出及占 GDP 比重（2015—2035 年）

指标	2015年	2020年	2025年	2035年	2020—2035 年年均增速（%）或时期变化量（百分点）
中国研发占 GDP 比重（%）	2.06	2.41	2.75	3.00	0.59 百分点
世界研发占 GDP 比重（%）	2.09	2.49	2.65	2.75	0.26 百分点
中国研发支出（亿国际元）	4143	6405	8983	17 671	7.0%
世界研发支出（亿国际元）	27 535	36 417	46 478	75 708	5.0%
中国占世界比重（%）	15.0	17.6	19.3	>23.3	>5.7 百分点

计算数据来源：（1）世界银行 WDI 数据库，https://data.worldbank.org/indicator/NY.GDP. MKTP.PP.KD?end=2022&locations=CN-1W&start=1990；（2）世界银行 WDI 数据库，https:// data.worldbank.org/indicator/GB.XPD.RSDV.GD.ZS?end=2020&locations=CN-1W&start=1996；（3）2025—2035 年数据为笔者估算。

注：按 PPP（2021 年国际元）计算。

——构建世界最大规模的最具竞争力的研发人才队伍。我国从事研究与试验发展活动人员的全时当量，到 2035 年预计超过 1000 万人年，相当于 2022 年（604 万人年）的 1.65 倍，年均增速为 4%，每万名就业人员中研发人员比例持续上升，各类知识和技能人才总数将超过 3 亿人，占总就业人数（7.0 亿人左右）的 40% 以上。培养造就一大批具有国际水平的战略科技人才、科技领军人才、青年科技人才和高水平创新团队，人才对经济增长贡献率不断上升。

——在若干重大战略领域成为创新者、领跑者，支持并鼓励中国科学家及国际合作创造出对世界科技发展和人类文明进步有重要影响的原创成果；国家科技投入主要用于基础研究、应用基础研究，其中投入占研发支出的比重超过 15%；建成世界最大规模、最先进水平的创新中心和研发基地。

——大力支持关键共性技术、前沿引领技术、现代工程技术、颠覆性技术创新，建成航天强国、网络强国，建成世界最大规模的数字经济、数字就业、数字服务，智能社会基本建成；知识密集型服务业增加值占 GDP 的比重达到 1/4 左右。

——总体上建成世界科技创新领先国家。在若干战略领域由并行走向领跑，形成引领全球学术发展的中国学派，产出对世界科技发展和人类文明进步有重要影响的原创成果。攻克制约国防科技的主要瓶颈问题。"深入实施知识产权强国建设"①，力争我国有效发明专利总数翻一番②，PCT 专利申请数增长 3 倍以上③，专利密集型产业增加值占 GDP 比重持续提高④。《知识产权强国建设纲要（2021—2035 年）》提出，到 2035 年，我国知识产权综合竞争力跻身世界前列，知识产权制度系统完备，知识产权促进创新创业蓬勃发展，全社会知识产权文化自觉基本形成，全方位、多层次参与知识产权全球治理的国际合作格局基本形成，中国特色、世界水平的知识产权强国基本建成。⑤

——国家创新体系更加完备。实现科技与经济深度融合、相互促进，产业创新能力显著增强，主要产业进入全球价值链中高端，国际竞争力进入世界前列。产业总体呈现绿色、低碳、智能和服务化发展特征，单位 GDP 能耗、水耗、污染物排放等指标达到 OECD 成员国的平均水平。涌现若干引领世界的新兴产业，一大批引领全球产业发展方向的跨国经营企业。中国对全球"新

---

① 《习近平向中国与世界知识产权组织合作五十周年纪念暨宣传周主场活动致贺信》，中国政府网，2023 年 4 月 26 日，https://www.gov.cn/yaowen/2023-04-26/content_5753235. htm。

② 截至 2022 年年底我国有效发明专利数达到 421.2 万件，实用新型专利有效量为 1083.5 万件，外观设计专利有效量为 283.2 万件，有效注册商标量为 4267.2 万件，中国著作权年登记总量为 635.3 万件。国家知识产权局：《2022 中国知识产权保护状况》白皮书，2023 年 6 月 30 日，https://www.cnipa.gov.cn/art/2023/6/30/art_91_186011.html。

③ 2022 年国内共受理 7.4 万件 PCT 国际专利申请。其中，6.9 万件来自国内企业，占总数比重的 93.2%。国家知识产权局：《2022 年度报告》，2022 年 6 月。

④ 2022 年全国专利密集型产业增加值达到 142 983 亿元，占 GDP 比重为 12.4%。国家统计局：《中国统计摘要 2023》，北京，中国统计出版社，2023 年，第 13 页。

⑤ 《中共中央 国务院印发〈知识产权强国建设纲要（2021—2035 年）〉》，中国政府网，2021 年 9 月 22 日，https://www.gov.cn/zhengce/2021-09/22/content_5638714.htm。

经济"增长的贡献持续超过 1/3。[①]

——全要素生产率对经济增长贡献率明显提升。不断提高劳动生产率，反映了科技进步和创新驱动的重要作用。[②] 根据表 4-4，2015—2020 年中国劳动生产率（PPP，2021 年国际元）年均增速为 6.3%，明显高于美国 1.5% 的年均增速，中国对美国的追赶系数从 2015 年的 19.8% 上升至 2020 年的 25.0%[③]。中国仍具有持续追赶的后发优势，加之科技进步的贡献不断提高，2020—2035 年中国劳动生产率预计年均增长率为 4.8%，与经济增长基本同步，也明显高于美国的 1.1%，高出 3.7 个百分点。中国劳动生产率到 2035 年预计比 2020 年翻一番以上；中国劳动生产率对美国劳动生产率的追赶系数将从 2020 年的 1/4 上升至 2035 年的 40% 以上。

表 4-4　中美人均 GDP 及劳动生产率（2015—2035 年）

指标	2015 年	2020 年	2025 年	2035 年	2020—2035 年年均增速（%）及时期变化量（百分点）
中国劳动生产率（国际元）	27 018	36 632	46 312	74 014	4.8%
美国劳动生产率（国际元）	136 168	146 411	154 642	172 520	1.1%
中国／美国（%）	19.8	25.0	29.9	42.9	17.9 百分点

数据来源：（1）2015 年、2020 年数据来自世界银行 WDI 数据库，https://data.worldbank.org/indicator/SL.GDP.PCAP.EM.KD?end=2020&locations=CN-US&start=1991；（2）2025 年、2035 年数据为笔者估算。

注：按 PPP（2021 年国际元）计算。

[①] 白春礼：《准确把握深刻理解建设世界科技强国"三步走"战略的基本内涵》，《中国科学院院刊》2018 年第 55 期，第 455-463 页。

[②] 劳动生产率反映一国全部就业人员的平均效率，它主要受劳动者的整体素质、技能水平以及科技、装备、制度、管理模式的先进性和有效性等因素影响。因而《"十三五"规划》首次将其作为 25 个经济社会发展主要指标之一。全国人大财政经济委员会，国家发展改革委员会：《〈中华人民共和国国民经济和社会发展第十三个五年规划纲要〉解释材料》，北京，中国计划出版社，2016 年，第 20 页。

[③] 数据来源：世界银行 WDI 数据库，https://www.gov.cn/yaowen/2023-04/26/content_5753235.htm。

《国家创新驱动战略发展纲要》提出的第三步战略目标为，到 2050 年建成世界科技创新强国，成为世界主要科学中心和创新高地，为我国建成富强民主文明和谐美丽的社会主义现代化国家、实现中华民族伟大复兴的中国梦提供强大支撑。笔者就此提出 2050 年中长期目标的建议：

——我国科技实力居世界首位，成为强大综合国力最重要的战略资源。到 2050 年我国研发支出占 GDP 比重超过 3.5%，研发支出将接近 3 万亿国际元，占世界总量的比重超过 1/3。

——我国具有世界规模最大、门类齐全、结构合理、高水平的科技人才队伍，从事研究与试验发展活动的人员中具有越来越多的世界级。拥有一批世界一流的科研机构、研究型大学和创新型企业，涌现出一批重大原创性科学成果和国际顶尖水平的科学大师，成为全球高端人才创新创业的重要聚集地，世界顶尖科学大师和创新人才云集。科技和人才成为综合国力强盛最重要的战略资源，创新成为国家战略设计、政策制定和制度安排的核心因素。

——中国取得一大批世界级重要科学发明和重大原创科技成果。

——劳动生产率、社会生产力提高主要依靠科技进步和全面创新，经济发展质量高、能源资源消耗低、产业核心竞争力强。

——国防科技达到世界领先水平，有效支撑我国国防和军队现代化强国目标。

——创新的制度环境、市场环境和文化环境更加优化，尊重知识、崇尚创新、保护产权、包容多元成为全社会的共同理念和价值导向。

——通过"走出去"（如"一带一路"建设），优先向发展中国家转移先进实用技术，共同分享"中国创新"。

五、贸易强国目标

习近平总书记在党的二十大报告中指出，要"推动货物贸易优化升级，创新服务贸易发展机制，发展数字贸易，加快建设贸易强国"①。党的十八大以来，我国对外贸易取得历史性成就，我国货物贸易、服务贸易分别跃居全球第一位和第二位，货物与服务贸易总额连续两年位居全球第一位，世界贸易大国的地位进一步巩固，贸易效益显著提升，正在向世界贸易强国迈进。②

中国加快建设世界贸易强国的含义，就是要打造世界最大的国内消费市场和构建最大的国际贸易市场（简称"两个最大市场"），全面提高统筹国内国际两个市场的能力，全面创造国内国际两个超大规模市场优势与互补性优势。

从世界范围来看，中国已经具备了打造世界最大的国内消费市场的优势和潜力，正如习近平总书记在主持召开中央财经委员会第五次会议时明确提出："要充分发挥集中力量办大事的制度优势和超大规模的市场优势。"③

中国具有十分独特的集成要素和综合优势：具有总人口规模效应，14亿多消费者超过了OECD成员国的消费者总量（约13亿）；具有人均消费持续中高速增长效应，2000—2021年，按美元现价计算，中国最终消费总额年均增长率为12.8%，大大高于OECD成员国最终消费总额3.7%的年均增长率④，未来一段时期中国最终消费总额增长率仍将居世界前列；中国城乡居民已经进入更富裕的消费结构阶段，2022年全国居民家庭恩格尔系数已降至30%，其中，城镇居民恩格尔系数为29.4%，农村居民恩格尔系数为33.0%⑤，未来将持续下降；具有居民消费结构升级效应，即产品消费比重持续下降，服务（生活用品及服务、交通通信服务、教育文化娱乐旅游服务、医疗保健服务等）消费比重持续上升，并逐步超过产品消费比重；城镇居民仍具有商品房需求效

① 习近平：《高举中国特色社会主义伟大旗帜 为全面建设社会主义现代化国家而团结奋斗——在中国共产党第二十次全国代表大会上的报告》（2022年10月16日），中国政府网，https://www.gov.cn/xinwen/2022-10/25/content_5721685.htm。
② 王文涛：《加快建设贸易强国》，《人民日报》，2022年12月20日。
③ 《习近平主持召开中央财经委员会第五次会议》，人民网，2019年8月26日，http://jhsjk.people.cn/article/31318325。
④ 世界银行WDI数据库，https://data.worldbank.org/indicator/NE.CON.TOTL.CD?end=2021&locations=CN-OE&start=2000。
⑤ 国家统计局：《中国统计摘要2023》，北京，中国统计出版社，2023年，第56页。

应，不仅人均住宅建筑面积不断提高，而且城镇总人口规模还将进一步增加，我国城镇化率预计将从 2022 年的 65.2% 上升至 2035 年的 75.0% 以上，城镇总人口数从 2022 年的 9.21 亿人增至 11.0 亿人左右，比 2022 年增加 1.8 亿人左右，持续产生住宅消费需求；进入教育、文化、娱乐、体育、养老、育幼等服务的消费爆发增长期，将成为普遍服务最广、服务人口规模最大、增长速度最快的服务消费市场；形成更加开放、要素自由流动、充分竞争有序的国内统一市场，各类市场主体更加专业化、精细化、精准化、标准化、品牌化（包括地理商标）、数字化、电商化，消费更加便利，服务更加周到。

未来，我国经济发展方式将从生产供给主导型经济转向消费需求主导型经济，必须充分利用世界超大规模的国内消费市场优势，更好地满足 14 亿人口、5 亿户家庭日益增长的多样化与个性化的消费需求。

从未来发展趋势来看，消费增长率将略高于经济增长率，消费特别是居民消费将成为推动我国经济增长的主要动力。预计到 2035 年，我国最终消费支出占 GDP 的比重将从 54.3% 上升至 2/3，其中，居民消费率将从 39.4% 上升至近 1/2。[1]

居民消费支出预计由 2022 年的 44.8 万亿元上升至 2035 年的 100 万亿元以上（2022 年价格），比 2022 年翻一番以上，年均增速在 6% 左右，相当于从 10.7 万亿国际元上升至 23.9 万亿国际元，届时中国将形成世界最强大的国内购买力和世界最强大的进口品购买力，"人民获得感幸福感更加充实、更有保障、更可持续"[2]。

据此，笔者提出到 2035 年建设贸易强国发展目标的建议：

第一，中国市场向世界的开放程度从扩大开放到全面开放，对标高标准国际经贸投资规则，扩大制度型开放，持续进一步主动降低关税税率，如加

---

[1]　胡鞍钢，刘生龙：《中国实现现代化经济社会结构的展望》，《山东大学学报（哲学社会科学版）》2018 年第 2 期，第 1-8 页。

[2]　习近平：《决胜全面建成小康社会 夺取新时代中国特色社会主义伟大胜利——在中国共产党第十九次全国代表大会上的报告》（2017 年 10 月 18 日），中国政府网，https://www.gov.cn/zhuanti/2017-10/27/content_5234876.htm。

权平均适用税率从 3.8% 降至 1.8%（相当于欧盟水平）以下、简单平均适用税率从 8.5% 降至 2.4%（相当于欧盟水平）以下、工业产品最惠国简单平均税率从 11.0% 降至 4.1%（相当于欧盟水平）以下[①]；从出口导向战略转向进口导向战略，进而实现进出口贸易基本平衡，重点是积极扩大货物贸易进口规模[②]，力争早日超过美国成为世界最大货物贸易进口国[③]，获得世界最大买家战略优势、长期优势，与此同时使 14 亿多消费者的消费福祉最大化，更有效地利用全球各种资源为我所用、为我服务。

第二，从优先对最不发达国家实行 95% 以上进口商品零关税待遇，分步扩大到全部低收入国家（2022 年共计 26 个国家、7.03 亿人口[④]），进一步拓展到全部中低收入国家（除印度以外，2022 年为 53 个国家、17.73 亿人口），成为他们长期的主要贸易伙伴。可视为"一带一路"建设的升级版、扩展版，不断扩大我国对广大发展中国家的巨大影响。

第三，优化国际贸易布局，以"一带一路"建设为龙头，进一步拓展到全亚洲、非洲、欧洲、南美洲、大洋洲等，积极推动各种双边或多边自由贸易区，逐步扩大到主要贸易体。

第四，货物贸易结构不断优化升级，不断提高一般贸易比重[⑤]，以电子和

---

① 世界银行 WDI 数据库，https://data.worldbank.org.cn/indicator/TM.TAX.MRCH.WM.AR.ZS?end=2017&locations=CN-EU-US&start=2000。

② 习近平明确表示：激发进口潜力。中国将促进居民收入增加、消费能力增强，培育中高端消费新增长点，持续释放国内市场潜力，扩大进口空间；将进一步降低关税，提升通关便利化水平，削减进口环节制度性成本，加快跨境电子商务等新业态新模式发展。中国真诚向各国开放市场，中国国际进口博览会不仅要年年办下去，而且要办出水平、办出成效、越办越好。（《习近平出席首届中国国际进口博览会开幕式并发表主旨演讲》，人民网，2018 年 11 月 6 日，http://jhsjk.people.cn/article/30383510。）

③ 2022 年我国货物进口总额为 27 160 亿美元，相当于美国进口总额 33 762 亿美元的 80.4%，中国总人口比美国多出 11 亿以上，作为世界最大的经济体，具有极大的进口空间和潜力。

④ 世界银行 WDI 数据库，https://data.worldbank.org/indicator/SP.POP.TOTL?end=2022&locations=XM&start=2000。

⑤ 我国一般贸易占比在 2010 年突破 50%，到 2017 年已提高至 56.3%。国家统计局：《改革开放 40 年》，北京，中国统计出版社，2018 年，第 50 页。

信息技术为代表的高新技术产品、机电产品的出口占比不断提高①。2021 年内地的高技术产品出口额为 9423 亿美元，香港地区达到 4316 亿美元，两者合计 13 739 亿美元，相当于美国（1692 亿美元）的 8.12 倍②。因此，实现贸易强国的核心目标就是实现高技术产品贸易强国，更需要全面加强与香港地区的贸易合作，成为世界最大的高技术贸易中心。

第五，加速发展服务贸易③，服务贸易出口世界排名力争从 2022 年第四位（排在美国、英国、德国之后）进入世界前两位④；我国内地的服务贸易进口已经居世界第二位，2022 年达到 4576 亿美元，若加上香港的 630 亿美元，共计 5206 亿美元，相当于美国 6550 亿美元的 79.5%，未来时期我国服务进出口力争成为世界第一位，占世界比重达到 10% 以上，以技术、品牌、质量为核心的服务贸易比重持续提高。为此，我国需要建设更高水平的开放型经济新体制，构建与国际通行规则相衔接的制度体系和监管模式，提升对外开放平台功能，完善自由贸易试验区布局，尽快实现货物贸易"零关税"、服务贸易"既准入又准营"，全面提升国家级新区和开发区等内陆开放型经济试验区全面开放水平。按照《中华人民共和国国民经济和社会发展第十四个五年规划和 2035 年远景目标纲要》（以下简称《"十四五"规划》）的要求，实施自由贸易区提升战略，构建面向全球的高标准自由贸易区网络。⑤

---

① 2022 年我国高新技术产品占我国出口比重达到 26.5%。国家统计局:《中华人民共和国 2022 年国民经济和社会发展统计公报》，国家统计局网站，http://www.stats.gov.cn/sj/zxfb/202302/t20230228_1919011.html。

② 世界银行 WDI 数据库，https://data.worldbank.org/indicator/TX.VAL.TECH.CD?end=2022&locations=CN-US-HK&most_recent_value_desc=true&start=2000。

③ 《商务发展第十三个五年规划纲要》提出了到 2020 年服务贸易超过 1 万亿美元的目标。2022 年我国服务贸易总额为 59 801.9 亿元人民币，相当于 8891 亿美元。商务部网站，http://www.scio.gov.cn/xwfbh/xwbfbh/wqfbh/49421/49554/xgbd49561/Document/1735983/1735983.htm。

④ 2021 年我国内地的服务出口额为 3673 亿美元，仅相当于美国 8943 亿美元的 41.1%，加上香港的服务出口额总计为 4509 亿美元，也仅相当于美国的 50.4%。世界银行 WDI 数据库，https://data.worldbank.org/indicator/TX.VAL.SERV.CD.WT?end=2022&locations=CN-US-HK&most_recent_value_desc=true&start=2000。

⑤ 全国人大财政经济委员会，国家发展和改革委员会:《〈中华人民共和国国民经济和社会发展第十四个五年规划和 2035 年远景目标纲要〉释义》，北京，中国计划出版社，2021 年，第 82、361-362 页。

第六，打造最大规模、最为开放的世界级国内消费市场。按美元现价计算，2021 年中国的最终消费额为 9.81 万亿美元，占世界的 13.7%，仅相当于美国的 50%[①]；按 PPP 计算，中国最终消费额为 14.8 万亿国际元，仅相当于美国（19.3 万亿国际元）的 76.7%。特别指出的是，中国的最终消费率为 53.9%，明显低于美国的 82.6%[②]，未来中国具有巨大的发展潜力，实施积极扩大国内需求战略，特别是积极扩大居民消费，将更好地满足 14 亿人民、5 亿户家庭的美好生活需要，推动高质量发展、可持续发展。"中国有世界上规模最大、成长最快的中等收入群体[③]，消费增长潜力巨大。"[④]中国在打造世界国内贸易强国方面具有独特的规模优势和制度优势。2025 年之后中国将具有世界规模最大的高收入群体，消费需求还会持续增长，消费结构还会多样化，消费层次还会不断提高。

第七，坚持引进来和走出去并重，促进双向投资合作。争取早日成为世界最大的外商投资目的国和对外投资来源国，实现"中国投资"全球全覆盖。[⑤]

第八，统筹贸易发展和国家安全。国际贸易环境面临诸多不确定和不安全因素，主要是来自美国霸权主义的挑战，它对我国发动贸易战、高科技战等，为此要积极应对并充分利用国际贸易规则制定对策，确保我国的经贸利益，维护国家经济安全。

[①②] 世界银行 WDI 数据库，https://data.worldbank.org/indicator/NE.CON.TOTL.CD?locations=1W-CN-US&most_recent_value_desc=true&start=1984&view=chart。

[③] 世界银行集团 2024 财年按收入水平划分的国别分类：高收入国家或地区人均国民总收入（GNI）2022 年为大于 13 205 美元，2023 年为大于 13 845 美元。《世界银行国别分类》，世界银行网站，2023 年 7 月 18 日。

[④] 习近平：《齐心开创共建"一带一路"美好未来——在第二届"一带一路"国际合作高峰论坛开幕式上的主旨演讲》（2019 年 4 月 26 日），人民网，http://jhsjk.people.cn/article/31053291。

[⑤] 截至 2020 年年底，中国 2.8 万家境内投资者在国（境）外共设立对外直接投资企业 4.5 万家，分布在全球 189 个国家（地区）。年末境外企业资产总额 7.9 万亿美元。对外直接投资累计净额 25 806.6 亿美元。2020 年中国对外直接投资分别占全球当年流量、存量的 20.2% 和 6.6%，流量位列按全球国家（地区）排名的第一位，存量列第三位。商务部，国家统计局，国家外汇管理局：《2020 年度中国对外直接投资统计公报》，中国政府网，https://www.gov.cn/xinwen/2021-09/29/5639984/files/a3015be4dc1f45458513ab39691d37dd.pdf。

总之，中国正在加快构建新发展格局，必然要求以国内大循环为主体、国内国际双循环相互促进，一方面建成世界最大的国内货物与服务贸易市场，另一方面建成世界最大的国际贸物与服务贸易市场，两个超大规模市场相互促进、内外相互循环，形成巨国规模优势。到 2035 年，我国国内外贸易实力将大幅跃升，成为名副其实的世界贸易强国。

六、交通强国目标[①]

我国已经成为世界上拥有最大规模现代交通基础设施的国家。我国交通运输基础设施网络日趋完善，综合交通网络总里程突破 600 万千米，"十纵十横"综合运输大通道基本贯通，2022 年全国铁路营运里程达到 15.5 万千米，其中高速铁路运营里程达到 4.2 万千米，复线率为 59.6%，电化率为 73.8%，对百万人口以上城市覆盖率超过 95%；公路里程达到 535.5 万千米，高速公路运营里程达到 17.73 万千米[②]，对 20 万人口以上城市覆盖率超过 98%，民用运输机场覆盖 92% 左右的地级市，超大特大城市轨道交通加快成网，港珠澳大桥、北京大兴国际机场、上海洋山港自动化码头、京张高速铁路等超大型交通工程建成投运。[③] 2022 年全国交通固定资产投资额达到 3.85 万亿元，占 GDP 的 3.18%，约为 9189 亿国际元，拥有世界最大规模的交通基础设施，从投资角度支撑了扩大国内投资的需要，从长远角度加快了世界交通强国建设。

根据中共中央、国务院 2019 年 9 月印发的《交通强国建设纲要》，明确提出 2035 年总目标是"构建安全、便捷、高效、绿色、经济的现代化综合交通体系，打造一流设施、一流技术、一流管理、一流服务，建成人民满意、保障有力、世界前列的交通强国"[④]。

---

① 主要参阅：《中共中央 国务院印发〈交通强国建设纲要〉》，中国政府网，2019 年 9 月 19 日，http://www.scio.gov.cn/xwfbh/xwbfbh/wqfbh/39595/41829/index.htm。
② 国家统计局：《中国统计摘要 2023》，北京，中国统计出版社，2023 年，第 145 页。
③ 《国务院关于印发"十四五"现代综合交通运输体系发展规划的通知》，中国政府网，2022 年 1 月 18 日，https://www.gov.cn/zhengce/content/2022-01/18/content_5669049.htm。
④ 《中共中央 国务院印发〈交通强国建设纲要〉》，中国政府网，2019 年 9 月 19 日，https://www.gov.cn/zhengce/2019-09/19/content_5431432.htm。

所谓"人民满意"是交通强国建设的根本宗旨，强调坚持以人民为中心的发展思想，建设人民满意交通。"保障有力"是交通强国建设的基本定位，强调为国家重大战略实施、现代化经济体系构建和社会主义现代化强国建设提供有力支撑。"世界前列"是交通强国建设的必然要求，强调全面实现交通现代化，交通综合实力和国际竞争力位于前列。为此，分为两阶段目标[①]：

到 2035 年，基本建成交通强国。现代化综合交通体系基本形成，人民满意度明显提高，支撑国家现代化建设能力显著增强；拥有发达的快速网、完善的干线网、广泛的基础网，城乡区域交通协调发展达到新高度；基本形成"全国 123 出行交通圈"（都市区 1 小时通勤、城市群 2 小时通达、全国主要城市 3 小时覆盖）和"全球 123 快货物流圈"（国内 1 天送达、周边国家 2 天送达、全球主要城市 3 天送达），旅客联程运输便捷顺畅，货物多式联运高效经济；智能、平安、绿色、共享交通发展水平明显提高，城市交通拥堵基本缓解，无障碍出行服务体系基本完善；交通科技创新体系基本建成，交通关键装备先进安全，人才队伍精良，市场环境优良；基本实现交通治理体系和治理能力现代化；交通国际竞争力和影响力显著提升。

到 21 世纪中叶，全面建成人民满意、保障有力、世界先进水平的交通强国。基础设施规模质量、技术装备、科技创新能力、智能化与绿色化水平位居世界前列，交通安全水平、治理能力、文明程度、国际竞争力及影响力达到国际先进水平，全面服务和保障社会主义现代化强国建设，人民享有美好交通服务。

总之，未来 30 年，中国交通基础设施现代化将继续走在世界前列，为全面建成社会主义现代化强国、实现中华民族伟大复兴中国梦提供坚强支撑。

---

① 《中共中央 国务院印发〈交通强国建设纲要〉》，中国政府网，2019 年 9 月 19 日，
https://www.gov.cn/zhengce/2019-09/19/content_5431432.htm。

七、网络强国与数字中国目标

党的十八大以来，党中央高度重视发展数字经济，将其上升为国家战略。党的十八届五中全会提出，实施网络强国战略和国家大数据战略。党的十九大提出，推动互联网、大数据、人工智能和实体经济深度融合发展，支持基于互联网的各类创新。国家先后出台了《网络强国战略实施纲要》《数字经济发展战略纲要》，推动我国数字经济发展。

我国已经成为世界最大的数字社会，数字经济规模持续增长。我国建成了全球规模最大的固定宽带网络和 4G 网络，全国行政村通宽带已达到 98%，行政村通 4G 的比例达到 97%，全国光纤宽带用户占比达到 91%，4G 用户占比达到 75%。用户月均使用流动流量达到 7.2GB，为全球平均水平的 1.2 倍。2023 年，全国移动基站总数为 1162 万个，其中 4G 基站 629 万个，5G 基站 338 万个，100M 速率及以上的宽带接入用户 60 136 万户。[①] 根据中国信息通信研究院发布的《中国数字经济发展报告》，我国数字经济总量从 2002 年的 1.22 万亿元上升至 2022 年的 50.2 万亿元，按当年人民币对美元年平均汇率 7.07 计算，约合 7.10 万亿美元；2002—2022 年年均增速高达 20.4%，占 GDP 的比重从 10.30% 上升至 41.49%，提高了 31.19 个百分点（见表 4-5）。其中，2020 年我国数字经济核心产业[②]增加值占 GDP 的比重为 7.8%，2022 年数字经济规模达 50.2 万亿元，总量稳居世界第二，占 GDP 比重提升至 41.5%。[③]预计到 2025 年将达到 10%[④]，数字经济将成为中国经济增长最大的新动能。

[①] 国家统计局:《中华人民共和国 2023 年国民经济和社会发展统计公报》，2024 年 2 月 29 日。

[②] 数字经济核心产业包括：1."计算机、通讯和其他电子设备制造业"全部小类；2. 机电器材制造（含"电器机械和器材制造业"部分小类等）；3. 电子设备制造；4."电信、广播电视和卫星传输服务业"全部小类；5. 互联网服务（含"互联网和相关服务业"全部小类等);6."软件和信息技术服务业"全部小类；7. 文化数字内容服务（含"广播、电视、电影和录音制作业"全部小类等）。

[③] 新华社，《2022 年我国数字经济规模达 50.2 万亿元》。

[④] 全国人大财政经济委员会，国家发展和改革委员会:《〈中华人民共和国国民经济和社会发展第十四个五年规划和 2035 年远景目标纲要〉释义》，北京，中国计划出版社，2021 年，第 223-224 页。

表 4-5　中国数字经济及占 GDP 比重（2002—2022 年）

年份	数字经济总体规模（万亿元）	占 GDP 比重（%）
2002 年	1.22	10.30
2005 年	2.62	14.20
2008 年	4.81	15.20
2011 年	9.49	20.30
2014 年	16.16	26.10
2015 年	18.63	27.50
2016 年	22.58	30.30
2017 年	27.17	32.90
2018 年	31.32	34.80
2019 年	35.8	36.30
2020 年	39.2	38.68
2021 年	45.5	39.59
2022 年	50.2	41.49
2002—2022 年年均增速（%）及时期变化量（百分点）	20.4%	31.19 百分点

数据来源：中国信息通信研究院，2002—2022 年历年《中国数字经济发展与就业白皮书》。

注：2002—2022 年时期变化量为期末年减去基期年。

根据党的二十大提出的建设网络强国和数字中国的要求，2023 年 2 月中共中央、国务院印发《数字中国建设整体布局规划》，明确提出，到 2025 年，基本形成横向打通、纵向贯通、协调有力的一体化推进格局，数字中国建设取得重要进展。数字基础设施高效联通，数据资源规模和质量加快提升，数据要素价值有效释放，数字经济发展质量效益大幅增强，政务数字化智能化水平明显提升，数字文化建设跃上新台阶，数字社会精准化普惠化便捷化取得显著成效，数字生态文明建设取得积极进展，数字技术创新实现重大突破，应用创新全球领先，数字安全保障能力全面提升，数字治理体系更加完善，数字领域国际合作打开新局面。到 2035 年，数字化发展水平进入世界前列，数字中国建设取得重大成就。数字中国建设体系化布局更加科学完备，经济、政治、文化、社会、生态文明建设各领域数字化发展更加协调充分，有力支撑全面建设社会主义现代化国家。[①] 这标志着中国在 21 世纪数字革命时代，成为创新者、引领者、受益者，并通过对外开放、"一带一路"等方式助推发展中国家数字基础设施建设，实现跨越式发展，进而实现数字时代的共赢主义！

---

① 《中共中央 国务院印发〈数字中国建设整体布局规划〉》，中国政府网，2023 年 2 月 27 日，https://www.gov.cn/zhengce/2023-02/27/content_5743484.htm。

第五章

社会强国目标

超过美国，不仅有可能，而且完全有必要，完全应该。如果不是这样，那我们中华民族就对不起全世界各族，我们对人类的贡献就不大。[①]

——毛泽东

实现中华民族伟大复兴的中国梦，就是要实现国家富强、民族振兴、人民幸福。[②]

——习近平

全面建设小康社会和中国特色社会主义现代化强国的进程，就是要全面建设和谐的社会主义现代化强国。所谓和谐，就是全面构建社会主义和谐社会，全面建设覆盖全体人口的高水平的公共服务体系。人力资源是我国最重要的资源，我国社会主义现代化的核心是全体人民的现代化，而全体人民人力资本水平的不断提高，特别是人类发展水平的不断提高，是全体人民现代化程度的重要体现。

[①] 毛泽东：《增强党的团结，继承党的传统》(1956 年 8 月 30 日)，《毛泽东文集》第七卷，北京，人民出版社，1999 年。

[②] 《习近平在第十二届全国人民代表大会第一次会议上的讲话》(2013 年 3 月 17 日)，中国共产党新闻网，https://cpc.people.com.cn/n/2013/0318/c64094-20819130.html。

一、人口劳动力发展趋势

从人口发展趋势来看，我国总人口已进入低增长阶段，2021 年我国总人口达到高峰 14.12 亿，人口自然增长率仅为 0.34‰，进入人口零增长阶段，占世界总人口的比重从 2000 年的 20.65% 下降至 2021 年的 18.0%。[①]2023 年，印度总人口超过中国，中国退居世界第二，总人口将缓慢下降。

未来中国面临三大人口挑战，第一大挑战是劳动年龄人口持续下降，劳动力老化程度加重。2021 年我国 15 ~ 64 岁劳动年龄人口占总人口的比重为 68.3%，2035 年预计下降至 63.6%（见表 5-1），劳动年龄人口将从 96 481 万人下降至 2035 年的 94 837 万人。实际全国就业人员已经从 2014 年的高峰 76 349 万人逐渐下降至 2022 年的 73 351 万人，整体减少了 2998 万人，其中农村就业人数减少了 9226 万人，第一产业就业人数减少了 4709 万人[②]。未来总就业人数还会持续缓慢减少，随着农业机械化持续提高，第一产业就业人数继续呈减少趋势，农业劳动生产率会持续提高。从人口结构上看，劳动力有效供给约束凸显，人口红利持续下降，在同步提高男女退休年龄且趋同的情景下，我国女性（15 ~ 64 岁）仍将保持世界上较高的就业参与率（2019 年我国女性的就业参与率高达 69%，高于 OECD 成员国的 65%，大大高于 53% 的世界平均水平[③]）。我国通过实施男女平等社会政策，释放性别红利[④]、创新红利、人力资源红利、人才红利，来抵消人口红利持续减弱的效应。

我国仍保持世界较高的劳动参与率。根据全球增长模型预测，尽管我国劳动年龄人口比重下降，但是未来我国总人口就业率仍将保持在 56% 以上（见表 5-1），明显高于世界平均就业率（2018 年为 45.5%），就业率不仅没有发生

---

① 数据来源：世界银行 WDI 数据库，https://data.worldbank.org/indicator/SP.POP.TOTL? locations=CN-1W。
② 国家统计局：《中国统计摘要 2023》，北京，中国统计出版社，2023 年，第 41 页。
③ 数据来源：世界银行 WDI 数据库，https://data.worldbank.org/indicator/SL.TLF.ACTI. FE.ZS?locations=CN-1W-OE。
④ 性别红利是有关于利用女性的技能和潜能来保障有更好的经济、生产力更旺盛的社会以及更幸福的人们。在中国突出表现为女性教育参与率高、就业参与率高。

下降，反而略微有所上升。主要原因：一是我国老年人口仍然保持着较高的劳动参与率。根据 2015 年第四次全国 60 岁及以上老年人口 1% 抽样调查数据，我国 60 岁及以上老年人口劳动参与率为 34.7%，其中城镇户口老年人口劳动参与率为 19.3%，农村户口老年人口劳动参与率高达 41.4%。二是我国女性人口保持较高的劳动参与率，今后如果实行男女同龄退休制度安排，还会进一步提高女性的劳动参与率。三是人口预期寿命不断提高，预计到 2030 年将达到 79 ～ 80 岁，特别是女性将从 81 岁提高至 82 岁以上，与此同时，通过实施渐进式延迟法定退休年龄和实行自愿的灵活性退休，中国仍可保持世界上较高的总人口就业率。预计中国总就业人数规模在 7.0 亿左右，仍是世界上就业人数最多的国家，因为印度的总人口劳动参与率仅为 37.8%（2018 年）。此外，中国已经形成更加灵活多样化的劳动力市场，有助于劳动力从农业向非农业转移，从农村向城市转移，从低劳动生产率部门向高劳动生产率部门转移，从非熟练、非专业劳动者向较熟练、专业劳动者转移，进而不断提高劳动生产率与劳动报酬水平。

表 5-1　我国人口年龄结构与总人口就业率（2020—2035 年）

单位：%

指标	2020 年	2025 年	2030 年	2035 年
0 ～ 14 岁人口比重	17.9	16.8	15.5	13.9
15 ～ 64 岁人口比重	68.6	67.3	65.8	63.6
65 岁及以上人口比重	13.5	15.9	18.7	22.5
总人口就业率	53.2	—	56.91	56.92

数据来源：（1）2020 年数据来自国家统计局：《中国统计摘要 2022》，第 20、40 页；（2）2025—2035 年数据为于淼博士估算。

第二大挑战是我国已进入严重少子化阶段，少儿人口比重呈下降趋势。2022 年我国 0 ～ 14 岁少儿人口比重为 16.9%。少儿人口总数不断下降，今后这一比重还将有所下降，这有助于从学前到中等教育在校生人均学生教育经费支出的增长，有利于提高教育质量，但也直接影响劳动年龄人口的长期供给。为此，需要继续优化和调整生育政策，各方创造条件鼓励生育，探索全面放开生育政策试点工作。"十四五"时期，国家已经作出了进一步优化生育政策，2021 年 6 月中共中央、国务院作出了《关于优化生育政策促进人口长期均衡发展的决定》[①]，实施一对夫妻可以生育三个子女的政策。但实施效果不佳，妇女总和生育率从 2017 年的 1.8 降至 2022 年的 1.2[②]。

第三大挑战是我国已进入中度老龄化阶段，老年人口基数大，增长速度快，确保"老有所养"成为重大挑战。全国 65 岁及以上人口将从 2022 年的 2.10 亿人增加至 2035 年的 2.49 亿人，占总人口的比重将从 14.9% 上升至 17.3%；全国 60 岁及以上老年人口将从 2022 年的 2.8 亿人增加到 2035 年的 4.0 亿人左右，占总人口的比重将从 19.8% 提升到 30% 左右；80 岁及以上高龄老年人口将从 3600 万人增加到 7200 万人左右，几乎翻一番；独居和空巢老年人将增加到 1.18 亿人左右，在老年人口中占比近 30%；用于老年人的社会保障支出将持续增长；农村实际居住人口的老龄化程度可能进一步加深[③]。这对社会保障支出将造成持续的巨大压力，对老龄人口的健康养老社会服务形成巨大需求，基于此，需要实施积极应对老龄化战略，构建老龄友好型社会，推动老龄事业全面协调可持续发展，健全城乡养老体系，大力发展养老服务产业，这些举措将有助于大力发展各种类型的健康养老公共服务体系和产业市场体系。

二、教育强国目标

习近平在全国教育大会上指出，党的十九大从新时代坚持和发展中国特色社会主义的战略高度，作出了优先发展教育事业、加快教育现代化、建设

---

① 《中共中央 国务院关于优化生育政策促进人口长期均衡发展的决定》，中国政府网，2017 年 7 月 20 日。http://www.gov.cn/zhengce/2021-07/20/content_5626190.htm。

② 数据来源：世界银行 WDI 数据库，https://data.worldbank.org.cn/indicator/SP.DYN.TFRT.IN?end=2022&locations=CN&most_recent_value_desc=true&start=2007。

③ 《国务院印发〈"十三五"国家老龄事业发展和养老体系建设规划〉》，民政部网站，2017 年 3 月 6 日，https://www.mca.gov.cn/n152/n162/c82863/content.html。

教育强国的重大部署。教育是民族振兴、社会进步的重要基石，是功在当代、利在千秋的德政工程，对提高人民综合素质、促进人的全面发展、增强中华民族创新创造活力、实现中华民族伟大复兴具有决定性意义。教育是国之大计、党之大计。[①] 为此，教育部提出把"两个大计"转化为历史自觉和责任担当，加快建设教育强国，不断培养一代又一代社会主义建设者和接班人。[②]

百年大计，教育为本。强国必先强教。党的十九大报告明确提出"建设教育强国是中华民族伟大复兴的基础工程"[③]。对实现全面建设小康社会奋斗目标、建设富强民主文明和谐美丽的社会主义现代化强国具有决定性意义。这为全面建设教育强国给出了清晰的发展定位。

《中国教育现代化2035》明确提出："到2035年，总体实现教育现代化，迈入教育强国行列，推动我国成为学习大国、人力资源强国和人才强国，为到本世纪中叶建成富强民主文明和谐美丽的社会主义现代化强国奠定坚实基础。2035年主要发展目标是：建成服务全民终身学习的现代教育体系、普及有质量的学前教育、实现优质均衡的义务教育、全面普及高中阶段教育、职业教育服务能力显著提升、高等教育竞争力明显提升、残疾儿童少年享有适合的教育、形成全社会共同参与的教育治理新格局。"[④] 这是中国第一个以教育现代化为主题的中长期战略规划。

党的二十大报告再次提出，到2035年建成教育强国的目标。[⑤] 具体来看，就是要实现普及与公平、水平与质量、条件与保障、服务与贡献、国际化与信息化等五个维度的基本现代化，支撑和引领全面现代化（见表5-2）。

---

① 习近平：《在全国教育大会上的讲话》，新华社，2018年9月10日北京电。
② 陈宝生：《国之大计 党之大计——新中国教育事业的历史成就与现实使命》，《人民日报》，2019年9月10日，第13版。
③ 习近平：《决胜全面建成小康社会 夺取新时代中国特色社会主义伟大胜利——在中国共产党第十九次全国代表大会上的报告》（2017年10月18日），中国政府网，https://www.gov.cn/zhuanti/2017-10/27/content_5234876.htm。
④ 《中共中央、国务院印发〈中国教育现代化2035〉》，中国政府网，2019年2月23日，www.gov.cn/zhengce/2019-02/23/content_5367987.htm。
⑤ 习近平：《高举中国特色社会主义伟大旗帜 为全面建设社会主义现代化国家而团结奋斗——在中国共产党第二十次全国代表大会上的报告》（2022年10月16日），中国政府网，https://www.gov.cn/xinwen/2022-10/25/content_5721685.htm。

表 5-2　中国教育现代化指标发展趋势（2015—2035 年）

类别	指标	2015 年	2022 年	2025 年	2030 年	2035 年
普及与公平（4个）	学前教育毛入园率（%）	80	91.1（2023年）	94	>96	>98
	九年义务教育巩固率（%）	93	95.7（2023年）		97	
	高中阶段毛入学率（%）	87c	91.8（2023年）	94		>98
	高等教育毛入学率（%）	40	60.2（2023年）	64	>70	>75
水平与质量（8个）	劳动年龄人口平均受教育年限（年）	12.5	13.8		15.2	
	新增劳动力平均受教育年限（年）	13.3	14.0		15.5	
	人才资源总量（亿人）	1.56	1.80		2.70	
	继续教育参与率（%）	42	50		>60	
	世界前 500 名大学数（中国大陆）	20	28			
	高校发明专利申请授权量（万件）	2.5	4			
	高校发表国际科技论文（万篇）	177	250			
	人力资本对经济增长的贡献率（%）		（8）			
条件与保障（2个）	全社会教育总经费与GDP之比（%）	5.8	4.8		>7.0	
	财政性教育经费占GDP比重（%）		3.3		>5.0	
服务与贡献（4个）	普通本专科毕业生（万人）	681	967	1120		
	研究生毕业生（万人）	55	96	100		
	"一流"大学		147			
	"一流"学科		331			

续表

类别	指标	2015 年	2022 年	2025 年	2030 年	2035 年
信息化 （2个）	信息化校园比例（%）			99		
	数字化教学比例（%）				>90	
国际化 （2个）	出国留学人员（万人）					
	学成回国人员（万人）				50	

注：（1）此表参照《国家教育改革和发展中长期规划纲要（2008—2020 年）》（2010 年 5 月 5 日）、《国家中长期人才发展规划纲要（2010—2020 年）》（2010 年 6 月 6 日）、《中国教育现代化 2035》（2019 年 2 月）制作；（2）新增劳动力平均受教育年限是《国家中长期教育改革和发展规划纲要（2010—2020 年）》中使用的指标，是一个已经获得政治共识的指标；（3）人才类别按专业技术、党政、国有企业经营管理、技能、农村实用"五支队伍"计算；（4）人力资本实际上是一个比教育更大的概念，但在这里，笔者将人力资本和教育视为两个可以互换的概念。

一是全面建成人力资源强国。实现更高水平的普及教育，首先是普及学前教育，2023 年我国学前教育毛入园率已达到 91.1%[1]，其中，普惠性幼儿园占全国在园幼儿的比例高达 90.81%[2]，**超过高收入国家平均水平**[3]，大幅度超过美国[4]。

其次是实现高水平 12 年义务教育，2023 年中共中央办公厅、国务院办公厅印发了《关于构建优质均衡的基本公共教育服务体系的意见》，明确提出："到 2027 年，优质均衡的基本公共教育服务体系初步建立，供给总量进一步扩大，供给结构进一步优化，均等化水平明显提高。到 2035 年，义务教育学校办学条件、师资队伍、经费投入、治理体系适应教育强国需要，市（地、州、盟）域义务教育均衡发展水平显著提升，绝大多数县（市、区、旗）域义务教育实

---

[1] 根据《国家中长期教育改革和发展规划纲要（2010—2020 年）》（2010 年 7 月 29 日），2020 年学前教育毛入园率规划值为 85%。

[2] 教育部召开新闻发布会介绍 2023 年全国教育事业发展基本情况，2024 年 3 月 1 日，www.moe.gov.cn/fbh/live/2024/55831/twwd/202403/t202403_1117649.html。

[3] 高收入国家的平均水平是 85%。数据来源：UNESCO Institute for Statistics, Global Education Database。

[4] 根据联合国教科文组织的数据，美国 2010 年学前毛入学率为 69%，中国 2011 年为 62.3%，美国近二十年来，一直维持在这个水平。

现优质均衡,适龄学生享有公平优质的基本公共教育服务,总体水平步入世界前列。"[1] 实际上,2023 年几年义务教育巩固率达到了 95.7%,已接近《中国教育现代化 2035》提出的 2035 年目标(为 97%)。

再次是继续全面普及高中阶段教育,我国高中阶段毛入学率从 2022 年 91.6% 提高至 2035 年的 100%,进入世界先进水平行列。目前我国已经具备逐步实现 12 年义务教育的经济实力、财政实力、人力(主要指教师)资源,到 2035 年能够基本实现这一教育现代化核心目标。

最后,加速高等教育普及化水平,我国高等教育毛入学率从 1990 年的 3.4% 提高到 2002 年的 15.0%,再到 2019 年 51.6% 的普及化阶段,2023 年已达到 60.2%,提前完成《"十四五"规划》目标,各种形式的高等教育在学总规模高达 4763.19 万人,相当于 2022 年西班牙的人口规模(4777.8 万人)。到 2035 年这一指标预计上升至 80% 左右,不断缩小与高收入国家平均水平(2020 年为 80%[2])的差距。全国具有高等教育文化程度的人数预计从 2020 年的 2.18 亿人上升至 2035 年的 4 亿人以上,新增劳动力平均受教育年限预计从 14.5 年(2021 年)增至 16 年以上,接近 2021 年世界极高人类发展国家的 16.5 年[3]。这是 2035 年中国达到中等发达国家教育与人力资本水平最重要的标志。

教育的国际化程度大幅度提高,国际影响力大大增强,我国将**成为教育服务输出的盈余国**。实现来华留学生数大幅度增长,出国留学人员归国率大幅度提高。广泛全面开展多层次、多渠道的高等教育等国际交流合作。

二是全面建成惠及全民的教育公平社会。保障人民共同享有接受良好教育的机会,办人民共同满意的教育。建成覆盖城乡的基本公共教育服务体系,实现基本公共教育服务均等化,缩小区域差距、城乡差距和不同群体之间的

---

① 《中共中央办公厅 国务院办公厅印发〈关于构建优质均衡的基本公共教育服务体系的意见〉》,中国政府网,2023 年 6 月 13 日,https://www.gov.cn/zhengce/202306/content_6886116.htm。

② 联合国教科文组织数据,世界银行 WDI 数据库,https://data.worldbank.org.cn/indicator/SE.TER.ENRR?locations=CN-OE-XD。

③ 联合国计划开发署:《人类发展报告 2021/2022》,第 275 页。

差距。农村户籍人口教育免学费年限达到 12 年，随迁子女平等接受义务教育的比例超过 90%。推进教育资源均衡分配，促进义务教育均衡发展，义务教育发展基本均衡县达标率达到 95%，城乡生均教育经费比显著降低，消除教育贫困，根本扫除文盲，成人文盲率接近零。

三是全面建成终身学习型社会。 建成人人学习、时时学习、终身学习的学习型社会，促进全体人民学有所教、学有所成、学有所用。普遍树立起终身学习的观念，普遍享有终身学习的机会，广泛形成终身学习的社会风气。

学历教育和非学历教育协调发展，职业教育和普通教育相互沟通，加快中等职业教育发展，实现中等职业教育和普通高中教育大体相当，职前教育和职后教育有效衔接。从业人员继续教育参与率达到 50% 以上，提高农村劳动力转移培训和农民工培训人次数。

建成终身学习制度体系。现代国民教育体系更加完善，终身教育体系基本形成。构建学习型机关、学习型企业、学习型社区和学习型乡镇。完善职业资格认证体系，完善继续教育评价体系。

四是全面发挥教育红利。 教育对经济社会长期可持续发展的溢出效应更为显著，支撑作用更为强化，引领作用更为突出。以教育率先基本现代化引领全面现代化。

教育的人才红利更为显著，为中国特色的社会主义现代化源源不断地输送各行各业的优秀人才，培养和造就一大批拔尖创新人才和数以亿计的专门人才和高素质劳动者，人才资源总量达到 3 亿人，居世界领先水平，高等教育毕业生实现充分就业，为中国建成人才强国作出重要的贡献。

教育的创新红利更为显著，高校研发能力显著增强。建设若干所世界一流大学和一批国际知名的高水平大学，高校科技创新和哲学社会科学研究能力显著增强，高校国内发明专利授予量、PCT 专利授权量大幅增长，高校国际科学论文收录数翻一番，为中国建成创新型国家特别是基础科学作出重大贡献。

教育的经济红利更为显著，为中国经济增长提供人力资源保障，人力资本对经济增长的贡献率进一步上升，达到 8%。[①] 推动经济发展方式转变，促使劳动力从低劳动生产率的部门（农业、低附加值产业）向高劳动生产率的部门（非农产业、中高附加值产业）转移。教育服务业及相关产业增加值占GDP 比重不断提高，成为最大的知识服务业。

五是全面建成充满活力的现代化教育体系。全面深化教育体制改革，全面建成与社会主义市场经济体制和全面建成小康社会目标相适应的充满活力、富有效率、更加开放、更加公平的教育体制机制，办出具有中国特色、世界水平、人民满意的现代教育。

构建政府主导、多元主体共同参与、公共财政保障、多种渠道筹措资金、面向基层、上下联动的可持续的教育基本公共服务供给机制，强化和健全基层的基本教育公共服务体系。

保证教育优先，加大全社会教育投入。以财政教育投入保障教育事业发展，将教育投入占 GDP 比重从 2022 年的 3.3% 提高至 2035 年的 5.0% 以上；鼓励多种渠道筹集教育经费。将国家财政性教育经费支出占 GDP 比重从 2022 年的 3.3% 提高至 2030 年的 5.0%；教育总经费与 GDP 之比从 2022 年的 4.8% 提高至 2035 年的 7.0%。最重要的是不断优化教育投入结构，提高教育投入产出效率。

改革创新完善现代国民教育体系。创新人才培养模式，教学内容、招生制度、质量评价改革和制度建设取得突破。教育质量全面提高，各级各类教育质量显著提高，教育思想先进，教师素质全面提高，学生综合素质显著增强。各级各类学校的办学条件均达到国家规定标准，基本普及信息基础设施，教育信息化水平显著提高，信息化配备水平显著提高。

大力支持中国大学进入世界一流大学和学科（以下简称"双一流"）行列。

---

① 探究 2001—2020 年中国经济增长的来源可以发现，中国经济增长模式正在经历一个重大转变，即由同时依赖劳动力数量和质量型转向主要依靠劳动力质量型。未来 10 年，教育对于经济增长的直接贡献大体保持在 8%，而劳动力总量还将继续缓慢下降，劳动力数量增长对于经济增长的贡献则下降到 4% 以下，经济增长更有助于提高劳动者素质和技能。

根据 QS 世界 500 强榜单，中国进入世界 500 强大学的数量已从 2011 年的 16 所增至 2022 年的 28 所，居世界第四位，排在美国（83 所）、英国（46 所）、德国（29 所）之后，到 2035 年中国的"双一流"建设将取得重大进展，将进入世界前列，与美国、英国形成"三足鼎立"新格局，其中进入世界 100 强大学的数量明显增加。

推进素质教育，办人民满意的教育。将素质教育作为推进教育改革的突破口和关键环节，在教育管理体制、办学体制、教育内容、教育方法、考试评价制度改革上取得重要进展。学生思想道德素质、学业成就水平、科学文化素质、体质健康水平明显提高。人民接受高质量教育的需求得到更大满足。

教育现代化就是要推动我国教育质量、教育结构、教育公平、教育开放进入新发展阶段，极大促进教育治理体系和教育治理能力现代化，促进教育资本中的研发资本、人力资本、物质资本等各类资本向人才、文化、科技创新不断转化，为到 2035 年基本实现社会主义现代化、到 2050 年全面建成社会主义现代化强国，奠定教育基础、人才基础、科技基础和文化基础。为此，建设教育强国的战略取向就是要用新发展理念引领教育现代化，全面贯彻"以人民为中心""以受教育者为中心"的思想，加快建立现代化教育体系。

推进创新驱动发展与提高教育质量双向促进。通过教育领域创新发展，提高教育教学质量；通过改善教育质量，实现创新驱动发展转型。推进教育领域创新驱动发展战略，改革教育发展体制机制，激发教育活力和创造力，全面提高教育质量。通过创新教育制度，创新育人方式，构建教育质量保障体系，积极发展"互联网＋教育"，完善教育投入保障机制，推进创新人才培养，推动"双一流"建设再上新台阶。"创新的事业呼唤创新的人才"，更高质量的教育将增强学生就业创业能力，为经济社会发展提供更高水平的创新人才与创新科技，推动全民创业、万众创新，促进科技创新成果转化，为提升国家科技创新能力和建设人才强国作出积极贡献。其中，教育投入稳步增长为提高教育质量奠定了财力保障。根据国家财政投入趋势，"十四五"时期（2021—2025 年）GDP 年均增速可能低于 5.5%（实际可能低于 5.5%），国家财政性教育经费支出占 GDP 比例高于 4%；教育经费支出逐年增加，在校生人均教育经费逐年增加。

协调推进结构调整，全面释放教育红利。教育改革要以结构性改革作为发展主线，以经济社会发展和人民群众需求作为调整方向，以教育发展不平衡不充分为主要矛盾，实现教育整体进步，提高教育对经济社会持续健康发展的积极贡献。一是优化教育结构调整和要素配置，提高教育体系的供给效率；二是改革教育供给方式，鼓励民办教育发展，加快发展现代职业教育，培养经济社会发展急需人才，服务国家重大战略和产业发展；三是实现更高水平的普及教育，进一步提高新增劳动力平均受教育年限，为我国的劳动力市场注入巨大教育红利。

营造良好育人生态，初步建成全民终身学习社会。构建世界上最大的全民学习、终身学习、灵活学习的学习型社会，这是十分宏大的战略目标，它旨在全面开发、充分利用世界上规模最大、最丰富、最宝贵的人力资源，把沉重的人口包袱和负担转化为丰富的人力资源优势和竞争力，全面扩大全体人民的学习机会，全面投资全体人民的人力资本，全面提高全体人民的学习能力，全面建设全民终身学习社会。中国将发展成为世界上最具发展潜力和拥有最大规模继续教育和培训市场的国家。建立政府、学校、社会、家庭全面参与的协同育人工作机制，促使社会各界形成合力，共同建设良好的全社会育人环境，大力发展高等教育和继续教育，建设覆盖全生命周期的教育服务体系。高等教育毛入学率不断提高，从业人员继续教育不断加强，共建全民终身学习社会，使全体人民终身受益。

加快教育对外开放，加快提高我国教育实力与教育影响力。我国的综合国力与国家软实力、国际影响力严重不匹配，国家软实力与国际影响力长期以来居于劣势，迫切需要通过多种有效途径提升国际地位。教育要主动承担起时代赋予的责任，为提升国家软实力和国际影响力作出积极贡献。促进教育双向交流，在提升我国教育实力和国际影响力方面发挥越来越重要的作用。

全面提升共享水平，促进教育成果更好惠及全民。共享是中国特色社会主义的本质要求，教育公平是实现公平共享发展的基本要求，是实现人民平等享有发展机会的制度基础，是实现共享发展的先导。全面提升教育共享水平是教育现代化的重中之重，要把促进教育公平作为提高教育质量的重要内容，缩小教育在城乡之间、不同地区之间、不同群体之间的水平差异，大补短板，尤其是短板之短板，加大中西部等欠发达地区教育资源投入；补齐农村教育短板，实施乡村教师支持计划，推进义务教育城乡一体化发展；健全随迁子女、留守儿童的教育服务体系；大力发展特殊教育。实现从低水平均衡向更高水平均衡过渡，基本公共教育服务均等化水平明显改善。全面推进教育精准扶贫，实施教育脱贫攻坚行动，保障经济困难群体平等享有教育权利，从孩童时期阻断贫困代际传递。为全面建成小康社会发挥关键支撑作用，以教育成果更好惠及全民，促进朝着共同富裕方向稳步前进。

总之，建设教育强国就是实现教育现代化的过程。**教育现代化就是人民现代化**，就是现代教育要素在全体人民身上不断发展、不断满足、不断平衡、不断加强的过程。优先建设教育强国将有力推动社会全面进步，实现全体人民的人力资本水平、发展能力、发展成就共同提高，实现人的全面发展，促进全体人民共同富裕。

三、健康中国目标

健康是人的生命之所系，也是人的全面发展的基础，还是全体人民最大的财富。党的十八大报告提出"健康是促进人的全面发展的必然要求"，"要坚持为人民健康服务的方向"。[1]党的十八届五中全会首次提出"推进健康中国建设"[2]，将"健康中国"纳入国家战略，写入《"十三五"规划》，成为全面建成小康社会的重要标志，也成为促进人民健康、健康促进发展的行动纲领。

---

[1]　胡锦涛：《坚定不移沿着中国特色社会主义道路前进 为全面建成小康社会而奋斗——在中国共产党第十八次全国代表大会上的报告》（2012 年 11 月 8 日），共产党员网，https://www.12371.cn/2012/11/17/ARTI1353154601465336_all.shtml.

[2]　《中共中央关于制定国民经济和社会发展第十三个五年规划的建议》（2015 年 10 月 29 日中国共产党第十八届中央委员会第五次全体会议通过）。

　　健康是人类发展大势所趋，与政治、经济、文化、社会等各领域发展的关系日益密切。进入 21 世纪，联合国等国际组织先后制定了"千年发展目标（MDGs）""2015 年后发展议程目标"①，都将提升健康水平作为核心目标和主要指标。2016 年，世界卫生组织（WHO）在上海专门召开全球健康促进大会，会议主题为"可持续发展中的健康促进"。美国②、欧盟③、日本④ 等发达国家都把促进健康作为国家战略，把健康投资视为战略性人力资本投资，大幅度增加健康科技投入，支持开展健康领域前沿性科学研究。因此要以世界眼光，顺应人类发展大趋势，主动作为，把建设健康中国作为面向现代化、面向未来、面向世界的重大国家战略。

　　迈向 2035 年的中国，是全体人民追求健康发展的时代，是由关心收入增长向关心自身健康转变的时期，他们最需要的是健康与幸福，健康的内涵就是幸福，幸福的标志就是健康。大健康就是为了适应时代发展、人的需求，提出的一种全局概念。**全面建设健康中国，主要是以人的健康为中心，旨在提高生命长度和生活质量，建设围绕人的生老病死全生命周期、衣食住行全服务过程、城乡地区全人口覆盖的大健康体系。**这种健康包括身体健康、精神健康、环境健康等多方面。这里需要政府、社会与家庭、个人的综合努力，从而实现全社会共同建设健康中国的局面和氛围。

　　健康中国通过倡导一种现代的健康生活方式，不仅是"治病"，更是"治未病"；降低亚健康、提高身体素质、减少痛苦，做好健康保障、健康管理、健康服务；帮助人们从透支健康、治疗为主的生活方式转向呵护健康、人人健身、预防为主的健康生活方式。

　　健康中国的核心要义就是以人民为中心，本质上就是改善人民健康状况，实现人口健康全覆盖，即人的生命发展全周期、全过程、全覆盖，这是健康

---

① 包括 17 个可持续发展目标（SDGs）和 169 个具体目标。
② 从 1979 年起，美国每十年制定一个国家健康战略——"健康人民"。
③ 2003 年，欧盟制定了《欧洲环境与健康战略》。
④ 2014 年 7 月，日本政府公布了《健康医疗战略》，提出在 2020 年前将国民的"健康寿命"延长 1 岁以上。

服务"三个全"。其基本目标是针对人民群众最关心的健康问题和影响健康的危险因素，积极采取经济有效的干预措施和适当的卫生策略，努力提高全民健康水平；其长远目标是要构建全民健康社会和全民健身社会。这就要求立足于每个人的全面健康，以倡导健身、促进健康、提高生命质量为核心目标，以健康社会文化为纽带，完善健康保障体系，倡导健康生活方式，发展健康服务业，开展健康风险管理。

健康中国建设包含四个层次：健康家庭（个人）、健康社区（学校、企事业等）、健康城市（农村）、健康国家。"健康中国"建设包括三个主体，即政府主导建设"健康中国"、社会倡导建设"健康社区"、人民共同建设"健康之家"，形成覆盖全体人民的健康服务体系，各主体扮演不同角色，相互补充，形成合力，从而实现全体人民的健康水平不断提高，**使我国主要健康指标达到世界极高人类发展组水平，实现"人人健康、全民健康；人人幸福，全民幸福"。**

健康是最重要的人力资本、最关键的发展能力、最根本的福祉。因此在社会主义现代化"五位一体"的总体布局中，健康应优先发展、超前发展、全面发展，在2030年基本实现健康中国。它既是发展的目标，又是发展的能力，还是发展的手段。

2016年党中央和国务院印发《"健康中国2030"规划纲要》（以下简称《纲要》），明确提出了建设"健康中国"战略目标：到2020年，建立覆盖城乡居民的中国特色基本医疗卫生制度，健康素养水平持续提高，健康服务体系完善高效，人人享有基本医疗卫生服务和基本体育健身服务，基本形成内涵丰富、结构合理的健康产业体系，主要健康指标居于中高收入国家前列。到2030年，促进全民健康的制度体系更加完善，健康领域发展更加协调，健康生活方式得到普及，健康服务质量和健康保障水平不断提高，健康产业繁荣发展，基本实现健康公平，主要健康指标进入高收入国家行列。到2050年，建成与社会主义现代化国家相适应的健康国家。

具体来看，到2020年，我国主要健康指标实际上已经进入高人类发展组国家前列。基本建立覆盖城乡居民的基本医疗卫生制度，健康服务体系完善高效，促进健康发展、改善生命质量的健康产业基本形成，人人关爱健康的社会风尚和文化氛围得到大力弘扬，居民健康素养明显提高，基本建成全民健康社会和全民健身社会，基本建成健康中国。2020 年已经基本实现《纲要》确定的目标与主要指标（见表 5-3）。

2020 年全国人均预期寿命达到了 77.93 岁，高于预期目标的 77.3 岁，比 2015 年提高了 1.59 岁，相当于全国 14.12 亿人增加了 22.45 亿人岁；婴儿死亡率降至 5.4‰，低于 7.5‰ 的预期目标；5 岁以下儿童死亡率降至 7.5‰，低于 9.5‰ 的预期目标；孕产妇死亡率降至 16.9/10 万，低于 18.0/10 万的预期目标。这标志着我国实现了《纲要》提出的 2020 年健康中国的重要目标和量化指标。从国际比较来看，中国主要健康指标已经高于高人类发展水平国家的平均水平。预计到 2030 年能够如期实现健康中国建设的主要健康指标，其中人均预期寿命在 2025 年前后将达到 79 岁，达到或超过极高人类发展组水平（78.5 岁）。

表 5-3　健康中国建设主要指标（2015—2030 年）

指标	2015 年	2020 年	2025 年	2030 年	高人类发展组	极高人类发展组
人口平均预期寿命（岁）	（76.34）	77.3（77.93）	78.5（79.0）	79.0	74.7（2021 年）	78.5（2021 年）
婴儿死亡率（‰）	（8.1）	7.5（5.4）	6.1	5	13（2021 年）	5（2021 年）
5 岁以下儿童死亡率（‰）	（10.7）	9.5（7.5）	7	6.0	15（2021 年）	6（2021 年）
孕产妇死亡率（1/10 万）	（20.1）	18.0（16.9）	14.1	12.0	61（中高等收入组，2021 年）	12（高收入组，2021 年）

数据来源：（1）2015 年、2020 年括号内的数据为实际值，分别来自《"健康中国 2030"规划纲要》和国家统计局：《中国统计年鉴 2022》，北京，中国统计出版社，第 32、716 页；（2）2020 年括号外的数据、2030 年的数据为《"健康中国 2030"规划纲要》中所确定的目标值；（3）2025 年的数据为笔者估算；（4）高人类发展组、极高人类发展组数据（除孕产妇死亡率）来自 UNDP《2022 年人类发展报告》，第 275 页；（5）高人类发展组、极高人类发展组的孕产妇死亡率数据来自世界银行 WDI 数据库。

由此，笔者预计到 2030 年，我国主要健康指标将达到极高人类发展组水平。基本医疗卫生制度更加成熟、更加完善，健康服务体系基本实现人的生命发展全周期、全过程的全覆盖，人人享有更高水平、更高质量、更加公平的健康服务和健康保障，健康产业成为支柱性新兴产业，形成健康社会文明，健康生活方式全面普及，实现经济社会与健康协调互动发展，全面建成全民健康社会和全民健身社会，全面建成健康中国。

到那个时候，我国人均 GNI 虽然仍比极高人类发展组低得多[①]，但是我国主要健康指标均将达到极高人类发展组水平。这是实现健康中国战略目标的国际标志。为了实现 2030 年健康中国的奋斗目标，在战略部署上可分为两个五年规划分步走，每隔五年上一个大台阶，不断逼近并达到极高人类发展组健康水平。

具体目标包括以下八个方面：

实现更高水平的健康。人均预期寿命接近 80 岁，人均健康预期寿命提高 3 岁；婴儿死亡率、5 岁以下儿童死亡率、孕产妇死亡率均持续下降，达到极高人类发展组水平。

健全全民医疗保障体系。随着人均收入水平提高，不断调整人均医保筹资，包括政府补助标准和个人缴纳标准，实现可支付平衡、可持续发展；全面实施居民大病医疗保险制度，使保险者实际报销比例合理提高；促进商业健康保险发展；加快推进基本医保异地就医结算，实现跨省异地安置退休人员住院医疗费用直接结算。整合城乡居民医保政策和经办管理；建立长期护理保险制度。

加强重大疾病防治。法定传染病发病率（特别是肺结核发病率）、重大慢性病过早死亡率明显下降，有效防控心脑血管疾病、糖尿病、恶性肿瘤、呼吸系统疾病等慢性病和精神疾病。加强重大传染病防控，降低全人群乙肝病毒感染率，艾滋病疫情控制在低流行水平。

---

① 根据联合国计划开发署（UNDP）《人类发展报告 2021/2022》提供的数据，2021 年中国人均 GNI（PPP，2017 年国际元）为 17 504 国际元。笔者估算，到 2030 年我国人均 GNI（PPP，2017 年国际元）将达到 3.5 万国际元左右，极高人类发展组将接近 5 万国际元。

基本公共卫生服务水平明显提高。 完善国家基本公共卫生服务项目和重大公共卫生服务项目，提高服务质量、效率和均等化水平。提升基层公共卫生服务能力。加强妇幼健康、公共卫生、肿瘤、精神疾病防控、儿科等薄弱环节能力建设。加强口岸卫生检疫能力建设，严防外来重大传染病传入。开展职业病危害普查和防控。增加艾滋病防治等特殊药物免费供给。加强全民健康教育，提升健康素养。实行国民营养计划和心理健康服务。

实现人人享有基本医疗卫生服务。 提高医疗保健质量满意度，电子健康和个人账户档案建档率人口全覆盖。优化医疗机构布局，推动功能整合和服务模式创新。每千人口执业（助理）医师数达到 2.8 名。提升健康信息服务和大数据应用能力，发展远程医疗和智慧医疗。

建成全民健身社会。 提高经常参加体育锻炼比例，实施全民健身战略，发展体育事业，加强群众健身活动场地和设施建设，推行公共体育设施免费或低收费开放。实施青少年体育活动促进计划，完善青少年体质健康监测体系。发展群众健身运动，推广科学健身指导。促进群众体育与竞技体育全面协调发展。

形成健康生产生活环境。 有效控制健康风险，法定传染病发病率（特别是肺结核发病率）、重大慢性病过早死亡率、单位 GDP 生产安全事故死亡率明显下降，全国空气质量[①]、水环境质量[②]得到明显改善。实施食品安全战略，

[①] 到 2020 年，可吸入颗粒物浓度（$PM_{2.5}$）未达标的地级及以上城市比 2015 年下降 18 个百分点；地级及以上城市空气质量优良天数比例大于 80%。《中华人民共和国国民经济和社会发展第十三个五年规划纲要》，中国政府网，2016 年 3 月 17 日，https://www.gov.cn/xinwen/2016-03/17/content_5054992.htm?url_type=39&object_type=webpage&pos=1&wd=&eqid=c9db5af800015355000000000664745bd0，专栏二。

[②] 达到或好于 Ⅲ 类水体比例从 2015 年的 66%，提高至 2020 年的 70% 以上。《中华人民共和国国民经济和社会发展第十三个五年规划纲要》，专栏二，2016 年 3 月。到 2020 年，全国水环境质量得到阶段性改善，污染严重水体较大幅度减少，饮用水安全保障水平持续提升，地下水超采得到严格控制，地下水污染加剧趋势得到初步遏制，近岸海域环境质量稳中趋好，京津冀、长三角、珠三角等区域水生态环境状况有所好转。到 2030 年，力争全国水环境质量总体改善，水生态系统功能初步恢复。到本世纪中叶，生态环境质量全面改善，生态系统实现良性循环。《国务院关于印发水污染防治行动计划的通知》，中国政府网，2015 年 4 月 16 日，https://www.gov.cn/zhengce/content/2015-04/16/content_9613.htm。

提高食品安全标准，实现食品药品安全监管全覆盖、可追溯。① 公共场所全面禁烟，降低 15 岁以上人群吸烟比率。

健康服务业成为支柱性服务业。 2030 年全国健康服务业（包括体育产业等）总规模达到 16 万亿元（2015 年价格），2022 年全国卫生总经费达到 8.53 万亿元，与 GDP 之比为 7.05%②，体育产业增加值为 1.31 万亿元，占 GDP 的比重为 1.1%③。成为我国支柱性服务业。基本形成覆盖全生命周期、内涵丰富、结构合理的健康服务业体系，打造一批国际知名品牌和良性循环的健康服务产业集群，并形成较强的国际竞争力，满足人民群众社区化、家庭化、个性化的健康服务需求。④

全生命周期的大健康体系设计是中国式健康现代化的重大创新，突出体现在以下三个方面。

第一，以人为本，促进人的全面发展，就要全面了解、正确认识、必须遵循人的发展生命周期。即从人的发展生命周期出发，对不同的阶段进行各种持续的人力资本投资，建立覆盖人的生命周期的大健康战略体系，形成"知、防、医、护、养"五位一体的大健康网络。

第二，从人的发展生命周期来看，可分为两个维度：一是年龄维度，包括婴儿出生前后期、幼儿期、少儿期、少年期、青年期、成年期、老年期、高龄期（80 岁及以上）；二是服务维度，包括全民医疗卫生服务、全民健康监测教育与疾病预防、全民医疗卫生保障、全民健身服务、环境治理、食品药

---

① 完善食品安全法规制度，提高食品安全标准，强化源头治理，全面落实企业主体责任，实施网格化监管，提高监督检查频次和抽检监测覆盖面，实行全产业链可追溯管理。开展国家食品安全城市创建行动。深化药品医疗器械审评审批制度改革，加快完善食品监管制度，健全严密高效、社会共治的食品药品安全治理体系。加大农村食品药品安全治理力度，完善对网络销售食品药品的监管。加强食品药品进口监管。《中华人民共和国国民经济和社会发展第十三个五年规划纲要》，中国政府网，2016 年 3 月 17 日，https://www.gov.cn/xinwen/2016-03/17/content_5054992.htm?url_type=39&object_type=webpage&pos=1&wd=&eqid=c9db5af80001535500000000664745bd0，第 60 章第 8 节。
② 国家统计局：《2023 中国统计年鉴》，北京，中国统计出版社，2023 年，第 723 页。
③ 国家统计局：《2024 中国统计摘要》，北京，中国统计出版社，2024 年，第 12 页。
④ 此处参阅了《国务院关于促进健康服务业发展的若干意见》（国发〔2013〕40 号），中国政府网，2013 年 10 月 14 日，https://www.gov.cn/zwgk/2013-10/14/content_2506399.htm。

品安全等方面（见表5-4）。

表5-4　覆盖人的生命周期大健康战略体系

生命周期各阶段	全民医疗卫生服务	全民健康监测、教育与疾病预防	全民医疗卫生保障	全民健身服务	环境治理	食品药品安全
婴儿出生前后期	提高产前产后检查率、住院分娩率，降低孕产妇死亡率、新生儿死亡率、婴儿死亡率、出生缺陷率	孕产妇健康体检、健康咨询、健康教育与疾病预防			空气、水、土壤等质量监测与治理	食品、药品、保健品、医疗器械等质量监管
幼儿期	降低5岁儿童死亡率	儿童健康体检、健康咨询、健康体育教育与疾病预防	基本医疗保险参保率	幼儿健身服务		
少儿期	少儿健康服务	健康体检、健康咨询、健康体育教育与疾病预防	基本医疗保险参保率	少儿健身服务		
少年期	少年健康服务	健康体检、健康咨询、健康体育教育与疾病预防	基本医疗保险参保率	少年健身服务		
青年期	青年健康服务	健康体检、健康咨询、健康体育教育与疾病预防	基本医疗保险参保率	青年健身服务		
成年期	成年健康服务提高慢性病控制率	成年健康体检、健康咨询、健康教育与疾病预防	基本医疗保险参保率	成年健身服务		
老年期	老年健康服务提高慢性病控制率	老年健康体检、健康咨询、健康教育与疾病预防	基本医疗保险参保率	老年健身服务		

生命周期各阶段	全民医疗卫生服务	全民健康监测、教育与疾病预防	全民医疗卫生保障	全民健身服务	环境治理	食品药品安全
高龄期（80岁及以上）	老年健康服务 提高慢性病控制率	老年健康体检、健康咨询、健康教育与疾病预防	基本医疗保险参保率	老年健身服务	空气、水、土壤等质量监测与治理	食品、药品、保健品、医疗器械等质量监管
核心指标	提高人口预期寿命	健康体检、咨询、健康知识普及知晓率	医疗保障制度全民覆盖率	经常性参加体育锻炼人口比例	质量监测与治理	质量监管

注：此表由笔者根据人的发展生命周期与基本公共服务的内容设计。

第三，全生命周期的大健康战略设计体现了健康中国以人为本、维护人民健康的核心目标，是各级人民政府全心全意为人民健康服务的战略谋划，这既是对保障人民健康基本需求的国家承诺，也是促进人的全面发展的人力资本投资，是具有短期与长期回报的有效投资、私人与社会收益的最好投资。基于全生命周期的大健康战略设计框架就是促进十四亿人民、五亿户家庭健康全面发展的规划，充分体现"以全体人民健康为中心"的中国式现代化及社会主义制度的优越性。

四、公共服务目标

为全体人民提供基本公共服务是举全国之力办全体人民之大事，充分体现了社会主义制度新型举国体制的优越性，也充分体现了共同富裕的社会主义现代化的本质特征。

　　基本公共服务是由政府主导、保障全体公民生存和发展基本需要、与经济社会发展水平相适应的公共服务。基本公共服务均等化是指全体公民都能公平可及地获得大致均等的基本公共服务，其核心是促进机会均等，重点是保障人民群众得到基本公共服务的机会，而不是简单的平均化。享有基本公共服务是公民的基本权利，保障人人享有基本公共服务是政府的重要职责。[①]

　　推进基本公共服务均等化，是全面建成小康社会的应有之义，对于促进社会公平正义、增进人民福祉、增强全体人民在共建共享发展中的获得感、实现中华民族伟大复兴的中国梦，都具有十分重要的意义。

　　《中华人民共和国国民经济和社会发展第十三个五年规则纲要》明确提出推进基本公共服务均等化的目标：成功地构建了全世界最大的覆盖14亿多人口的国家基本公共服务制度体系[②]，使发展成果惠及全体人民，到2020年基本公共服务均等化总体实现[③]。

　　国家公共服务总目标旨在"让改革发展成果更多更公平惠及全体人民，朝着实现全体人民共同富裕不断迈进"，"完善公共服务体系，保障群众基本生活，不断满足人民日益增长的美好生活需要，不断促进社会公平正义，使

---

① 《国务院关于印发"十三五"推进基本公共服务均等化规划的通知》（国发〔2017〕9号），中国政府网，2017年3月1日，https://www.gov.cn/zhengce/zhengceku/2017-03/01/content_5172013.htm。

② 国家基本公共服务制度紧扣以人为本，围绕从出生到死亡各个阶段和不同领域，以涵盖教育、劳动就业创业、社会保险、医疗卫生、社会服务、住房保障、文化体育等领域的基本公共服务清单为核心，以促进城乡、区域、人群基本公共服务均等化为主线，以各领域重点任务、保障措施为依托，以统筹协调、财力保障、人才建设、多元供给、监督评估等五大实施机制为支撑，是政府保障全民基本生存发展需求的制度性安排。《国务院关于印发"十三五"推进基本公共服务均等化规划的通知》（国发〔2017〕9号），中国政府网，2017年3月1日，https://www.gov.cn/zhengce/zhengceku/2017-03/01/content_5172013.htm。

③ 到2020年，基本公共服务体系更加完善，体制机制更加健全，在学有所教、劳有所得、病有所医、老有所养、住有所居等方面持续取得新进展，基本公共服务均等化总体实现。《国务院关于印发"十三五"推进基本公共服务均等化规划的通知》（国发〔2017〕9号），中国政府网，2017年3月1日，https://www.gov.cn/zhengce/zhengceku/2017-03/01/content_5172013.htm。

人民获得感、幸福感、安全感更加充实、更有保障、更可持续"。[①]

到 2035 年，基本公共服务均等化水平将显著提高，城乡区域间基本均衡，相对落后地区基本接近全国平均水平；覆盖全国各地区城乡居民统一的国家社会保障体系基本建成；对特殊群体民生保障社会政策更加完善；国家基本公共服务制度更加完善，体制机制更加健全；积极应对人口老龄化，充分开发和利用低龄（60 ~ 69 岁）健康老年人口能力，兼顾中龄（70 ~ 79 岁）老年人的多样化需求，重点照顾高龄（80 岁及以上）老年人口健康，大力构建中国式老年友好型社会。渐进式延迟我国现行法定退休年龄，逐步提高男女职工干部退休年龄；采取个人自愿选择原则，具有适当灵活性与选择性；男女职工退休年龄逐渐趋同，实现男女平等；分门类分步骤分人群实施延迟退休。[②]

展望 2035 年，中国需要再用三个五年规划，建立与基本实现社会主义现代化目标相适应的现代公共服务体系，推动民生和社会高质量发展。到那时，我国基本公共服务均等化将达到更高水平，非基本公共服务更加繁荣发展，更加能够满足人民群众对美好生活的多元化、多样化、个性化需要，人民获得感、幸福感、安全感更加充实、更有保障、更可持续。

第一，幼有所育，城乡全面覆盖。这是中国特色社会主义的创新，体现了为人民群众提供全生命周期的教育服务，特别是办好学前教育和 3 岁以下婴幼儿照护服务，遵循幼儿身心发展规律，把普惠性学前教育纳入基本公共服务范畴，鼓励有条件的企事业单位办园办所，形成多元化、多样化、覆盖城乡的婴幼儿照护服务体系。将我国学前教育毛入园率从 2023 年的 91.1%（已大大超过 OECD 成员国的平均水平，即 82%）提高至 2035 年的 98% 以上，其中普惠性幼儿园入园率达到 95% 以上，更加体现社会主义集中力量办人民

---

① 习近平：《决胜全面建成小康社会 夺取新时代中国特色社会主义伟大胜利——在中国共产党第十九次全国代表大会上的报告》（2017 年 10 月 18 日），中国政府网，https://www.gov.cn/zhuanti/2017-10/27/content_5234876.htm。

② 胡鞍钢.《渐进式延迟我国现行法定退休年龄势在必行》,《三峡大学学报（人文社会科学版）》，2024 年第 46 卷第 4 期，第 1-6、116、125 页，DOI:10.13393/j.cnki.1672-6219.2024.04.001。

之大事。

第二，学有所教，教育现代化全面推进。实施教育强国战略，优先发展教育事业，在我国九年义务教育普及程度已经超过世界高收入国家平均水平的条件下，加快推动城乡义务教育一体化发展，将九年义务教育巩固率从2023年的95.7%提高至2035年的97%以上，提前达到发达国家水平；促进高中阶段教育普及水平再上新台阶，将高中阶段教育毛入学率从2023年的91.8%提高至2035年的98%以上，进入基本普及阶段；将高等教育毛入学率从2023年的60.2%提高至2035年的75%以上。教育总体实力和国际影响力显著增强，教育国际化取得一系列新成果，有力支撑中国特色大国外交新局面。争取使我国人口平均预期受教育年限达到15年以上，达到中等发达国家水平，实现更高水平的全民教育，推动我国成为世界学习大国、高等教育大国、人力资源强国和人才强国。

第三，劳有所得，实现高质量充分就业。就业是民生之本、财富之源、社会稳定之基。[①]实施就业优先战略，把促进充分就业作为国家发展规划的优先目标，坚持就业优先战略和积极就业政策，实现更高质量和更加充分就业，保持高劳动参与率，继续扩大城镇就业规模，鼓励以创业带动就业，提供全方位公共就业服务，拓宽居民劳动收入和财产性收入渠道，提高全员劳动生产率，年均增速达到6%左右，在劳动生产率提高的同时实现劳动报酬同步增长。确保"十四五"时期城镇新增就业人数累计超过5000万人，农民工职业技能培训累计超过6000万人次。

第四，病有所医，人民健康和医疗卫生水平全面提高。实施健康中国战略，完善国民健康政策，为人民群众提供全方位全周期健康服务，全面建立中国特色基本医疗卫生制度、医疗保障制度和优质高效的医疗卫生服务体系，使人人享有基本医疗卫生服务。人均预期寿命和人均健康预期寿命均提高1岁。主要健康危险因素得到有效控制。孕产妇死亡率下降至12/10万左右（2023年已降

---

① 《汪洋在全国政协双周协商座谈会围绕"促进就业的政策措施"协商议政的讲话》，新华社，2019年10月12日北京电。

至 15.1/10 万），婴儿死亡率下降至 4.5‰ 以下（2023 年已降至 4.5‰），5 岁以下儿童死亡率下降至 6‰ 左右（2023 年已降至 6.2‰），我国人口健康水平提前达到中等发达国家水平，全民健康素养大幅提高，健康知识和健康生活方式得到全面普及，有利于健康的生产生活环境基本形成。

第五，老有所养，城乡社会保障体系全面覆盖。改革完善社会保障制度，实施全民参保计划，完善城镇职工基本养老保险和城乡居民基本养老保险制度，实现养老保险全国统筹，城镇基本养老保险参保率全覆盖，基本养老金水平稳步提升。全面建设世界最大规模的老龄健康友好型社会，即全面建设"老有所乐、老有所学、老有所为、老有所用、老有所养、老有所医"的社会体系。大幅度改善每千名老人拥有养老床位数、养老床位中护理型床位比例、接受老年教育培训的人数占比等指标，积极应对人口老龄化，构建养老、孝老、敬老政策体系和社会环境，推进医养结合，加快老龄事业和产业发展。

第六，住有所居，加快推进保障性住房建设。进一步完善基本住房保障制度，加大保障性安居工程建设力度，以市场为主满足多层次、个性化需求，以政府为主对低收入等各类住房困难家庭提供基本住房保障，让全体人民住有所居，坚持房子是"用来住的、不是用来炒的"定位，完善多主体供给、多渠道保障、租购并举的住房制度，提高居民住房质量，重点完善公共租赁住房制度，提高公租房保障运营能力。到 2025 年，城镇棚户区住房累计改造将超过 6000 万套，全面完成城镇棚户区和农村危房改造任务，累计将有 2.4 亿人出棚进楼，居住环境和条件明显改善。

第七，弱有所扶，共同富裕一个不能少。健全以扶老、助残、爱幼、济困为重点的社会福利制度，统筹城乡社会救助体系，在 2020 年消除全部农村绝对贫困人口的基础上进一步巩固，调整农村低收入人口标准，以 2020 年为基期和不变价格，按 PPP 方法（每人每日）5.5 国际元的国际高贫困线标准，贫困发生率预计从 2015 年的 27.2% 降至 2025 年的 3% 以下，从 37 390 万人下降至 4200 万人，2025 年之后基本上实现高贫困线标准下全部人口脱贫。提高城乡居民最低生活保障和农村贫困人口公共服务标准，重点发展健康扶贫、教育扶贫、社会保障兜底相结合的以人为本的贫困人口脱贫保障长效制度。特别要关注无劳动能力、无收入来源的重点人群的生活保障，包括无亲属供养来源的农村老人、农村低收入家庭的贫困儿童、单亲低收入家庭儿童、无劳动能力及缺乏供养来源的残疾人。

我国仍然是世界上最大的发展中国家，仍然处于社会主义初级阶段，2020 年基本消除现行贫困线以下的农村贫困人口之后，仍有相当规模低保人群。这就决定了发展现代公共服务体系、为人民创造美好生活必然是一个循序渐进的过程。

围绕"十四五"和"十五五"时期公共服务发展战略部署，就如何实现公共服务目标，提出以下基本思路：

第一，清晰界定基本与非基本公共服务，逐步提高基本公共服务均等化水平，将部分准基本公共服务纳入基本公共服务体系。我国既要避免公共服务市场化的西方模式，还要避免政府大包大揽的计划经济模式。针对公共服务所面临的不平衡不充分的突出问题，要确定政府与市场的职责和作用。政府保基本，重点解决基本公共服务不平衡问题，从人民最关心、最直接、最现实的利益入手，更新基本公共服务项目清单，落实基本公共服务均等化。政府引导市场在非基本公共服务领域的主导作用，解决公共服务与非公共服务供给不充分问题，鼓励市场主体进入非基本公共服务领域，满足多样化多层次个性化需求，政府在开放市场中不断完善监管职能，确保服务市场健康发展。

第二，基本公共服务的关键是守底线、补短板。守底线，主要是解决雪中送炭的问题，通过完善转移支付方式，强化基本公共服务的兜底和保基本功能。补短板，主要是强化"七个有所"方面的薄弱环节，如脱贫攻坚任务依然艰巨；又如城乡区域发展和收入分配差距依然较大，公共服务优质资源总量不足、布局不合理；再如社会保障体系建设依旧难度大、问题多、压力突出，人口老龄化有效应对之道亟待破解，幼有所育仍然不能得到普遍满足。需要加快建设现代公共服务体系，促进基本公共服务清单随着发展阶段演进作出适时调整。

第三，始终坚持在发展中保障和改善民生，确保公共服务供给可持续。公共服务的一切问题，必须通过发展来解决，在发展中解决发展差距，在发展中实现均等化，在发展中提高公共服务质量。经济发展是民生改善的物质基础，民生改善是经济发展的根本目的。经济发展水平决定了增进民生福祉的能力，必须根据基本国情和发展阶段，制定可实现的民生发展规划目标，既尽力而为，又量力而行，逐步增进民生福祉。同时，高质量民生能够有效释放居民消费能力、拉动内需。为此，需要培育发展民生服务业等新的经济增长点和新的支柱产业，可以试点优先发展具有较强消费需求的民生服务业，以民生服务业作为公共服务高质量发展的补充。

第四，改革政府治理体系，完善政府治理能力。对基本公共服务而言，建立标准体系，推广基本公共服务清单制、完善管理体系；对非基本公共服务，理顺统筹机制，放开服务市场。具体来看，对政府职能进行适应性调整，主要包括三个方面：一是作为基本公共服务的支付者，即通过全额支付基本公共服务，保障全体人民基本民生；二是作为准基本公共服务的补贴者，对于许多俱乐部物品性质的基本公共服务，由于外部性特征，需要政府供外部激励，政府通过补贴生产或者消费者的方式给予资助，从而增加基本公共服务的供给；三是作为非基本公共服务的促进者，对于非基本性质的公共服务，其供给和需求应由市场决定，但实际的供给和需求会低于社会最优水平，政府应通过信息服务、市场监管等制度安排，降低交易成本，发挥促进者的角色。

第五，引入信息化科技手段，大力发展适宜推广的公共服务技术体系，让人民群众享受高效便捷的优质服务。大数据和新技术，可以有效助力公共服务资源共享，一是通过互联网等信息技术完善公共服务资源的配置决策，缩小地区、城乡、人群之间的公共服务资源配置差距；二是发挥"互联网＋"对政务服务的技术效率改进效果，精准识别获取各区域居民的个性化公共服务需求，促进公共服务供给直接化、便捷化、智慧化；三是通过线上线下双向融合的治理模式，提高人民对公共服务参与程度，引导社会对公共服务发展的理性预期，改善主观评价绩效；四是依托智慧终端、云服务等，为覆盖全生命周期的服务业提供分析依据，促进公共服务业和相关产业链条联结、互动。

第六，提高公共服务向民生获得感转化的转化率。提高公共服务满意感是提高人民获得感、幸福感的政策路径。通过改善公共服务满意感提升国民幸福水平是实现社会高质量发展的有效途径，也是"十四五"和"十五五"时期社会政策的重要着眼点。具体来看，地方政府既要重视本地公共服务的改进，也要通过居民公共服务满意度的主观评价，找出本地区公共服务的"短板"，明晰辖区居民对各类公共服务的普遍性诉求，注重公共服务提供的"精益度"，综合考虑不同人群对公共服务的期望。对于经济发达地区，在改善公共服务覆盖水平的同时，要注重辖区居民日益提高的公共服务诉求；对于欠发达地区，通过完善财政转移支付体系增强基层政府在公共产品和公共服务提供上的保障能力。加强民生财政的问责机制，提高民生财政投入的使用效率，逐步加强经济社会地位处于弱势的群体在接入各种公共服务时的机会均等，不断提高各类公共服务的质量。重点改善中低收入群体的基本公共服务水平，提高中低收入群体的获得感和满意感。

第七，引导社会对公共服务发展的合理预期。理性的社会预期是经济社会良性发展的关键。与发达国家不同，中国作为最大的发展中国家，社会心理预期处于高与低并存的发展阶段。"十四五"和"十五五"时期我国社会公众对公共服务的态度趋于敏感。一方面，既要避免居民预期不断膨胀，对于公共服务发展的过高预期，陷入"高福利预期"；另一方面，也要避免低预期，产生对政府和社会的不满情绪。明确政策指向是稳预期的关键。为此，应在评估、考核"十三五""十四五"推进基本公共服务均等化规划基础上，将公共服务发展目标和战略框架融入《"十五五"规划》《"十六五"规划》中，制定《推进公共服务高质量发展规划纲要》，对公共服务高质量发展作全方位部署。

第八，发展并依托新型举国体制，凝聚全社会力量办民生大事。新型举国体制是增进民生福祉的根本保障。计划经济时期，我国取得了穷国办大教育、大幅改善国民健康等成绩，在极低收入条件下，主要健康教育指标达到相对高的水平；改革开放四十多年，我国在实现经济高速增长的同时建设和完善基本公共服务体系，实现民生福祉稳步持续改善，这都与社会主义独特的举国体制密切相关。作为世界人口大国，中国有理由也有必要依托新型举国体制发展覆盖全体人口的现代公共服务体系，集中全国之力量办民生之大事，加强公共服务部门间的体制机制协调，组织动员社会各界力量，实现成本最小化、收益最大化，共同攻克现代公共服务体系的重大课题。

建设新时代的人民政府，最核心的任务就是建设现代公共服务体系，这就需要全面建立系统完善、层次分明、衔接配套、科学适用的公共服务标准体系、技术体系、监测体系、管理体系、动员体系、规范体系、法治体系等。

一是发展现代公共服务标准体系。推进基本公共服务标准化，将各类设施资源配置和服务保障标准明晰化，将不同类别公共服务和不同地区公共服务的标准水平有机衔接。发展基本公共服务标准的动态调整机制，确保公共服务标准体系有机衔接、因地制宜、因时制宜。

二是发展现代公共服务技术体系。加大对公共服务发展技术相关研究的投入，开展公共服务科学规律研究和社情民意调查分析，鼓励公共服务相关领域的科学研究与探索，结合大数据、云计算、新技术等发展适宜推广的公共服务技术体系，不断丰富与完善公共服务管理的技术工具，鼓励社会、集体或个人合理合法地积极参与公共服务技术体系建设。

三是发展现代公共服务监督体系。完善基本公共服务统计监测评估机制，通过资源数据库和服务反馈数据库完善数据体系建设，实现线上线下融合评估、主观和客观联合评估，发挥目标评价导向作用，逐步将公共服务的相关指标纳入政府考核体系中，与政府目标责任挂钩，完善社会对公共服务的意见表达机制，使公共服务的反馈简单化、便捷化。建立健全公共服务相关领域的各类监督监察执法制度，为民生高质量发展提供监督保障。

四是发展现代公共服务管理体系。将现代公共服务体系的构建纳入政府的议事日程，推进各级政府事权与支出责任科学划分，合理提高基层公共部门的公共服务供给能力，使公共服务资源向基层倾斜，发展公共服务一站式办理平台，建立综合管理和反馈机制，理顺公共服务相关规定和规章制度，减少不必要的行政审批干预，鼓励先行先试、建立示范区，提高各个地区管理公共服务的积极性。

五是发展现代公共服务动员体系。中国特色的组织动员制度是促进每个家庭、个体融入现代公共服务体系的独特优势。继续开展好爱国卫生运动等动员活动，通过学校教育、进修培训、知识讲座、社区办学、网络远程等各种形式，建立多渠道、多层次、多模式的公共服务传播体系；通过传统纸媒、广播、电视、网络媒体等舆论形式，合理引导社会对公共服务的理性认知。引导全社会广泛参与。鼓励各种社会公益性与非营利性组织积极参与，鼓励社会各界踊跃捐赠和捐助。

六是发展现代公共服务业规范体系。公共服务业多数领域都处在探索期，社会各界对其发展规律的认识还不充分。如何在商业盈利与社会责任之间找准企业定位、市场定位，需要在开放非基本公共服务市场同时，设定制度规范。公共服务业规范体系不仅包括对公共服务市场主体和行业的规范，还包括对政府购买准入的政府行为准则规范，以此促使各地区各部门按照一定行为准则和程序，吸引社会资本参与公共产品和公共服务项目的投资、运营和管理。实现政府和市场机制同向发力，共同建设公共服务市场。

七是发展现代公共服务法治体系。基本公共服务是一项普惠制度，是社会公平正义的保障线，要研究出台基本公共服务相关的政策法律和法规，确保国家基本公共服务制度有法可依、有法必依，确保保障民生的政策与具体措施落到实处，对政府兜底责任提出法律约束，为公共服务政策提供法律指引，并出台具体办法规范公共服务政策的管理与实施。

总之，到2035年，我国能够为全体人民实现基本公共服务均等化，实现全体人民共同富裕迈出坚实步伐，更加显示社会主义集中力量办全体人民之大事。

五、人类发展水平趋势

真正反映全体人民现代化的核心指标就是联合国计划开发署（UNDP）采用的人类发展指标（HDI），因为该指标不仅包括人均GDP，还包括教育指标、健康指标，比仅用人均GDP能够更好地反映一个国家的人类发展水平。真正反映全体人民人力资本财富的核心指标就是总人口与HDI的乘积，即人类发展指数总值，也可称为总人类发展财富（GHDI），同样的是，它能比GDP更好地反映一个国家的总人类发展财富，包括经济财富、人力资本（指教育财富、健康财富）。

中国式现代化最突出的本质特征就是全体人民的现代化。中国的人类发展水平先后经历了1950—2000年的低水平（HDI < 0.550）、2000—2010年的中水平（HDI < 0.700），2010年之后进入高水平（HDI > 0.700），2021年我国的HDI达到了0.768，在191个国家中居第79位，处于世界前41.4%的位置上，在1990—2021年期间我国HDI年均增速为1.4%，明显高于世界平均增速（0.64%）、极高人类发展组增速（0.43%）、高人类发展组增速（0.98%）。[①]预计到2025年前后，我国将进入极高人类发展水平（HDI > 0.800），相当于世界排第62位的马来西亚（HDI为0.803）。预计到2035年，中国人类发展指数将提高至0.850 ~ 0.880之间，相当于世界排位第42位的智利（HDI为0.855）与第35位的波兰（HDI为0.876）之间。从国际比较看，中国不仅人均GDP会达到中等发达国家水平，而且HDI也会进入极高人类发展水平，跃居世界前列。

从中国总人类发展财富来看，2021年为10.83亿GHDI，相当于美国总人类发展财富（3.07亿GHDI）的3.53倍。到2035年中国总人类发展财富将上升为11.82亿GHDI，增长10%左右，中国仍然是世界上的总人类发展财富最大的国家。

---

① UNDP: Human Development Indices and Indicators 2018 Statistical Updata, Table 2.

第六章

国防强国目标

强国必须强军，军强才能国安。①

——习近平

大国兴衰始终是世界格局演变的基本特征和规律，它作用于世界大国政治经济等的不平衡性规律，突出表现为国家战略性资源发展的不平衡性，更表现为综合国力的不平衡性。列宁很早就论述了资本主义国家和落后国家间存在不平衡规律，并指出"经济政治发展不平衡是资本主义的绝对规律"，"资本主义在各个国家是极不平衡的"。② 毛泽东同志紧密结合中国国情和具体实践进行提升和总结，指出"世界上没有绝对平衡发展的东西，我们必须反对平衡论，或均衡论"，并进一步指出不平衡规律是"革命政党正确地决定其政治上和军事上的战略战术方针的重要方法之一"③，他将不平衡作为一个客观规律来指导具体战略战术。从国际秩序来看，不平衡性将促进国际竞争，并影响世界经济格局的变化。党的十六大根据国际国内形势作出了非常敏锐的总体判断："形势逼人，不进则退。我们党必须坚定地站在时代潮流的前头，团结和带领全国各族人民，实现推进现代化建设、完成祖国统一、维护世界和

① 习近平:《在庆祝中国共产党成立 100 周年大会上的讲话》，新华社，2021 年 7 月 1 日北京电。
② 分别参见《列宁专题文集：论社会主义》，北京，人民出版社，2009 年，第 4、8 页。
③ 毛泽东:《矛盾论》,《毛泽东选集》第一卷，北京，人民出版社，1991 年，第 331 页。

平与促进共同发展这三大历史任务，在中国特色社会主义道路上实现中华民族的伟大复兴。这是历史和时代赋予我们党的庄严使命。"①

进入 21 世纪的头二十年，特别是党的十八大以来，我国经济实力、科技实力、国防实力、国际影响力与综合国力连续上四个大台阶（指五年规划）。其中，国防和军队现代化与国防实力也连续上四个大台阶，受到世界大国（特别是美国）的格外关注，实际进步程度超过以往历史时期，实现了跨越式发展。对此，美国国防情报局公开评估：中国已经成为"几乎可与美国匹敌的对手"②。2019 年美国战略与国际研究中心（CSIS）的报告评估称：中国已经成为全球性经济超级大国以及亚太地区军事超级大国。③

一、国防实力评价

21 世纪前二十年，是我国国防和军队现代化建设的黄金发展时期，中国国防实力跃居世界前列。本章利用世界银行 WDI 数据库提供的信息，计算了中国、美国和世界的主要军事指标，包括军费支出（PPP，2021 年国际元）、军事人员占世界比重，其两者的权重均为 0.5，从而构成军事实力。表 6-1 的计算结果表明，2000 年中国军事支出占 GDP 的比重为 1.8%，到 2021 年保持在 1.6%，在世界大国中属于较低水平的国家。尽管美国处在太平洋与大西洋东西两岸，其地缘安全环境最佳，而这一比重却达到 3.5%，在世界上属于较高的国家。美国军费支出占世界的比重从 2000 年的 29.2% 上升至 2010 年的最高峰 34.2%，而后下降至 2021 年的 25.1%，既大大高于美国总人口占世界的比重（5%），也大大高于美国 GDP（2017 年国际元）占世界的比重（15.7%），

---

① 江泽民：《全国建设小康社会，开创中国特色社会主义事业新局面》（2008 年 11 月 8 日），《江泽民文选》第三卷，北京，人民出版社，2006 年，第 528-529 页。

② 英国《简氏防务周刊》网站 2017 年 5 月 24 日报道，美国国防情报局局长、海军陆战队中将文森特·斯图尔特称中国是"几乎可与美国匹敌的竞争对手"。

③ Anthony H. Cordesman, Arleigh A. Burke Chair in Strategy: *China and the U.S.: Cooperation, Competition and/or Conflict An Experimental Assessment*, September 12, 2019.

这既是美国维系世界霸权的军事实力基础，也是美国走向衰落的"肯尼迪陷阱"。美国是地缘政治最安全的国家，却是第二次世界大战结束以来发动战争和军事干涉最多的国家，它在全球长期设立和部署了几百个军事基地，属于典型的过度型军事支出国家，这具有极大的机会成本，成为美国经济、制造业、贸易、研发支出等核心指标占世界比重持续下降的直接原因。这充分证明美式霸权主义将不可避免地进入美国耶鲁大学历史学教授保罗·肯尼迪所言的军事大国衰落的陷阱。

与此相反，中国军事支出占GDP比重保持了较低的水平，仅为1.7%左右，由于中国GDP（PPP）占世界的比重持续上升，客观上使中国军事支出占世界的比重从2000年的5.3%持续上升至2021年的13.5%，提高了8.2个百分点，与美国的相对差距明显减小，从2000年的5.3倍缩小到2021年的1.8倍，军事和国防实力显著增强。尽管与美国的军事实力仍有差距，但是我国在沿海地区占据显著地缘优势和军事实力优势，最重要的是，中国具有"党指挥枪"的政治优势、组织优势以及人民战争优势。

表6-1 中国、美国和世界的军事支出和军事人员（2000—2021年）

国家/地区	2000年	2010年	2021年	2000—2021年年均增速（%）或时期变化量（百分点）
军事支出占GDP的比重（%）				
中国	1.8	1.7	1.6	−0.2百分点
美国	3.1	4.9	3.5	0.4百分点
世界	2.2	2.5	2.2	0.0百分点
军事支出（亿国际元）				
中国	906	2335	4611	8.1%
美国	4816	9067	8257	2.6%
世界	17 253	27 867	34 233	3.3%
军事支出占世界的比重（%）				
中国	5.3	8.4	13.5	8.2百分点

续表

国家 / 地区	2000 年	2010 年	2021 年	2000—2021 年 年均增速（%）或变化量 （百分点）
美国	27.9	32.5	24.1	−3.8 百分点
军事人员占世界的比重（%）				
中国	13.3	10.5	9.2	−4.1 百分点
美国	5.0	5.6	5.0	0.0 百分点
国防实力占世界比重				
中国（%）	4.6	9.5	11.8	7.2 百分点
美国（%）	17.1	19.9	15.1	−2.0 百分点
美国 / 中国（倍）	3.72	2.09	1.28	

数据来源：（1）GDP 数据来自世界银行 WDI 数据库，https://data.worldbank.org.cn/indicator/NY.GDP.MKTP.PP.KD?end=2021&locations=CN-US-1W&start=1990；（2）军事支出占 GDP 的比重数据来自 Stockholm International Peace Research Institute（SIPRI），引自世界银行 WDI 数据库，https://data.worldbank.org.cn/indicator/MS.MIL.XPND.GD.ZS?end=2019&locations=CN-US-1W-RU&start=1997；（3）军事人员数据来自国际战略研究所，引自世界银行 WDI 数据库，https://data.worldbank.org.cn/indicator/MS.MIL.TOTL.P1?end=2019&locations=CN-US-1W&start=2000。

注：GDP 及军事支出均按 PPP（2021 年国际元）计算。

表 6-2 为多个国际权威机构发布的世界军事强国排名。根据德国《焦点》周刊发布的"全球火力指数"（GFP）[①]，中国居世界第三位，排在美国和俄罗斯之后；根据英国《简氏防务周刊》的军力指数排名[②]，中国已居世界第二，排在美国之后；根据瑞士信贷军力指数排名，中国居世界第三位，排在美国、俄罗斯之后[③]；根据美国"商业内幕"网站军力指数排名，中国居世界第三位，

① GFP 使用了复杂的评估方法，考虑 50 多个不同因素，根据相关计算结果，得到一个大致反映某国军队实力的评分（火力指数），具体指标包括军事预算、军队规模、军舰数量、飞机和直升机数量、坦克数量等。

② 英国《简氏防务周刊》的世界军力排名主要参考指标包括军费开支、军事理论和科技的先进性、自主研发的能力以及国家的经济基础等。

③ 瑞士信贷银行《全球化终结抑或更加多极的世界》研究报告所计算的一国军力指数，包括 6 个常规武装力量因素（军队人数占 5%，坦克占 10%，武装直升机占 15%，飞机占 20%，航母和潜艇各占 25%）的数量和核武器。

排在美国、俄罗斯之后[①]。无论哪种指标，中国的军事实力已跃居世界前列，大大缩小了与美国的相对差距，在我国沿海地区，特别是台湾海峡地区，作为海陆兼备的国家已经具备了相对优势甚至是绝对优势，敢于打击一切来侵犯的外部势力，特别是以美国为首的日本、韩国等国的军事挑衅，能够有效地保护国家的核心利益。

表6-2 国际机构关于世界军事前十强国家排名（2017年）

排名	德国《焦点》周刊 "全球火力指数"排名（2017年）	瑞士信贷 军事实力排名（2016年）	美国"商业内幕"网站 军事实力排名（2017年）	英国《简氏防务周刊》 军事实力排名（2017年）
第1位	美国	美国	美国	美国
第2位	俄罗斯	俄罗斯	俄罗斯	中国
第3位	中国	中国	中国	俄罗斯
第4位	印度	日本	印度	法国
第5位	法国	印度	英国	英国
第6位	英国	法国	法国	日本
第7位	日本	韩国	德国	以色列
第8位	土耳其	意大利	土耳其	韩国
第9位	德国	英国	韩国	印度
第10位	意大利	土耳其	日本	德国

注：笔者根据国际机构主要研究结果搜集整理。

二、国防强国目标

党的十八大以来，"面对国家安全环境的深刻变化，面对强军强国的时代

---

① 美国"商业内幕"网站推出的世界35强军队排行榜，并不是该网站独自研究世界各国军队的结论，而是使用了现有各国军力数据库，主要以著名的 GFP 排行榜为基础。

要求，必须全面贯彻新时代党的强军思想，贯彻新形势下军事战略方针"①，坚持党对人民军队的绝对领导，加快国防和军队现代化建设。为了实现"两个一百年"奋斗目标、实现中华民族伟大复兴，党的十九大报告明确了国防和军队建设在全面建设社会主义现代化强国中的地位作用，提出坚定不移走中国特色强军之路，实现党在新时代的强军目标，"确保到2020年基本实现机械化，信息化建设取得重大进展，战略能力有大的提升。同国家现代化进程相一致，全面推进军事理论现代化、军事组织形态现代化、军事人员现代化、武器装备现代化，力争到2035年基本实现国防和军队现代化，到本世纪中叶把人民军队全面建成世界一流军队"②。党的二十大报告明确提出如期实现建军一百年奋斗目标，加快把人民军队建设成世界一流军队③。

那么，什么是中国的强军目标呢？就是建设同我国国际地位相称、同国家安全和发展利益相适应的巩固强大国防和世界一流军队。强国必须强军，强军才能国安。④首先，当我国国家安全利益受到严重威胁或重大外部挑战时，我国强大的军队不仅能够应对外部挑战，而且能够战胜外部挑战，特别是消除来自美国霸权主义的外部威胁。军事力量始终是国家安全的硬实力，要做到平时稳控局势，战时决战决胜。其次，当我国成为世界经济强国、贸易强国，我国军队便具备了充分条件加速成为世界军事强国，意味着国家能够持续大力支持国防和军队现代化建设，我国不断提高的经济实力、科技实力、产业实力、贸易实力，能更有效地转化并提高军事实力，而军事实力的强大也能更有效地保障经济实力等不断上台阶，形成良性互动强化关系。最后，我国已经成为世界第一货物贸易大国，只有成为区域性、全球性军事强国，才能有效保障我国的全球贸易投资等海外利益。因此，强军目标不仅是国家安全

---

①② 习近平：《决胜全面建成小康社会 夺取新时代中国特色社会主义伟大胜利——在中国共产党第十九次全国代表大会上的报告》（2017年10月18日），中国政府网，https://www.gov.cn/zhuanti/2017-10/27/content_5234876.htm。

③ 习近平：《高举中国特色社会主义伟大旗帜 为全面建设社会主义现代化国家而团结奋斗——在中国共产党第二十次全国代表大会上的报告》（2022年10月16日），中国政府网，https://www.gov.cn/xinwen/2022-10/25/content_5721685.htm。

④ 习近平：《强国必须强军，强军才能国安》，新华社，2020年7月31日。

的核心目标，更是全面建成社会主义现代化强国的核心目标；不仅是国内利益保障的目标，也是我国海外利益保障的目标；不仅是我国周边和平保障的目标，而且是世界和平保障的目标。例如，中国积极参加国际维和、海上护航、人道主义救援等行动，加强国际军控和防扩散合作，建设性参与热点问题的政治解决，共同维护国际通道安全，合力应对恐怖主义、网络安全、重大自然灾害等全球性挑战。加快建设一支强大的现代化的中国军队，正是维护世界和平稳定、服务构建人类命运共同体的坚定力量。[①]

党中央、中央军委在全面建设社会主义现代化强国的大目标、大战略下运筹谋划，大刀阔斧深化国防和军队改革，重构人民军队领导指挥体制、现代军事力量体系、军事政策制度，加快国防和军队现代化建设，裁减现役员额三十万，人民军队体制一新、结构一新、格局一新、面貌一新。全面推进国防科技创新，建设强大的现代化后勤，加快武器装备建设大发展，人民解放军现代化水平和实战能力显著提升，中国特色强军之路越走越宽广。[②] 到2020年已经如期基本实现机械化，信息化建设取得重大进展，战略能力有大的提升。当我国如期实现第一个百年奋斗目标，党的二十大报告明确提出了国防和军队现代化新"三步走"的战略设想：到2027年实现建军一百年奋斗目标，到2035年基本实现国防和军队现代化，到本世纪中叶把人民军队全面建成世界一流军队。[③]

所谓国防和军队现代化就是全面推进军事理论现代化、军队组织形态现代化、军事人员现代化、武器装备现代化。这是典型的国防和军队"四位一体"要素现代化。

第一，推进军事理论现代化。聚焦战争和作战问题推进军事理论创新，推出战略、联合作战、信息化建设等一系列理论成果，为国防和军队建设提供理论支撑。

①③ 国务院新闻办公室：《新时代的中国国防》（2019年7月），北京，人民出版社，2019年。

② 许其亮：《如期实现建军一百年奋斗目标》，《党的二十大报告辅导读本》，北京，人民出版社，2022年，第54页。

第二，加快构建中国特色现代军事力量体系和军事制度。打破总部体制、大军区体制和大陆军体制，成立陆军领导机构、火箭军、战略支援部队、联勤保障部队，调整武警部队领导指挥体制，组建 15 个军委机关职能部门，划设五大战区，健全军委联合作战指挥机构，组建战区联合作战指挥机构，构建起军委—战区—部队的作战指挥体系、军委—军种—部队的领导管理体系。人民军队领导指挥体制实现历史性变革，构建起军委管总、战区主战、军种主建的新格局。①

第三，加快军事人员现代化。全面建设一支听党指挥、能打胜仗、作风优良的人民军队，加强军事人才培养体系和军事人力资源政策建设，增强官兵军事专业素质，精兵强军。改革开放以来，中国致力于促进世界和平，主动裁减军队员额 400 余万。②

第四，构建世界最先进的武器装备现代化。新中国成立七十多年来，我国已经建立了比较独立、比较完整、比较强大的国防工业体系，对我国工业现代化、科学技术现代化作出了巨大贡献。为了建设世界最强大的国防，更需要加快国防装备现代化，以有效地应对美国的军事霸权，保护中国国防安全。完善优化武器装备体系结构，统筹推进各军兵种武器装备发展，统筹主战装备、信息系统、保障装备发展，全面提升标准化、系列化、通用化水平。逐步形成以高新技术装备为骨干的武器装备体系。深入推进军民融合发展战略，加快形成全要素、多领域、高效益的军民融合深度发展格局，发挥社会主义制度能够集中力量办大事的政治优势，实现经济建设和国防建设综合效益最大化。③

未来时期，中国实现国防和军队现代化的最重要条件之一，就是随着我国经济实力、财政实力不断增强，不断提高国防支出占 GDP 的比重，为全面建成世界一流军队提供强大的经济保障。

---

① ② 《聚焦强军目标 重塑人民军队——十八届三中全会以来全面深化国防和军队改革综述》，新华社，2019 年 1 月 19 日北京电。
③ 许其亮：《牢固确立习近平强军思想在国防和军队建设中的指导地位》，《党的十九大报告辅导读本》，北京，人民出版社，2017 年，第 52-53 页。

首先，从我国与其他六个主要国家的地理指标与军费支出占比情况来看（见表6-3），我国是世界上极少数面积广大的大陆海洋国家，有960万平方千米的陆地总面积、2.21万千米陆地边界线，473万平方千米的海域总面积，有1.80万千米的大陆海岸线、1.4万千米的岛屿海岸线，也是世界上拥有最多陆上海上毗邻国的国家，其中陆上毗邻14个国家，海上毗邻6个国家。但是在这七个主要大国中，我国的军费占GDP比重是倒数第三低的，2021年仅为1.6%，若按照斯德哥尔摩国际和平研究所（SIPRI）的估计，这一比例为1.7%。如果对比印度，中国的国土面积是印度的3倍，海岸线长度是印度的2.6倍，陆地边界长度是印度的1.6倍，2021年印度国防支出占GDP的比重达到2.5%；与美国对比，中国的国土面积、海岸线长度与美国差不多，陆地边界长度是美国的1.8倍，中国的周边国家数远远多于美国，2021年美国国防支出占GDP的比重达到3.5%，比中国高出1.9个百分点。[①] 因此，从中国地理国情与地缘政治角度来看，为了保证向全体人民提供基本国防安全产品和服务，军费占GDP比重的底线至少要达到2.0%，从长远的国防现代化目标来看更需要达到2.5%左右，该数值仍明显低于美国的比重。这更需要我国进一步提高国家财政能力，尤其是不断提高中央一般公共预算收入与支出占GDP的比重。

表6-3　世界七大国地理指标与军费支出占GDP比重比较

国家	陆地总面积（万平方千米）	海岸线长度（万千米）	陆地边界长度（万千米）	全国各地到首都平均距离（千米）	军费支出占GDP比重（%，2021年）
澳大利亚	774.12	2.58	0.00	1946	2.0
巴西	851.49	0.75	1.69	1378	1.2
加拿大	998.47	20.21	0.89	2449	1.3
中国	960（4）	1.80（5）	2.21（1）	1668	1.6
印度	328.73	0.70	1.41	992	2.5

---

① 世界银行WDI数据库，https://data.worldbank.org.cn/indicator/MS.MIL.XPND.GD.ZS?end= 2021&locations=1W-CN-IN-US&start=1981&view=chart。

续表

国家	陆地总面积（万平方千米）	海岸线长度（万千米）	陆地边界长度（万千米）	全国各地到首都平均距离（千米）	军费支出占GDP比重（%，2021年）
俄罗斯	1709.82	3.77	2.01	4322	3.7
美国	963.20	1.99	1.20	2595	3.5

资料来源：（1）世界银行，《2009世界发展报告：重塑世界经济地理》，www.worldbank. org；（2）国家统计局，《中国统计摘要2023》，北京，中国统计出版社，2023年，第23、71页；（3）2021年军费支出占GDP比重数据来自Stockholm International Peace Research Institute（SIPRI），世界银行WDI数据库，https://data.worldbank.org.cn/indicator/MS.MIL. XPND.GD.ZS?end=2021&locations=1W-CN-AU-BR-CA-RU-IN-US&start=1981&view=chart。

注：括号中的数据为世界位次。

其次，中国是世界上唯一尚未实现完全统一的大国，是世界上周边安全形势最复杂的国家之一，维护国家主权、领土完整、海洋权益等面临严峻挑战。[1] 祖国统一是中国实现伟大复兴的重大标志。要说明的是，台湾不是美国的国家核心利益，美国也不可能为此与中国打一场持久战。

根据中国国情与综合国力的纵向比较、与世界大国地理环境与军费支出比重的横向比较，我国应注重在军费支出方面提高两个比重：一是不断提高军费支出占GDP的比重，争取第一步达到2%，第二步达到2.5%左右；二是不断提高军费支出占国家财政支出的比重，在遏制这一比重下降（已从2009年的6.49%下降到2022年的5.66%）趋势的同时，不断提高这一比重，使其达到8%以上，最终争取达到10%以上。

需要说明的是，军费支出两个比重的提高，对全国现代化发展将会直接产生两方面的溢出效应，一是国防科技为全国科技提供巨大的需求，成为全国性科技成果（如超级计算机、大型客机、航天发射、核电技术、量子通信、北斗卫星、超大型船舶、军民两用产业链供应链价值链等），反过来，全国科技创新又为国防创新提供巨大支撑；二是国防和军事部门为全国提供各类人才资源，反过来，全国教育系统特别是一流大学又为国防和国防工业科技人才

---

[1]　国务院新闻办公室：《新时代的中国国防》（2019年7月），北京，人民出版社，2019年。

提供巨大蓄水池，由此形成国防现代化与国家现代化的互动关系。

中国在世界大国中是典型的坚持和平发展与国家防卫新型模式的国家，它有如下特点及国际溢出效应。

第一，始终坚持结伴不结盟，不参加任何军事集团，实施积极防御战略方针，坚持防御、自卫、后发制人原则，坚持"人不犯我、我不犯人，人若犯我、我必犯人"，强调遏制战争与打赢战争相统一，强调战略上防御与战役战斗上进攻相统一。[①]

与此相反，以美国为首的北大西洋公约组织的29国军事同盟，成为"冷战"时代遗留的历史产物、沉重的历史包袱，2021年其军事支出占GDP的比重高达4%[②]，也成为美国沉重的军事防务支出负担。为此，美国时任总统特朗普强烈要求北约同盟国必须将防务支出占GDP的比重增加到2%，进一步提高到4%，这就是除美国之外28个丧失国家主权的国家支持美国需付出的沉重代价，它们还面临着应对前所未有的难民危机的长期代价。

第二，中国按照不冲突不对抗、相互尊重、合作共赢的原则，积极稳妥处理同美国的军事关系，努力使两军关系成为两国关系的稳定器，为推进以协调、合作、稳定为基调的中美关系作出贡献。[③]

第三，积极防御美国对全球战略稳定的破坏，特别是积极应对美国对中国的军事挑战和威胁[④]，坚定不移地给予对等性回应，坚定不移地维护亚洲、世界和平与安全。

第四，未来中国国防安全最大的挑战者是以美国霸权主义为首的西方阵营。美国一直认为，中国国防和军事实力越强大越会构成威胁，始终将中国

———————————————

① 国务院新闻办公室：《新时代的中国国防》（2019年7月），北京，人民出版社，2019年。

② 世界银行WDI数据库，https://data.worldbank.org.cn/indicator/MS.MIL.XPND.GD.ZS?end=2021&locations=OE&start=1981&view=chart。

③ 国务院新闻办公室：《新时代的中国国防》（2019年7月），北京，人民出版社，2019年。

④ 美国进行军事技术和体制创新，谋求绝对军事优势。美国强化亚太军事同盟，加大军事部署和干预力度，给亚太安全增添复杂因素。美国在韩国部署"萨德"反导系统，严重破坏地区战略平衡，严重损害地区国家战略安全利益。国务院新闻办公室：《新时代的中国国防》（2019年7月），北京，人民出版社，2019年。

视为其长期的战略挑战者。实际上，从"二战"之后，美国在世界上奉行经济、政治、军事霸权，是世界和平的最大威胁者，成为世界上主要战争的发动者、领导者，当然也必然是失败者、衰落者，正如毛泽东同志在 1949 年 8 月的预言"捣乱，失败，再捣乱，再失败"①，这是美国经济、产业、贸易、科技走向衰落的根本原因。中国在国防和军队现代化的过程中，只有不断强化并具备遏制战争的强大能力，才能避免战争；只有具备能打胜仗、恶仗的强大能力，才能避免打败仗。②

总之，中国面对来自以美国为首的霸权主义的军事和国防安全挑战，必须集中全国之力，增加国防各类要素投入，加速国防和军队现代化，建设世界一流军队。中国国防和军事能力越强大，越具有遏制美国及其同盟对中国发动战争的能力，中国才能越安全；在国际上越能反对和遏制美国对我国或他国发动战争，世界以及亚洲才能越安全。

三、加快促进综合国力向国防实力转化

综合国力是指实现国家战略目标的综合的、实际的能力。③国防实力仍然是我国综合国力中的突出短板，一旦发生不可预见的军事冲突，将会产生强烈的外部冲击与突出的短板效应，对其他实力的发挥形成制约。从积极的角度来看，日益强大的经济实力、工业实力、科技实力、人力资源等为加速实现国防现代化提供了物质基础、创新基础以及人才资源，因为国家竞争力、社会生产力、综合国力与国防实力、军队战斗力的内在运行机理本质上是一致的。正如习近平总书记指出：一些重要科技领域跻身世界先进行列，为科技兴军提供了坚实基础，我们完全有条件把科技领域军民融合搞得更好一些、

---

① 毛泽东：《丢掉幻想，准备战斗》（1949 年 8 月 14 日），《毛泽东选集》第四卷，北京，人民出版社，1991 年，第 1486 页。
② 李西岳：《强国必强军》，《解放军报》，2019 年 10 月 1 日。
③ 胡鞍钢，郑云峰，高宇宁：《对中美综合国力的评估（1990—2013 年）》，《清华大学学报（哲学社会科学版）》2015 年第 1 期，第 26-39、180-181 页，DOI:10.13613/j.cnki.qhdz.002289。

更快一些。①

进入 21 世纪后，高新科技的蓬勃发展以及世界大国竞争的不断加剧，掀起了世界范围内新一波军民一体化发展的浪潮。当前，我国正处在军民融合发展由初步融合走向深度融合进而全面融合的过渡阶段，客观上仍然存在一系列制约军民融合发展的思想观念和体制障碍。扫清军民融合发展的障碍，需要充分利用现有体制机制优势，取长补短整合力量加快实现军民深度融合。因此，全面提升我国军事实力和国防实力，大力推动军民融合发展，特别需要充分利用以下四大优势。

一是充分利用中国共产党领导的最大政治优势。坚持中国共产党领导是实现强国强军目标、实现中华民族伟大复兴中国梦的最根本保障。人民军队始终听党指挥，这是军队建设的基本政治方向。坚持党总揽全局、协调各方，充分发挥党对人民军队的领导核心作用，是统筹经济建设与国防建设、推进军民深度融合发展的重要动力。2017 年 1 月，中共中央政治局决定设立中央军民融合发展委员会，它是中央层面军民融合发展重大问题的决策和议事协调机构，统一领导军民融合深度发展，向中央政治局、中央政治局常务委员会负责。由习近平任组长，在中央层面加强对军民融合发展的集中统一领导。习近平总书记强调，党的十八大以来，党中央把军民融合发展上升为国家战略，从党和国家事业发展全局出发进行总体设计，组织管理体系基本形成，战略规划引领不断强化，重点改革扎实推进，法治建设步伐加快，军民融合发展呈现整体推进、加速发展的良好势头。这是我们长期探索经济建设和国防建设协调发展规律的重大成果，是从国家发展和安全全局出发作出的重大决策，是应对复杂安全威胁、赢得国家战略优势的重大举措。要加快形成全要素、多领域、高效益的军民融合深度发展格局，逐步构建军民一体化的国家战略体系和能力。②这成为中国实现强国强军的顶层设计，是具有标志性的

---

① 习近平：《加快建立军民融合创新体系 为我军建设提供强大科技支撑》（2017 年 3 月 13 日），新华社，2017 年 3 月 12 日北京电。

② 习近平：《真抓实干坚定实施军民融合发展战略 开创新时代军民融合深度发展新局面》，人民网，2018 年 3 月 2 日，http://jhsjk.people.cn/article/29844596。

重大决策，军民融合发展战略既是强国战略，更是强军战略，既是强国建设强军，更是强军保卫强国的相互关联、相互支撑、相互促进的民族复兴大计。

二是充分利用新型举国体制的综合优势。军民融合深度发展，本质上要做到四个融入：融入社会主义市场经济体制，融入社会主义混合经济，融入区域和地方经济，融入中国与世界经济。推动军民融合的核心要义就是进一步解放思想、解放生产力（民用生产力与军用生产力），利用社会主义统筹协调的制度优势促进国防生产力发展。牢牢把握中国特色社会主义的举国体制优势，完善顶层设计，完善国家五年规划和中长期规划中的国防相关指标和战略设计，完善政策执行机制，通过改革为军民融合注入制度红利，是我国实现综合国力转化为国防实力的重大优势。

三是充分利用市场机制的创造活力优势。军民融合就是充分发挥政府（军队）与市场在国防资源有效配置方面的积极作用，实现国防产出效益最大化，加快推动我军向质量效能型和科技密集型转变，实现从一只手（计划）到两只手（政府与市场），从一条腿（国有经济）到两条腿（国有经济与民营经济），从一种资源（政府资源）到两种资源（政府资源与市场资源）的转变。随着我国市场经济不断走向成熟，许多军事产品和服务可以通过市场获取而非自主生产，可以有效节约国防产品供给的交易成本。我国非公有制经济所占 GDP 的比重已超过 60%，约有 70% 的技术创新、65% 的国内专利发明和80% 以上的新产品来自中小企业。这种超大规模的民营经济基础对国防和军队建设具有巨大的正外部性和外溢性。此外，努力形成国家主导、需求牵引、市场运作相统一的工作运行体系也是军民融合"三大体系"建设的重要方面。所以，充分发挥市场机制活力优势，提高全社会资源配置综合效益，建立军民融合式基础领域资源共享体系、科技协同创新体系、军事人才培养体系，才能从根本上解决我国国防发展的瓶颈，最终实现国防体制与市场机制两制合一、统筹运行、相互补充、相互促进。

四是充分利用开放发展的大局优势。开放发展是时代潮流，封闭只会危及国家安全和损害国际竞争力。[①] 党的十八大以来,以习近平同志为核心的党中央,不断推进开放理论和实践创新,坚持内外需协调、进出口协调、引进来和走出去并重、引资和引技引智并举,特别是全面"走出去",使中国从对外开放进入全面开放发展阶段,从积极参与者转变成为全面参与者乃至引领者。目前,我国已经形成了全方位、多层次、宽领域的互利合作新格局,中国引领新一轮全球化势在必行。中国已经成为资本净输出国、武器贸易净出口国,中国军队"走出去"力度正逐年加大,参加越来越多的海外非战争军事行动,比如国际维和[②]、军舰出访、海上护航、撤侨护侨等。应当充分利用国际资源和国际市场,推动军民融合的领域进一步延伸到国际。提升军队海外行动能力,有效维护和捍卫国家海外利益。例如,尽快把海外的中资机构、资源利用起来,建立我军非战争军事行动海外后勤补给点;与相关国家加强与民航、海运、铁路等的军民深度合作,在民用运力中预置国防功能、预留军事接口;还可以考虑在国家整体外交中嵌入军事外交职能,提升中国军队的国际形象,促进与其他国家的安全合作交流。

---

① Wallerstein, A world-system on the social science. The British Journal of Sociology, 2010, 61: 169-176.

② 中国以实际行动维护世界和平,积极参加联合国维和行动,是联合国第二大维和摊款国和会费国,是安理会常任理事国第一大出兵国。30 年来,中国军队认真践行《联合国宪章》宗旨和原则,先后参加 25 项联合国维和行动,累计派出维和官兵 4 万余人次,忠实履行维和使命,为维护世界和平、促进共同发展作出积极贡献,彰显了和平之师、正义之师、文明之师形象。国务院新闻办公室:《中国军队参加联合国维和行动 30 年》(2020 年 9 月),中国政府网,2020 年 9 月 18 日,https://www.gov.cn/zhengce/2020-09/18/content_5544398.htm。

第七章

社会主义现代化强国方略

中国要变成一个强国，各方面都要强。①

——习近平

　　党的十九大报告作出了"中国特色社会主义进入新时代"的重大论断，在继续夺取中国特色社会主义伟大胜利的新时代，习近平总书记首次提出了到 21 世纪中叶全面建设社会主义现代化强国的宏伟目标，在中国共产党建党一百周年以及改革开放四十多年之际，社会主义现代化强国目标不仅定位了中国共产党今后三十年继续探索社会主义建设的历史新方向，而且开启了中国改革开放进一步推向前进和深化的伟大新征程。新时代最重要的特征就是进入强国时代，也必然从"大国策"转变为"强国策"。

　　中国要发展社会主义强国策，提高强国领导力。那么，什么是社会主义现代化强国策？社会主义现代化强国策服务于全面建设社会主义现代化强国的战略构想，其基本内涵是以全面建设社会主义现代化强国为总目标，立足中国国内主要矛盾与国情特征，统筹运用政治、经济、科技、文化、社会、国土、国防、国际等战略性资源，以自主创新驱动和艰苦奋斗为内核，以谋划发展趋势为目的，分阶段、分步骤、分类别，团结全体人民，团结世界可

---

① 习近平:《中国要变成一个强国，各方面都要强》，人民网，2017 年 2 月 25 日，http://politics.people.com.cn/n1/2017/0225/c1001-29107382.html。

以团结的力量，朝着全面建设社会主义现代化强国的伟大目标实现战略自强的大战略或战略集合。社会主义强国策根植于中国特色社会主义伟大实践，充分结合了中国特色社会主义的制度优势、执政优势。

怎样认识社会主义现代化强国策的历史方位？它经历了什么样的发展历程？具有什么样的演变逻辑？谋划强国策的原则是什么？强国战略集的内容是什么？其运动方向和运行逻辑又是什么？下面将针对这些问题进行分析。

一、从建国方略到兴国方略，再到强国方略

1917 年，孙中山先生写作了《建国方略》，提出了中国工农业、交通等实现现代化的宏大设想。如修建 10 万英里的铁路，以五大铁路系统把中国的沿海、内地和边疆连接起来；修建遍布全国的公路网，修建 100 万英里的公路。但是直到 1949 年全国铁路总里程只有 2.2 万千米[①]，仅相当于美国（36 万千米）的 6.1%，公路里程仅为 2.4 万千米，民航航线仅为 1.1 万千米[②]，中国是世界上最落后的人口大国，长期没有能够在世界舞台上占有一席之地，始终处在半封建半殖民地阶段，大大地落伍于世界性的工业化与现代化。根据安格斯·麦迪森提供的世界经济数据库数据，中国 GDP（PPP，1990 年国际元）在 1913—1950 年的年均增速仅为 0.04%，低于世界 GDP1.8% 的年均增速，中国 GDP 占世界总量的比重从 1913 年的 8.8% 降至 1950 年 4.6% 的历史最低点[③]。

自 1921 年中国共产党成立后，经历千辛万苦、英勇奋斗，领导中国人民实现了从救国到建国的历程。1949 年，以毛泽东同志为主要代表的中国共产党人真正实现了建国目标，中国人民从此站立起来，形成真正意义上现代化

[①] 1949 年 7 月 9 日，毛泽东指出："中国从前是被帝国主义统治的，建筑铁路多是向帝国主义借款，帝国主义借款修筑的每一条铁路，都是和那些帝国主义国家侵略目的配合的。"中共中央文献研究室：《毛泽东思想年谱（1921—1975）》，北京，中央文献出版社，2009 年，第 663-664 页。

[②] 《辉煌 70 年》编写组：《辉煌 70 年——新中国经济社会发展成就（1949—2019）》，北京，中国统计出版社，2019 年，第 279 页。

[③] Angus Maddison: *Historical Statistics of the World Economy: 1-2008*, http://www.ggdc.net/maddisom/(02-2010).

中国的建国战略，开启了中国工业化、现代化进程；1978 年，以邓小平同志为主要代表的中国共产党领导人提出兴国战略，实行改革开放，实现了经济起飞与经济全球化；党的十八大以来，以习近平同志为主要代表的中国共产党人，带领全国人民共同开启强国时代，共同谋划强国战略。①

中国共产党历来重视战略思维，这是党治国理政的重要法宝，是与世界其他政党区分开来的鲜明标志，它体现了中国共产党的先进性。毛泽东同志曾指出："指挥全局的人，最要紧的，是把自己的注意力摆在照顾战争的全局上面。"② 邓小平同志也曾提到："我们党历来是重视战略的"，"只要把战略形势讲清楚，问题就好办了"③。陈云同志也强调"踱方步"战略思维的重要意义。④ 中国共产党带领中国人民从胜利走向胜利，战略上的成功是至关重要的，可以说战略的成功是最大的成功。作为一个幅员辽阔、人口众多的世界大国的执政党，中国共产党始终总揽全局、统筹兼顾，立足当前、放眼长远，始终以战略指引社会主义建设的前进方向。

具体而言，中国共产党的现代化国家战略构想可分为三个时期和三大方略。

（一）建国方略："四个现代化"与社会主义强国梦想

新中国成立初期，基于我国"一穷二白""一大二弱"的基础条件，毛泽东同志心怀伟大强国梦想，把追赶和超过美国作为体现社会主义优越性的重要标志。1954 年毛泽东同志提出了"为建设一个伟大的社会主义国家而奋斗"的宏伟目标："准备在几个五年计划之内，将我们现在这样一个经济上文化上落后的国家，建设成为一个工业化的具有高度现代文化程度的伟大国家。"⑤ 1956

① 胡鞍钢，王洪川：《中国开启强国时代》，《求是学刊》2018 年第 2 期，第 1-8 页。
② 毛泽东：《中国革命战争的战略问题》（1936 年 12 月），《毛泽东选集》第一卷，北京，人民出版社，1991 年，第 176 页。
③ 邓小平：《地方财政工作要有全局观念》（1954 年 1 月 25 日），《邓小平文选》第一卷，北京，人民出版社，1994 年，第 198 页。
④ 陈云说：要拿出一定时间"踱方步"，考虑战略性的问题。《陈云文选》第三卷，北京，人民出版社，1991 年，第 377 页。
⑤ 毛泽东：《为建设一个伟大的社会主义国家而奋斗》（1954 年 9 月 15 日），《毛泽东文集》第六卷，北京，人民出版社，1999 年，第 350 页。

年毛泽东同志在中国共产党第八次全国代表大会预备会议上就曾设想用 50 年（到 2006 年）、60 年（到 2016 年）的时间，就完全应该赶过美国，中国超过美国，不仅有可能，而且完全有必要，完全应该。①《中国共产党中央委员会向第八次全国代表大会的政治报告》中明确提出："我们应当在三个五年计划的时期内，基本上建成一个完整的工业体系。"② 党的八大通过的《中国共产党章程》正式提出"中国共产党的任务，就是……有系统、有步骤地进行国民经济的技术改造，使中国具有强大的现代化的工业、现代化的农业、现代化的交通运输业和现代化的国防"，"把中国建设成为一个伟大的、富强的、先进的社会主义国家"③。1964 年、1975 年周恩来总理先后两次代表毛泽东同志正式提出中国现代化的"分步走"战略设想及路径，第一步，用十五年，即在 1980 年以前，建成一个独立的比较完整的工业体系和国民经济体系；第二步，在本世纪内，全面实现工业现代化、农业现代化、科学现代化、国防现代化的"四个现代化"国家发展战略目标。④1977 年党的十一大通过的《中国共产党章程》提出，"在本世纪内，党要领导全国各族人民把我国建设成为农业、工业、国防和科学技术现代化的社会主义强国"。⑤ 应当说，毛泽东同志提出了社会主义的建国方略，但受限于时代背景和客观条件，并没有能够在其任期间实现社会主义现代化强国梦想。但这一时期国家成功建立了社会主义基本制度，成功解决了中华民族"站起来"的问题，为我国社会主义现代化发展奠定了工业化、城镇化、科技现代化、农业现代化的物质基础、人力资本基础和现

① 毛泽东：《增强党的团结，继承党的传统》（1956 年 8 月 30 日），《毛泽东文集》第七卷，北京，人民出版社，1999 年，第 89 页。
② 刘少奇：《在中国共产党第八次全国代表大会上的政治报告》（1956 年 9 月 15 日），载中共中央文献研究室：《建国以来重要文献选编》第 9 册，北京，中央文献出版社，2011 年，第 53 页。
③《中国共产党章程》（1956 年 9 月 26 日中国共产党第八次全国代表大会通过），载中共中央文献研究室：《建国以来重要文献选编》第 9 册，北京，中央文献出版社，2011 年，第 270、274 页。
④《周恩来选集》下卷，北京，人民出版社，1984 年，第 439、479 页。
⑤《中国共产党章程》（中国共产党第十一次全国代表大会一九七七年八月十八日通过），共产党员网，https://fuwu.12371cn/2012/09/25/ARTI1348552629457727.shtml。

代国家制度基础，也为后来中国式现代化的成功提供了宝贵经验和深刻的历史教训，这充分反映在党的十一届六中全会通过的《中国共产党中央委员会关于建国以来党的若干历史问题的决议》之中。全会还号召全党全军、全国各族人民，高举马克思列宁主义、毛泽东思想的旗帜，更紧密地团结在党中央周围，继续发扬愚公移山的精神，下定决心，排除万难，为把我们的国家逐步建设成为现代化的高度民主的、高度文明的社会主义强国而努力奋斗！[①]这充分反映了全党全军全国人民建成社会主义强国的中国梦。

（二）兴国方略："分步走"战略与社会主义（现代化）国家目标

伴随全球化浪潮席卷各国，党中央紧紧抓住世界经济科技发展的战略机遇，针对中国如何改革开放开始思考并设计发展战略。党的十二大通过的《中国共产党章程》将"建设社会主义现代化强国"的目标改为"把我国建设成为高度文明、高度民主的社会主义国家"[②]。1987 年，以邓小平同志为核心的党中央在党的十三大报告中首次明确提出经济建设"三步走"的战略部署，首次提出至 21 世纪中叶的远景目标，"人均国民生产总值达到中等发达国家水平，人民生活比较富裕，基本实现现代化"。[③]在"三步走"战略基础上，以江泽民同志为核心的党中央在党的十六大报告中提出"两步走"战略：2020 年全面建设小康社会，21 世纪中叶基本实现现代化，建成富强民主文明的社会主义国家。[④]以胡锦涛为总书记的党中央进一步提升了这一发展目标与战略定位，提出主要领域的强国目标，如党的十七大报告提出了人才强国、人力资源强国两项具体强国目标。党的十八大报告提出了人才强国、人力资源强国、社会主义文化强国和海洋强国四项具体强国目标。在这一时期国家发展

[①] 《中国共产党第十一届中央委员会第六次全体会议公报》（1981 年 6 月 29 日通过），中国政府网，https://www.gov.cn/test/2008-06/23/content_1024930.htm。
[②] 《中国共产党章程》（中国共产党第十二次全国代表大会一九八二年九月六日通过），共产党员网，https://fuwu.12371.cn/2012/09/27/ARTI1348715767823434.shtml。
[③] 赵紫阳：《沿着有中国特色的社会主义道路前进》（1987 年 10 月 25 日），载中共中央文献研究室：《十三大以来重要文献选编》（上），北京，人民出版社，1991 年，第 16 页。
[④] 江泽民：《全面建设小康社会，开创中国特色社会主义事业新局面》（2002 年 11 月 8 日），《江泽民文选》第三卷，北京，人民出版社，2006 年，第 543 页。

战略的主线是不断完善社会主义兴国方略，开启改革开放的伟大历程，基本解决十几亿人民的温饱问题，创新"分步走"战略路径，成功实现全体人民"富起来"，并为全面建成小康社会和进入强国新时代奠定良好的基础。

（三）强国方略："两阶段"战略安排与全面建设社会主义现代化强国

党的十八大以来，我国经济实力、工业实力、科技实力、国防实力、综合国力进入世界前列，成为真正意义的世界大国，中国国际地位和国际影响力得到前所未有的提升，中国正大踏步进入世界舞台中心，中国特色社会主义进入"强起来"的新时代，即全面建设社会主义现代化强国伟大时代，同时也进入了更加激烈的国际竞争时代。2012年12月，刚刚担任中共中央总书记的习近平就指出：国际竞争历来就是时间和速度的竞争，谁动作快，谁就能抢占先机，掌控制高点和主动权；谁动作慢，谁就会丢失机会，被别人甩在后边。[①] 在国际竞争（主要是中国与美国的战略竞争）的背景下，中国需要及时构建社会主义现代化强国方略。

习近平总书记是强国战略的总设计师，他多次在公开的讲话、致信、演讲中提出中国式现代化"强国目标"体系。党的十八大以来，党中央也实施了多项战略举措，涉及国家经济、政治、社会、文化、生态、国防、国际发展等多个领域，精心设计逐步形成了中国式现代化强国建设的目标集与战略集。笔者根据人民网"习近平系列重要讲话数据库"提供的信息，对习近平总书记有关全面建设现代化强国大战略的论述进行了分析和总结。

第一，继党的十八大报告中首次提出的 4 个强国目标，即人才强国、人力资源强国、社会主义文化强国、海洋强国[②]，习近平总书记又先后在不同场

---

① 习近平：《坚定必胜信心 增强忧患意识 坚持稳中求进 推动经济持续健康发展》，人民网，2012 年 12 月 10 日，http://jhsjk.people.cn/article/19850988。

② 胡锦涛：《坚定不移沿着中国特色社会主义道路前进 为全面建成小康社会而奋斗——在中国共产党第十八次全国代表大会上的报告》（2012 年 11 月 8 日），共产党员网，https://www.12371.cn/2012/11/17/ARTI1353154601465336_all.shtml。

合多次提出强国目标，比如，2013 年 3 月，在全国政协十二届一次会议科协、科技界委员联组会上的讲话时，首次提出"加快从经济大国走向**经济强国**"。2013 年 12 月 31 日，在中共中央政治局第十二次集体学习时提出："要坚持走中国特色社会主义文化发展道路，努力建设社会主义**文化强国**。"① 2014 年 2 月，在中央网络安全和信息化领导小组第一次会议上首次指出，要从国际国内大势出发，总体布局，统筹各方，创新发展，努力把我国建设成为**网络强国**。②

第二，习近平总书记在党的十九大报告提出"全面建设社会主义现代化强国"的总目标并作出"两阶段"战略安排。第一阶段，从二〇二〇年到二〇三五年，在全面建成小康社会的基础上，再奋斗十五年，基本实现社会主义现代化。③ 这一目标是对邓小平提出"三步走"战略的继承，将邓小平提出的到 2050 年"基本实现社会主义现代化"提前到 2035 年。第二阶段，从二〇三五年到本世纪中叶，在基本实现现代化的基础上，再奋斗十五年，把我国建成富强民主文明和谐美丽的社会主义现代化强国。④ 这包括 15 个具体强国目标：人才强国、制造强国、科技强国、质量强国、航天强国、网络强国、交通强国、数字中国、海洋强国、贸易强国、文化强国、体育强国、教育强国、健康中国、强军（世界一流军队）⑤，首次构成了"1+15"社会主义现代化强国战略体系，即当代中国强国策。这一阶段国家发展战略的总目标与主线就是实现社会主义现代化强国方略，旨在深层次解决社会主要矛盾，突破各种发展瓶颈，同时共同维护国际秩序的平衡及稳定，促进经济全球化朝着开放包容发展，还要应对国际政治经济挑战，特别是应对以美国为首的西方发动世界地缘政治冲突危机，更需要实现"强起来"，带领中国实现现代化、走向伟大复兴。

---

① 习近平:《建设社会主义文化强国 着力提高国家文化软实力》,《人民日报》, 2014 年 1 月 1 日，第 1 版。
② 习近平:《总体布局统筹各方创新发展 努力把我国建设成为网络强国》,《人民日报》, 2014 年 2 月 28 日，第 1 版。
③④⑤ 习近平:《决胜全面建成小康社会 夺取新时代中国特色社会主义伟大胜利——在中国共产党第十九次全国代表大会上的报告》(2017 年 10 月 18 日），中国政府网, https://www.gov.cn/zhuanti/2017-10/27/content_5234876.htm。

第三，习近平总书记在党的二十大报告首次提出"加快建设农业强国"，将党的十九大报告中的 15 个具体强国目标扩展为 16 个 ①，进一步丰富了"强国策"，由此形成"1+16"中国式现代化强国战略体系。

第四，习近平总书记还多次发表与强国密切相关的政治建设目标论述，核心词如"社会主义民主政治""提高党的执政能力"；他还多次提出与国际发展和人类发展相关的论述，核心词如"人类命运共同体""新型国际关系"等。

强国方略及战略集是社会主义现代化强国策的基础，强国策自觉地历史性地继承了毛泽东的强国梦想，也继承了邓小平、江泽民、胡锦涛等领导人提出的社会主义现代化目标和"分步走"兴国战略，成为引领未来全面建设社会主义现代化强国、中华民族伟大复兴的战略指南，充分体现了党中央紧紧把握并积极创造极其重要的、更持久的战略机遇期的战略自觉，充分体现了牢牢抓住全面建设中国式现代化总纲毫不动摇的战略定力，更加体现了构建全新的全面强国策的战略远见与战略安排。

（四）战略演变及主要特征

表 7-1 中详细梳理了党的八大以来历次党代会报告中关于中国式现代化国家发展战略的构想及强国目标。

表 7–1　党的八大以来历次党代会报告中关于中国式现代化的战略目标

时间	党代会	总目标	战略路径	强国目标	强国目标数
1956 年	八大	基本上建成一个完整的工业体系	三个五年计划	使中国具有强大的现代化的工业、现代化的农业、现代化的交通运输业和现代化的国防	4

① 习近平:《高举中国特色社会主义伟大旗帜 为全面建设社会主义现代化国家而团结奋斗——在中国共产党第二十次全国代表大会上的报告》(2022 年 10 月 16 日)，中国政府网，https://www.gov.cn/xinwen/2022-10/25/content_5721685.htm。

时间	党代会	总目标	战略路径	强国目标	强国目标数
1977 年	十一大	20 世纪末建成社会主义现代化强国		社会主义现代化强国	1
1982 年	十二大	20 世纪末全国工农业的年总产值翻两番	两步走，1990 年、2000 年		
1987 年	十三大	20 世纪末达到小康水平；21 世纪中叶基本实现现代化	三步走，1990 年、2000 年、2050 年		
1992 年	十四大	20 世纪末实现达到小康水平的发展目标，到 2020 年形成一套更加成熟更加定型的制度，21 世纪中叶基本实现社会主义现代化	三步走，2000 年、2020 年、2050 年		
1997 年	十五大	第一个十年实现国民生产总值比 2000 年翻一番，使人民的小康生活更加宽裕，形成比较完善的社会主义市场经济体制；再经过十年的努力，使国民经济更加发展，各项制度更加完善；到 21 世纪中叶，基本实现现代化，建成富强民主文明的社会主义国家	三步走，2010 年、2020 年、2050 年		
2002 年	十六大	2020 年全面建设小康社会目标，实现 GDP 翻两番；21 世纪中叶基本实现现代化，建成富强民主文明的社会主义国家	两步走，2020 年、2050 年		

续表

时间	党代会	总目标	战略路径	强国目标	强国目标数
2007 年	十七大	2020 年全面建设小康社会，实现人均 GDP 翻两番		人才强国、人力资源强国	2
2012 年	十八大	2020 年全面建成小康社会，实现 GDP 和城乡居民人均收入翻一番；2050 年建成富强民主文明和谐的社会主义现代化国家	2020 年、2050 年	人才强国、人力资源强国、社会主义文化强国、海洋强国	4
2017 年	十九大	到 2020 年全面建成小康社会；2035 年，基本实现社会主义现代化；21 世纪中叶，把我国建成富强民主文明和谐美丽的社会主义现代化强国	两阶段，2020—2035 年、2035—2050 年	人才强国、制造强国、科技强国、质量强国、航天强国、网络强国、交通强国、数字中国、海洋强国、贸易强国、文化强国、体育强国、教育强国、健康中国、强军	1+15
2022 年	二十大	2020—2035 年，基本实现社会主义现代化；2035 年至 21 世纪中叶，把我国建成富强民主文明和谐美丽的社会主义现代化强国	两步走，2020—2035 年、2035—2050 年	教育强国、科技强国、人才强国、文化强国、体育强国、健康中国、制造强国、质量强国、航天强国、交通强国、网络强国、数字中国、农业强国、海洋强国、贸易强国、一流军队（16 个）	1+16

资料来源：笔者根据党的八大以来历次党代会报告整理而成，主要参考人民网的"中国共产党历次全国代表大会数据库"。

基于以上发展历程，中国式现代化国家发展战略的演变特征可以归纳为四个方面：

首先，从经济发展战略及经济现代化向全面现代化战略演变。新中国成立后乃至改革开放以来相当长时期，中国共产党的治国战略重点长期体现为经济发展战略，主题始终是经济现代化、科技现代化和国防现代化。随着中国式现代化发展进入新时代，人民生活水平显著提高，社会主要矛盾发生深刻深化，转变为人民群众日益增长的美好生活需要和不平衡不充分的发展之间的矛盾，同时随着中国主要经济总量指标跃居世界前列，正大踏步进入世界舞台中心，我国已经逐步形成经济强国战略集、科技强国战略集、文化强国战略集、社会强国战略集、安全强国战略集和人类命运共同体战略集等六大战略集，从而构建起中国式现代化国家战略体系，向全面建设、全面实现社会主义现代化强国的综合战略集转变（见附表）。

其次，从补短板向破瓶颈、育优势转变。随着我国进入全面建设世界强国的新时代，国家发展战略一方面要突破瓶颈，包括新旧动能转换瓶颈、自主创新瓶颈、全球化能力瓶颈等；另一方面要培育新的战略优势，包括培育全社会科技创新能力及优势，优先建成世界科技强国，重点培育高等教育优势——世界一流大学和一流学科，着力培育超大规模市场经济和企业优势——世界一流企业和一流品牌，特别是加快建设国防现代化优势——世界一流军队。重点破除制约高质量发展的瓶颈，加快形成综合国力优势和高水平持久性世界强国竞争力，反映在中国与美国长期竞争中的战略优势越来越明显、越来越主动，既要争取斗而不破，又要守住底线，更要坚持持久战。

再次，从战略吸纳向战略创新演变。过去我国的发展战略主要是基于跟随和追赶发达国家的成功经验而提出的，属于战略吸纳。随着中国式现代化进入新时代，问题复杂程度加深，呈现"发展中特征"与"发达特征"混合共存、此消彼长、渐变质变，更需要深入了解和学习借鉴国际发展成功经验，其中也包括以美国为首的西方国家的成功经验与失败教训，只有向战略对手学习，才有可能"知己知彼"战胜对手，更重要的是总结本国独特的现代化创新实践和经验，不断探索符合中国国情、与发展阶段相适应的现代化发展战略与路径，以制度性长期性战略性政策性决策安排，如每五年一次党的全国代表大会、每年中央全会、每年的全国人民代表大会和全国政治协商会议等，来确保未来实现中国式现代化"两阶段"的战略目标。

最后，中国已经形成了中国式现代化强国路线图，其中党的十九大确立了"1+15"强国战略集，党的二十大确立了"1+16"强国战略集。这充分反映中国式现代化强国战略的设想、步骤、路径以及实施举措。可以预期的是，今后按照上述战略部署实施，将如期实现 2035 年、2050 年中国式现代化强国目标，也将为实现到 2078 年改革开放一百周年时全面建成社会主义现代化发达国家（笔者称之为第三个百年奋斗目标）以及到 21 世纪末实现中华民族伟大复兴奠定坚实基础。

二、思想内核

强国战略蕴含着丰富的中国传统文化战略思想，继承了毛泽东、邓小平、江泽民、胡锦涛等党和国家领导人的战略智慧，兼容并蓄吸纳了西方国家的战略思维。孙子有言："上兵伐谋，其次伐交，其次伐兵，其下攻城。攻城之法，为不得已。"[1] 强国战略便是"谋"的重要内容，不仅体现在外交国防等外治领域[2]，还体现在改革发展等内政方面。毛泽东同志指出：战略问题是研究战争全局的规律的东西。[3] 中国式现代化的强国战略就是为实现新型世界强国目标而开发、统筹、协调和动员国家所有的经济、政治、文化、社会、生态、国防等资源的总体规划。

为什么中国需要构建强国战略？随着中国综合国力、国际地位的持续上升以及国家利益的国际拓展，对国家战略进行系统谋划不仅有必然性，而且

---

① 《孙子兵法·谋攻篇》。

② 胡鞍钢，王洪川：《南北格局与和平崛起：二十国集团综合国力研究》，《现代国际关系》2017 年第 11 期。

③ 毛泽东：《中国革命战略的战略问题》（1936 年 12 月），《毛泽东选集》第一卷，北京，人民出版社，1990 年，第 175 页。

也是必需的。① 新中国成立七十多年来的中国式现代化实践证明：最大的成功是战略决策的成功。俄罗斯汉学家尤里·塔夫罗夫斯基在评价习近平总书记的思想与战略时指出："一个国家发展的成功与否，最终取决于其是否能够制定出长期发展战略，以及实现战略的具体条件和执政者能否有效完成既定目标。只有具备明确的发展愿景的国家，才能在不断演化的世界秩序中保持主体地位，而不会受其他竞争对手影响。"② 不谋万世者，不足谋一时；不谋全局者，不足谋一域。③ 正确的国家战略是国家长治久安的根本之一，缺少战略或战略失当则往往令一国陷入凶险之境。④ 这正是中国强国战略的长期主义和全局观，过去是如此，现在是如此，将来仍是如此。这与美国两党轮流执政、机会主义、"翻烧饼机制"、短期主义截然不同。

强国战略是在中国特色社会主义实践过程中产生的，是在从改革开放兴国时代到创新强国时代转变中逐渐形成的。正如恩格斯所言："每一个时代的理论思维，从而我们时代的理论思维，都是一种历史的产物，它在不同的时代具有不同的形式，同时具有完全不同的内容。"⑤ 强国战略的思想内核是国家整体创新，从主体上讲，表现为党的创新、政府的创新与人民的创新、社会的创新、市场的创新，从内容上讲，表现为思想创新、理论创新、实践创新、战略创新、政策创新等。

强国战略是中国式现代化强国目标及战略之集大成，也是习近平新时代中国特色社会主义思想的最重要组成部分，代表了中国建成世界强国、实现伟大复兴的政治意义及重大目标。习近平总书记始终遵循实事求是、解放思想和理论创新、战略创新，以战略定力为根本，以战略远光、战略勇气、战

---

① 袁鹏：《新时期中国的大战略——对"十八大"报告的战略解读》，《现代国际关系》2013 年第 5 期，第 1-9 页。

② ［俄］尤里·塔夫罗夫斯基：《习近平的思想与战略——基于对中国和世界的影响》，《学习时报》，2017 年 12 月 4 日。

③ ［清］陈澹然：《寤言二·迁都建藩议》。

④ 左希迎，唐世平：《理解战略行为：一个初步的分析框架》，《中国社会科学》2012 年第 11 期，第 178-202 页。

⑤ 《马克思恩格斯选集》第四卷，北京，人民出版社，1995 年，第 284 页。

略责任为支撑，自主自觉指导并有力推进各个具体领域的世界强国实践。强
国战略根植于中国特色社会主义伟大实践的伟大创新，充分结合了中国特色
社会主义的制度优势与中国共产党的执政优势，它以自主创新驱动为思想内
核，以构建人类命运共同体为国际使命，以为人类文明作出更大贡献为价值
导向，是中国共产党战略思维的智慧结晶，具有全面建设社会主义现代化强
国的战略自觉。

三、谋划原则与主体内容

社会主义现代化强国战略始终处于发展演变中，尤其在完成全面建成惠
及十四亿人口的小康社会的宏伟目标后，更需要为实现建成富强民主文明和
谐美丽的社会主义现代化强国目标进行前瞻性布局，做好强国战略谋划。谋
划强国战略要以习近平新时代中国特色社会主义思想为指导，紧紧围绕建设
社会主义现代化强国宏伟目标，坚持以人民为中心的发展思想，把新发展理
念贯穿经济社会发展各领域全过程，虚实结合、实用管用、稳扎稳打。具体
原则包括：

一是坚持谋"势"而非用"力"。所谓谋"势"，即谋划长远目标、长期趋势、
发展态势，而不在一时成败、一招胜负；所谓用"力"是指国家之间的综合国
力较量，一时力量强弱并不足以决定最终胜负。强国战略应重在谋"势"，不
能因外界"力"的冲击干扰而受影响，要确保"势"的稳定性和可持续性。

二是坚持"挑战—应战"与战略自觉相统一。一般而言，战略性目标可
以分为三类：第一类是短板或不足类问题，是制约发展的突出问题，需要在短
期内有效化解，又要在长期内主动补齐；第二类是全局决定性要素，这就需要
集中各方面资源和力量，把制度优势转化为综合实力优势；第三类是需要长期
积累、难以短期实现的目标或要素，这就需要确保战略持续性。强国战略既
要坚持"挑战—应战"的问题导向，还要坚持基于发展趋势、发展愿景、发
展目标的战略自觉，使战略更具前瞻性、导向性及长期性。

三是坚持发展阶段与国家实力相统一。在中国和平发展的进程中，国内社会主要矛盾呈现新变化，必然影响世界经济政治格局，中国与西方特别是美国已经产生经济、产业、科技等方面的竞争、摩擦、冲突。因此，强国战略需要统合国内经济社会发展阶段与国家间的实力对比，做到内外兼顾、内外联通、内外配合。中美两国长期战略竞争不可避免，将愈演愈烈，且具有长期性、复杂性，这符合世界大国兴衰的历史规律，且每一阶段的战略侧重点不同。从经济实力、产业实力、科技实力、贸易实力等方面的比较看，中美间的竞争已经从"中弱美强不对称"阶段进入"中美两强相持"阶段，中国应对内强化自力更生、自主创新，对外扩大联合战线，大力推进"一带一路"倡议，"得道者多助"，加强战略自觉，维持战略定力，提高战略自信，保持战略耐心，坚持长期主义，坚持"持久战"，分步骤分阶段实现第二个百年奋斗目标。

基于上述原则，社会主义现代化强国战略的基本思路是构建物质文明、政治文明、精神文明、社会文明、生态文明、和平发展的"六位一体"总体布局，进一步细化六大战略谋划。其中，强国战略既要继承和优化已有战略体系，也要与时俱进前瞻性提出新战略。

第一，全面提升物质文明，构建经济强国战略集。基于 40 多年的改革开放实践，我国已经先后提出并实施科教兴国战略（1995 年）、扩大内需战略（1998 年）、"走出去"战略（2000 年）、人才强国战略（2002 年）、互利共赢的对外开放战略（2005 年）、区域发展总体战略（2007 年）、自由贸易区战略（2007 年）、知识产权战略（2008 年）、质量强国战略（2011 年）、就业优先战略（2011 年）、创新驱动发展战略（2013 年）、新型城镇化战略（2014 年）、对外开放战略（2014 年）、制造强国战略（2015 年）、创新驱动发展战略（2015 年）、乡村振兴战略（2017 年）、区域协调发展战略（2017 年）、交通强国战略（2017 年）、标准化战略（2020 年）、全面节约战略（2022 年）、文化数字化战略（2022 年）等。未来需要考虑实施数字经济战略，促进经济增长从高速发展向高质量发展转型，通过深化供给侧结构性改革、加快创新型国家建设，培育具有全球竞争力的世界一流企业和产业体系，逐步实现经济维度的强国目标，逐步提升人均收入水平、人力资本水平、人类发展水平，主要的工业化、信息化、数智化、城镇化、现代化指标进入世界发达国家水平行列。

第二，全面提升精神文明，构建文化强国战略集。党中央先后提出实施文化强国战略（2011 年）、体育强国战略（2017 年）[①]、国家文化数字化战略（2022 年）。开始实施旅游强国战略（2024 年），我国已经成为世界最大的国内旅游市场[②]。还要全面促进社会主义先进文化建设、文化事业建设、文化产业建设，提高文化自信，提升文化魅力和吸引力，打造一体多元的文化融合体，深入促进中国精神、中国价值、中国力量成为未来中国发展的重要影响力和推动力。通过促进全社会自觉行动，显著提高国民素质，使我国成为国际影响力领先的国家，中华文化整体实力、国际影响力（2013 年）、国际软实力更加强大。

第三，全面提升社会文明，构建社会强国战略集。党中央已经先后提出实施扩大就业战略（2007 年）、就业优先战略（2010 年）、建设学习型社会（2012 年）、世界一流大学（2014 年）、健康中国战略（2016 年）、教育强国战略（2017 年）[③]、食品安全战略（2017 年）[④]、人口发展战略（2017 年）[⑤]、全民健身战略（2017 年）[⑥]、优化人口发展战略（2022 年）[⑦]等。未来需要考虑实施全民终身学习战略，使人口健康教育等指标进入世界前列。进一步释放人力资本巨大红利，建设充满活力、团结和睦、高人力资本水平的现代

① 习近平：《决胜全面建成小康社会 夺取新时代中国特色社会主义伟大胜利——在中国共产党第十九次全国代表大会上的报告》（2017 年 10 月 18 日），中国政府网，https://www.gov.cn/zhuanti/2017-10/27/content_5234876.htm。

② 2019 年全国国内旅游人数达到 60.6 亿人次，旅游总花费 5.73 万亿元，旅游及相关产业增加值 4.50 亿元，占 GDP 的 4.56%。国家统计局：《中国统计摘要 2021》，北京，中国统计出版社，2021 年，第 13、147 页。

③④⑤⑥ 习近平：《决胜全面建成小康社会 夺取新时代中国特色社会主义伟大胜利——在中国共产党第十九次全国代表大会上的报告》（2017 年 10 月 18 日），中国政府网，https://www.gov.cn/zhuanti/2017-10/27/content_5234876.htm。

⑦ 习近平：《高举中国特色社会主义伟大旗帜 为全面建设社会主义现代化国家而团结奋斗——在中国共产党第二十次全国代表大会上的报告》（2022 年 10 月 16 日），中国政府网，https://www.gov.cn/xinwen/2022-10/25/content_5721685.htm。

社会，为现代化强国建设提供重要支撑。

第四，全面提升生态文明，构建生态强国战略集。党中央已经提出并实施可持续发展战略（1995 年）、主体功能区战略（2005 年）、国家适应气候变化战略（2013 年）、能源发展战略（2014 年）等。为使人与自然和谐相处、共生共荣，建成气候适应型社会，制定了《2030 年前碳达峰行动方案》（2021 年）[①]，力争 2030 年前实现碳达峰，2060 年前实现碳中和，使二氧化碳等温室气体排放明显减少，实现美丽中国和联合国可持续发展目标。

第五，全面提升安全文明，构建安全强国战略集。党中央已经提出并实施新时期军事战略（1993 年）、国家安全战略（2007 年）、海洋强国战略（2012 年）、军民融合发展战略（2015 年）、藏粮战略（2015 年）、反恐怖主义纳入国家安全战略（2016 年）、建设世界一流军队（2017 年）[②]。未来需要考虑实施国家反恐战略，巩固和提升国家安全基础和制度保障，维护国家核心利益、国家原则和国际地位，有效应对可能产生的冲突与挑战，建设拥有经济、科技、国防、社会等多维度强大安全保障的现代化强国。

第六，坚持走和平发展道路。这是中国式现代化最重要的特征之一，强调同世界各国互利共赢，推动构建人类命运共同体，高举和平、发展、合作、共赢旗帜，在坚定维护世界和平与发展中谋求自身发展，又以自身发展更好维护世界和平与发展。坚持胸怀天下、坚持独立自主的和平外交政策，坚持相互尊重、平等协商，以对话弥合分歧，以谈判化解争端，反对一切形式的霸权主义、强权政治，推动各国共同走和平发展道路，推动建设新型国际关系。[③]

第七，对人类发展作出更大贡献，构建共赢强国战略集。党中央已经提

---

① 《中共中央关于制定国民经济和社会发展第十四个五年规划和二〇三五年远景目标的建议》（2020 年 10 月 29 日中国共产党第十九届中央委员会第五次会议通过），《〈中共中央关于制定国民经济和社会发展第十四个五年规划和二〇三五年远景目标的建议〉辅导读本》，北京，人民出版社，2020 年，第 44 页。

② 习近平：《决胜全面建成小康社会 夺取新时代中国特色社会主义伟大胜利——在中国共产党第十九次全国代表大会上的报告》（2017 年 10 月 18 日），中国政府网，https://www.gov.cn/zhuanti/2017-10/27/content_5234876.htm。

③ 韩正：《以中国式现代化全面推进中华民族伟大复兴》，《党的二十大报告辅导读本》，北京，人民出版社，2022 年，第 18 页。

出并实施互利共赢的开放战略（1979 年）、自由贸易区战略（2007 年）、"一带一路"倡议（2013 年）等。未来需要考虑实施对外援助战略，以及合理利用北极战略，对人类和世界发展作出更多经济贡献、共享贡献、创新贡献、文明贡献、绿色贡献。

上述强国战略集是同目标、同方略、同方向、同阶段的，它们相互作用、相互影响、相互促进，统筹国内国际两个大局，形成了协调完备、统筹兼顾、层次分明的强国战略总集。它们拥有一套共同的制度体系——中国特色社会主义，拥有共同的领导者——中国共产党，只有各个推进，形成合力，才能如期实现全面建设社会主义现代化强国的总目标。

以国家发展规划引领经济社会发展，将国家发展战略转变为可实施落地的国家发展规划，这是中国共产党治国理政的重要方式，也是中国特色社会主义发展模式的重要体现，还是实施强国战略的重要途径。可以举全国之力，集中力量办全国大事，有效整合所在领域的战略资源，建立与之匹配的支持体系，将战略可持续转化为政策可持续，进而确保战略可执行、可评估、可优化。实施战略集，充分体现在如何通过国家五年规划或重大专项中长期规划，确保战略可设计、可规划、可执行、可评估、可优化。这方面中国已经有很多成功的案例。例如 2006 年制定的《国家中长期科技发展规划（2006—2020）》提出了到 2020 年的 4 个量化目标：到 2020 年，全社会研究开发投入占 GDP 的比重提高到 2.5% 以上，力争科技进步贡献率达到 60% 以上，对外技术依存度降低到 30% 以下，本国人发明专利年度授权量和国际科学论文被引用数均进入世界前 5 位。实际结果，到 2020 年全社会研究开发投入占 GDP 的比重提高至 2.41%，直到 2023 年达到 2.64%，科技进步贡献率超过 60%，全球创新指数排名跃升至第 12 位，2023 年本国发明专利年度授权量达到 79.8 万件[①]，居世界首位，2022 年中国在各学科最具影响力期刊上发表的论文数为

---

① 国家统计局：《中国统计年鉴 2023》，北京，中国统计出版社，2023 年，第 633 页。

16349 篇，占世界总量的 30.3%，首次超过美国排名世界第 1 位^①，对外技术依存度已经由 2005 年的 36.7% 下降到 2020 年的 10.4%^②。实践证明，国家中长期专项规划具有战略性、前瞻性、引领性，大大提高了我国科技创新的战略能力，已使我国科技实力跃居世界前列。

四、运动方向与运行逻辑

决定国家成败的不是对手，而是自身；反之，对手也是如此。正如孙子所言："对手不可胜在己，可胜在敌。"^③ 这方面我们要坚持"四个自信"，并进一步提高战略自信。中国全面建设社会主义现代化强国，关键在于积极谋划、主动设计强国实现路径，集中资源打造领先优势，通过率先实现部分赶超，再将优势扩大，进而实现全面超越。通过"先强"带动"后强"，实现"共同强大"，带动整个国家社会主义现代化"各方面都强大"。从建设世界强国的一般发展规律来看，就是实现从局部突破到部分强，再从总体突破到整体强，最后实现全面强的赶超过程。

强国战略集的运动方向就是要通过促进创新驱动强化自身。党的十八大以来，中国进入全面创新的发展阶段、建设科技强国发展时代。2015 年 3 月，中共中央、国务院发布了《关于深化体制机制改革加快实施创新驱动发展战略的若干意见》，提出创新发展的总体思路、主要目标和具体措施。党的十八届五中全会正式提出五大发展理念，其中创新发展为第一大发展理念，全会明确指出"把创新发展摆在国家发展全局的核心位置"。这意味着中国进入全面创新时代，呈现多元化创新主体共同创新态势，表现为党和国家创新、市场主体创新、人民主体创新；从创新内涵上讲，表现为思想创新、理论创新、实践创新、政策创新等，构成了世界上独特的创新强国主体。因此，强国战

---

① 中国科学技术信息研究所：《2023 年中国科技论文统计报告》，2023 年 9 月 20 日，国家科技图书文献中心网站。
② 玄兆辉：《充分发挥科技指标监测作用 助力科技强国建设驶入"快车道"》，《科技日报》，2022 年 6 月 27 日。
③ 《孙子兵法·军形篇》。

略集就是要提高国家创新力，充分发挥创新主体优势。这既是中国国家创新的基础条件，也是有利条件。未来需要有效凝聚各方面的创新主体力量，以共建共享促进全面创新，夯实强国之基，弥补自身短板，破除制约瓶颈，培育领先优势，使创新的主体优势转化为多个领域的持续创新优势，实现多个领域都要强、各个领域都要强。

那么，为确保强国战略集按照创新驱动的方向发展，实践中应当遵循哪些规律和逻辑呢？概括来说，强国策的运行逻辑为重点逻辑、阶段逻辑、系统逻辑、共建逻辑。

一是把握战略轴心、主导全局的重点逻辑。中国共产党的坚强领导是实现强国策的最大政治保障。新时代坚持和发展中国特色社会主义十四条基本方略的第一条，即坚持党对一切工作的领导。中国共产党的领导是中国特色社会主义最本质的特征，是中国特色社会主义制度的最大优势。历史事实也表明，中国共产党的领导是实现中华民族伟大复兴的根本保证。强国策是全面推进强党、强国、富民、强军的战略总和，其中强党是决定全局胜败至关重要的因素，是关乎强国目标能否按期实现的决定性条件。无论战略目标设定、战略路径设计、战略举措选择、战略规划执行、战略执行评估和战略攻坚收尾，还是围绕这六个阶段的战略决策、战略协调、战略耦合和战略评估，都需要强化党的集中统一领导。只有充分发挥党的丰富政治智慧，才能确保"以人民为中心"的战略价值导向，才能确保全面建设社会主义现代化强国的战略持久定力，才能确保总揽全局协调各方的战略统筹体系，才能确保稳中求进步步向前的战略总体基调。

二是把握渐进演变、持续发展的阶段逻辑。强国策要选择科学合理的路径，根据强国目标之间的作用机制和内在规律，按照发展优先序分类推进，可考虑将强国目标分为两大类：基础性目标（数量目标）和标志性目标（质量目标）。到2035年，率先实现基础性强国目标，标志性强国目标取得实质进展，进入世界强国行列；到2050年，全面完成标志性目标，基础性强国目标进一步巩固深化，进入世界强国前列。把握强国策阶段逻辑的关键在于认识和分析事物主要矛盾以及矛盾的主要方面，把握强国进程的发展规律和运行动力，驾驭发展过程中的不平衡性，实现基础性、先导性领域先强起来，为标志性、滞后性强国领域的发展准备基础。具体地看，在2020—2035年我国需要着重在国家基础性战略资源领域"筑牢强国基石"，即在2035年率先把我国基本建成交通强国、制造强国、贸易强国、经济强国、科技强国等，率先实现党的执政能力全面提高，率先基本建成教育强国（特别是高等教育强国）、人才强国、网络强国、数字中国，率先基本实现海洋强国等基础性强国目标。在基础性强国目标基本实现的有力支撑条件下，充分释放已经实现的强国战略资源，加速实现向其他标志性强国资源的战略转化，进一步实现其他领域的强国目标。

三是把握统筹兼顾、相互照应的系统逻辑。国家五年规划和中长期专项规划是构成强国策横向和纵向的两个维度，它们共同形成横纵交织的规划网络是强国战略运行的最强抓手，二者互相补充、相辅相成。通过国家五年规划，统筹推进"五位一体"总体布局，可以打牢全领域的强国基础；通过中长期专项规划，则可以深入贯彻分领域的强国战略。具体地，通过国家五年规划统筹推进经济建设、政治建设、文化建设、社会建设、生态建设，从"十四五"时期开始，争取利用六个五年规划形成阶梯体系，每五年上个大台阶，每十年迈出一大步，其中，《"十四五"规划》重在补齐短板（包括防风险与强弱项），《"十五五"规划》强化打牢强国基础，依此类推，实现各个领域都强大。根据强国策总体部署，通过中长期专项强国规划，针对各项强国战略制定路线更加清晰、时间表更加明确、分工更加合理、功能更加协同的专项规划，明确强国的中长期战略安排，突出对强国重点领域的支持，解决制约性瓶颈，促使我国各领域各部门的中长期专项发展规划基本成型，形成经纬相连、横纵交织、错落有序、前后连贯的强国总体规划大布局。

四是把握各方联合协作、增强合力的共建强国逻辑。全面建设社会主义现代化强国不仅仅是中国共产党的伟大使命，也是企业兴旺、家庭（人民）幸福、社会稳定、民族复兴等全国各族人民共同利益的力量汇聚点，是使全社会主体达成社会共识、凝聚力量的"最大公约数"。在强国战略的实践运作中，各类主体要找准位置。政府发挥导向作用，市场在资源配置中起决定性作用，社会发挥多元化与合力作用，各类主体关系并不是此消彼长、你大我小、你强我弱、你进我退的相互对立、相互竞争的关系，而是各有所长、分工协作、相互促进、互利共赢的治理主体网络。为此，需要在党的统一领导下实现多元主体相互配合，达成有效治理，激发各个部门、各类主体的主观能动性和创新活力。通过充分调动和发挥政府、市场、社会、人民各方主体的积极性、主动性、创造性，推动政府、市场、社会、人民同心同向行动，使政府有形之手、市场无形之手、社会勤劳之手、人民创造之手四手同向发力，形成利益与战略共同体。

五、强国方略的巩固与提升

我国的整体国家实力已经迈上新的发展台阶、进入新的发展阶段，接下来的 30～60 年（指到 2078 年改革开放一百周年），中国发展的机遇与挑战并存，但机遇大于挑战；合作与竞争并存，但合作大于竞争。国家实力的竞争规则是"逆水行舟、不进则退"，国家实力的竞争舞台更是"两强相遇'能'者胜"。国家整体实力的竞争，从根本上说，是发展水平的竞争，是制度进步的竞争，更是创新能力的竞争。

纵观全局，未来三十年仍是我国可以大有作为的重要战略机遇期，仍具有难得的"天时地利"。我们要顺势而为、乘势而上，主动利用大局、自觉创造"人和"的大势，从"（世界）时势造中国"向"中国造（世界）时势"转变。我们的基本结论是中国的综合国力、文化软实力、国际影响力都会强有力支撑实现第二个百年奋斗目标以及中华民族伟大复兴的中国梦。中国要充分发挥综合国力优势，发挥创新优势、政治优势、理论优势、组织优势、人民优势、文化优势，大力倡导观念创新、组织创新、制度创新、文化创新，不断增强文化软实力、扩大国际影响力，主动抓住机遇、充分利用机遇，为实现两个一百年的伟大目标创造更大范围的"天时、地利、人和"，推动中华民族健步走向伟大复兴。

尽管"时和势总体于我有利"，但是我们仍要时刻保持忧患意识，看到自身的缺点与不足，积极应对形势变化带来的确定性风险与不确定风险。首先，**国内治理面临治理挑战**。中国是世界上唯一的五级政府结构的国家，国家治理面临极大的信息不对称性、知识不对称性、权力不对称性、责任不对称性，需要不断降低各类治理成本，大幅度提高治理收益，提高国家治理能力。其次，**国际格局调整面临治理挑战**，西方国家乱象丛生，传统地缘政治板块新旧矛盾交织，"逆全球化"暗流涌动，大国博弈手段和方式无穷变化，亚太地区安全日趋紧张化。最后，**预防各类潜在风险与危机**，针对未来有可能发生的全球性经济危机（如国际金融危机等），全球性局部危机（如能源危机、粮食危机、公共卫生危机等），地缘政治危机（如乌克兰危机），影响我国安全的局部冲突（如局部军事冲突），重大的"台独"事变及外部干预，"港独"以及西藏、新疆分裂势力的严重破坏，影响全局的特大自然灾害（如特大洪水、特大地震）、全国性传染性疾病、核事故，规模虽小但影响极大的群体性事件，等等，必须未雨绸缪，提前准备应急预案与清单，主动建立长效治理机制，以发展的眼光深刻认识前进障碍，以人类最先进的文明智慧破解世界现代化与全球化难题，不断推进社会主义现代化建设向前发展。

国家领导人需要完成历史赋予的使命，不仅要应对当前世界复杂多变的境遇，还要为后代打下更加牢靠的基础，创造更加有利的条件，使建设社会主义伟大事业薪火相传、蓬勃发展。党的十八大以来，党中央积极建设并初步形成了于我国越来越有利、越来越主动的新的国际战略格局，取得了比历史上任何时期都难得的"天时地利人和"的有利局面，迎来了中国在国际社会最具影响力、最具全球领导力的历史时期。与此相反，美国和西方发达国家在金融危机之后经济发展陷入持续低迷，成为麻烦和动乱的制造核心，对内缺乏根本变革的动力与活力，对外发动战争、制造并出口了国际金融危机，大搞"逆全球化"，必然导致其综合国力整体下降，国家硬实力与软实力持续衰弱。这也加速了中美两国综合国力相对差距的动态变化，美国成为中国最大的挑战者，围堵和打压中国将成为常态，更需要加快中国式现代化强国建设的步伐。面对纷繁复杂的国际形势，我们必须清醒地意识到：**中国正处在前所未有的战略机遇期，面向极其重要的历史方位，前所未有地接近社会主义现代化强国目标。**

强国战略是确保强国目标按期实现的关键。基本思路就是在国家战略性资源的各个方面"抓重点、补短板、强优势"。"抓重点"，是指在事关国家发展命脉的关键部门和未来国际竞争的关键领域，培育具有全球竞争力的领先优势；"补短板"，是要打硬仗啃硬骨头，通过均衡发展补齐掣肘我国当前和未来发展的劣势部门，避免"阿喀琉斯之踵"①；"强优势"，是指强项在已有领先优势的基础上朝着更强的方向发展，为我国整体实现强国目标夺取先发优势。在具体实践层面，需要结合中国国情特点，在若干重点领域首先贯彻"先强论"，即率先强大起来，进入世界公认的一流水准，如加快建设世界一流大学和一流学科，加快培育世界一流企业，加快发展世界一流制造业和世界一流基础设施，建设世界创新型国家，同时还要加快建设世界一流军队。②通过"先强"带动"后强"，实现"共同强大"，带动整个国家社会主义现代化"各方面都强大"。③从事物发展一般规律的角度来看，就是实现从局部强到部分强，从部分强再到整体强，从整体强再到全面强，从短期强再到长期强的战略过程。

为了确保实现第二个百年奋斗目标，需要激励各方（国家、地方、市场、人民、社会等）对各类实力资源的投入，不断提高其占世界比重，既要发挥比较优势，又要创造战略优势，变劣势实力为优势实力，既要以优势实力带动劣势实力，又要使优势实力更优更强。同时，全面对外开放充分利用各类

---

① 原指阿喀琉斯的脚跟，在古希腊神话故事中因是其唯一一处没有浸泡到神水的地方，成为他唯一的弱点，后来在特洛伊战争中被人射中致命。现在一般是指致命的弱点、要害。

② 胡鞍钢，王洪川，谢宜泽：《强国强军的战略逻辑》，《清华大学学报（哲学社会科学版）》2017年第5期，第141-150页。

③《习近平：中国要变成一个强国，各方面都要强》，央广网，2017年2月25日，http://news.cnr.cn/native/gd/20170225/t20170225_523621139.shtml。

国际战略性资源，全面增强我国的各类实力及综合国力，不仅"发展是硬道理"，而且"综合国力更是硬道理"。为此，提出如下建议：

第一，保持经济长期持续稳定协调发展。保持宏观经济稳定，实行稳中求进、稳中求好、稳中求优，不断提高我国经济实力、农业实力、工业实力。

第二，实施创新驱动发展战略，不断提高我国科技实力和创新力，成为提高社会生产力和综合国力的战略支撑。

第三，实施人力资源强国战略、人才强国战略，持续强化投资人力资本，全面开发和充分利用我国丰富的人力资源、人才资源实力。

第四，实施绿色能源战略，提高我国能源安全保障能力，确保国计民生和国家战略需求。

第五，实施国家信息化战略、网络强国战略、大数据战略、数字经济战略，使其成为新的国家与企业、社会与个人战略性资源。

第六，加速国防军队现代化，实施军民融合战略，促进经济建设和国防建设协调发展，举全国之力提高国防实力，如期实现建军一百年奋斗目标，加快把人民军队建设成世界一流军队[①]。

第七，实施文化强国战略，推进社会主义文化建设，显著增强我国文化软实力，满足人民日益增长的精神文化需求，为实现中华民族伟大复兴提供有力支撑，大力推动中华文化现代化和中华文化"走出去"，为发展多元化的人类文明作出重大贡献。

第八，实施全面开放战略，形成对外开放战略新格局，推进"一带一路"建设，维护世界和平，积极参与全球经济治理，积极承担国际责任和义务，为发展中国家提供更多的国际援助和开展国际合作，维护国际安全，加快建立面向全球、与互联网时代相适应的中国对外传播体系，提高我国的国际影响力。

第九，主动扩大国际统一战线，采取更加积极务实的外交战略。中美竞

---

① 习近平：《高举中国特色社会主义伟大旗帜 为全面建设社会主义现代化国家而团结奋斗——在中国共产党第二十次全国代表大会上的报告》（2022 年 10 月 16 日），中国政府网，https://www.gov.cn/xinwen/2022-10/25/content_5721685.htm。

争是一场没有硝烟的战争。奥巴马执政时期推动的"巧实力"外交[①②]，在很大程度上减缓了美国综合国力下降导致的国际地位下降。中国要以更高超的外交智慧站上人类共同命运的制高点，寻求中国特色的外交框架。应该积极主动扩大统一战线，提高中国的国际地位。孤立少数顽固派，争取大多数发达国家，团结最大范围的发展中国家，朋友越多越好，敌人越少越好，通过统一战线推进共赢主义，提升中国软实力和国际影响力。以"一带一路"倡议为龙头[③]，建设以稳步提升中国国际影响力为根本导向的全球战略体系；从全面参与全球治理的高度出发，建立和完善中国对外援助体系[④]，随着我国与发展中国家经济贸易技术等合作持续扩大，可考虑直接增加官方发展援助（Official Development Assistance，ODA），主要支持"全球南方"[⑤]，全球发展和南南合作基金已增资至 40 亿美元，还筹集了 120 亿美元的专项资金，支持全球发展倡议项目落地[⑥]，进一步增加对外援助总额，履行中国的国际义务。

---

① Suzanne Nossel: "Smart power", *Foreign Affairs*, March/April, 2004. pp.131-142.

② Joseph S. Nye, Jr: "Get smart", *Foreign Affairs*, July/August, 2009. pp.160-163.

③ 截至 2023 年 10 月，已经有 150 多个国家和 30 多个国际组织与中国签署共建"一带一路"合作文件。联合国、二十国集团、亚太经合组织以及其他区域组织将共建"一带一路"倡议及其核心理念纳入成果文件。2013 年至 2023 年 10 月，中国与"一带一路"共建国家货物贸易进出口总额累计超过 21 万亿美元，对共建国家直接投资累计超过 2700 亿美元（中国一带一路网站）。中国与有关国家核准了《"一带一路"融资指导原则》，出资 400 亿美元成立丝路基金，并于 2017 年和 2023 年分别增资 1000 亿元、800 亿元人民币（丝路基金网站）。

④ 当前我国的对外援助虽然增长较快且规模已居世界第 4 位，但是与我国经济总量、对外贸易、对外投资占世界比重仍有很大的不对称，与我国的国际地位不符。见胡鞍钢，张君忆，高宇宁：《对外援助与国家软实力：中国的现状与对策》，《武汉大学学报（人文科学版）》，2017 年第 70 卷第 3 期，第 5-13 页，DOI:10.14086/j.cnki.wujhs.2017.03.001。

⑤ 一般是指包括非洲、拉丁美洲和加勒比地区、太平洋岛屿以及亚洲的发展中国家，南南合作金融中心把"全球南方"定义为"77 国集团和中国"。

⑥ 国家国际发展合作署：《国家国际发展合作署举行持续推进国际发展合作和援外事业新闻发布会（全文稿）》，2023 年 10 月 31 日，http://www.cidca.gov.cn/2023-10/31/c_1212295737.htm。

六、在挑战中提升国际影响力，构建新型国际关系

当今世界正经历百年未有之大变局，我国正走近世界舞台中心，应努力把本国发展机遇转变为世界发展机遇，构建新型的国际关系。纵观当今世界变局，习近平总书记明确作出了"三大趋势"[①] "三个前所未有"[②] "三个重大危险"[③] 等关键性战略判断，科学回答了我们处于什么环境、站在什么方位、面临什么挑战等一系列基本问题。本节聚焦"三个重大危险"中可能给我国发展造成重大影响的挑战，详细分析在构建新型国际关系中应妥善处理好的几个重大国际关系。

第一，处理好与南方国家的关系。中国是世界上最大的发展中国家，与南方国家同处在第三世界，有着长期的根本的共同的利益。 从文化上看，中国儒家传统文化有助于中国与其他大国，尤其是发展中大国建立不同层次的战略伙伴关系。[④] 从发展上看，中国带动南方国家经济起飞，已经加速改变世界南北格局。1990—2022 年，南方国家 GDP（PPP，2021 年国际元）占世界总量的比重从 38.1% 上升至 55.3%，提高了 17.2 个百分点。其中，中国 GDP 占世界的比重从 3.1% 上升至 18.5%，跃居世界第一位，提高了 15.4 个百分点；印度占世界总量的比重从 3.2% 上升至 7.6%，超过了日本，跃居世界第三位，

---

① 习近平指出：当今世界是一个变革的世界，是一个新机遇新挑战层出不穷的世界，是一个国际体系和国际秩序深度调整的世界，是一个国际力量对比深刻变化并朝着有利于和平与发展方向变化的世界。（《中国必须有自己特色的大国外交》，《习近平谈治国理政》第二卷，北京，外文出版社，2017 年。）

② 习近平指出：我们前所未有地靠近世界舞台中心，前所未有地接近实现中华民族伟大复兴的目标，前所未有地具有实现这个目标的能力和信心。人民网，jhsjk.people.cn/article/29436907。

③ 习近平指出：从国家安全面临的威胁来看，主要存在国家被侵略、被颠覆、被分裂的危险，改革发展稳定大局被破坏的危险，中国特色社会主义发展进程被打断的危险。人民网，jhsjk.people.cn/article/28050332。

④ Wilfried Bolewski, Candy M. Rietig: "The Cultural Impact on China's New Diplomacy," *The Whitehead Journal of Diplomacy and International Relations*, Vol. 8, No.3, 2008,pp.85-86.

提高了 4.4 个百分点^①。与此同时，北方国家 GDP 占世界总量的比重从 61.9% 下降至 44.7%，下降了 17.2 个百分点。其中，美国占世界的比重从 18.6% 下将至 15.0%，下降了 3.6 个百分点；欧盟占世界的比重从 23.8% 下降至 15.0%，下降了 8.8 个百分点。^② 这从根本上改变了过去三十多年南北的基本格局。中国本着相互尊重、求同存异的基本方针，积极主动与发展中大国发展关系，特别是大力加强金砖国家合作机制建设。对南方国家保持战略耐心，积极**扩大与南方国家的互利共赢合作**，从新中国成立以来，我国的国际发展援助持续了长达 70 多年，在南南合作框架下提供的对外援助为全球发展事业作出了积极贡献。从 1950 年到 1978 年，中国的对外受援国（南方）增加到 66 个；1979 年邓小平同志明确表示"我们应当肯定我们过去援助第三世界是正确的"，此后中国的受援国从 20 世纪 80 年代的 83 个进一步发展到 2012 年的超过 100 个；党的十八大以来，习近平总书记创造性提出了"构建人类命运共同体"的对外政策命题和"一带一路"的发展倡议，坚持"义利相兼、以义为先"，通过"多予少取"或"只予不取"的经济援助、经验分享和集群式发展，帮助受援国走上自强发展的道路，主动对最不发达国家和发展中国家减免进口关税、提供优惠融资贷款等，始终坚持与"穷哥们"做"好兄弟"。党中央决定组建新的国家国际发展合作署并于 2018 年 4 月正式挂牌成立，制定了中国新的国际发展援助规划，创新援外八项原则的升级版本^③，真正做到"雪中送炭"。中国政府还积极推动发达国家、高收入国家以及新兴经济体增加各类发展援助占 GDP 的比重，扩大全球国际发展援助计划，主动承担与中国综合国力对

---

① 20 个世界经济大国（2022 年 GDP，PPP）的排位是：中国、美国、印度、日本、德国、俄罗斯、印度尼西亚、巴西、英国、法国、土耳其、意大利、墨西哥、韩国、西班牙、沙特阿拉伯、埃及、波兰、伊朗、澳大利亚。世界银行 WDI 数据库，https://data.worldbank.org/indicator/NY.GDP.MKTP.PP.KD?end=2022&locations=1W&most_recent_value_desc=true&start=2021&view=chart。

② 计算数据来源：世界银行 WDI 数据库，https://data.worldbank.org/indicator/NY.GDP.MKTP.PP.KD?locations=OE-1W-CN-IN-US-EU。

③ 国际发展合作研究所，西非与非洲研究所，国际发展政策与咨询传播促进平台：《中国与国际发展报告　纪念、传承与创新——中国对外援助 70 年与国际合作发展转型》，2020 年 12 月，https://res.caidev.org.cn/rc-upload-1610434227796-7-1610434530473.pdf。

应的国际责任。**全面推动中国与南方国家的战略伙伴关系升级，积极争取南方国家的广泛认可和尊重**，"得道者多助"，"多助之至，天下顺之"①。

第二，处理好与北方国家的关系。荀子曰："夫好利而欲得者，此人之情性也。"② 国家利益是任何国家都必然追求的决定性目标，对北方国家尤其如此。处理好与北方国家的关系，要"利"字当头，以强化和拓展共同利益为战略基点，既要讲利，更要讲德，以"德"作为战略与道义制高点；积极主动扩大朋友圈，缩小对手圈，孤立顽固者。主动建立新型大国关系，保持战略定力，加快建设世界一流军队③，坚决维护安全和核心利益，在涉及国家核心利益问题上，敢于划出红线，亮明底线。必须清醒地认识到，国家之间的利益分歧、意识形态对立、文化文明差异不仅客观存在，而且长期存在，既要强调国家利益与全球利益的平衡，又要强调不同东西文化文明的"和而不同"。妥善处理与北方大国之间的重大分歧，加强大国之间的多边双边高层往来，强化多领域的沟通与合作，建立国家利益协调和危机应对机制，特别是完善国家安全委员会机制，在关键议题、关键时候，旗帜鲜明地亮出中国底牌，反对霸权主义、强权政治和新干涉主义，占领话语制高点。充分利用在非传统安全方面的合作，来对冲并降低传统安全对我威胁。④ 主动向世界充分展现一个不争霸、不退缩、不结盟的新型世界大国形象。

第三，做好南方国家与北方国家之间的沟通桥梁。根据世界经济格局变迁和大国实力走向，对中国国际发展战略及大国外交问题进行顶层设计，**构建一个与北方国家和南方国家兼容并包的新型大国外交政策框架，主动提出中国的世界观、天下观**。中国已经成为重塑国际秩序的重要力量，要积极构

---

① 《孟子·公孙丑下》。
② 《荀子·性恶篇》。
③ 胡鞍钢，王洪川，谢宜泽：《强国强军的战略逻辑》，《清华大学学报（哲学社会科学版）》2017 年第 5 期，第 141-150 页。
④ 参考了张蕴岭：《寻求崛起中国与世界的良性互动》，《国际经济评论》2013 年第 4 期，第 50-59 页。

建合作共赢的国际关系，以"共商共建共享"为全球治理核心理念①，发挥大国外交的作用和影响，在外交舞台上充分施展大国外交的影响力，向各国提出经济共建共荣的中国主张、主动作出开放国内市场的中国承诺、分享发展实践的中国经验。要充分利用大国外交的重要"王牌"，如自由贸易协定（FTA）、互免签证、长期签证等，主动与关键世界经济贸易大国签订自由贸易协定和双边投资协定，既要把南方崛起的世界机遇转变为中国的机遇，更要把中国的机遇转变为世界的机遇。②妥善解决大国分歧、南北分歧，推动国际秩序公平合理发展，促进全球经济治理机制不断完善，拓展对外贸易平台、促进国际贸易合作交流，推动建设统一、开放、包容的全球大市场。

第四，有效应对美国的战略挑战。中美关系是世界上最重要的双边关系之一。中国不仅是世界上最大的发展中国家，还是世界上最大的新兴经济体；而美国是世界上最大的发达国家。即使中国在经济实力、工业实力、科技实力、综合国力等方面超过美国，也并不意味着中国要挑战美国，不意味着中国要取代美国，在世界上称王称霸。而美国带头发动对中国的贸易战，中国不想打，不怕打，不得不打，即使打也是"一报还一报"。客观上，美国仍然停留在冷战思维，奉行霸权主义，对中国不仅不信任，还作出错误判断。这在历史上有过深刻的教训，最好的例证就是朝鲜战争，美国不得不承认在错误的时间、错误的地点发动了一场错误的战争。新中国成立以来，中国从不惧怕以美国为首的西方国家发动各种战争（包括军事威胁、经济制裁、贸易战等）的公开挑战，坚决维护中国国家核心利益。

第五，积极应对全球气候变化的长期挑战。中国是世界上二氧化碳排放最多的国家，又是相对减排力度最大的国家。根据英国石油公司（BP）《2022

① 《习近平主持中央政治局集体学习时强调 推动全球治理体制更加公正合理 为我国发展和世界和平创造有利条件》，《人民日报》，2015年10月14日。
② 习近平指出："中国和平发展道路能不能走得通，很大程度上要看我们能不能把世界的机遇转变为中国的机遇，把中国的机遇转变为世界的机遇，在中国与世界各国良性互动、互利共赢中开拓前进。"见《更好统筹国内国际两个大局 夯实走和平发展道路的基础》，《人民日报》，2013年1月30日。

全球能源统计》提供的数据，中国的碳排放从 2005 年的 61.0 亿吨碳当量上升至 2013 年的 92.38 亿吨碳当量，进入高峰平台期，2021 年达到 105.2 亿吨碳当量，占世界总量的比重从 2005 年的 21.7% 上升至 2021 年的 31.2%，是美国占世界比重（13.9%）的 2.2 倍。与此同时，中国相对碳减排提前实现了 2020 年目标（下降 40% ~ 45%），到 2018 年单位 GDP 能耗比 2005 年下降了 45.8%，中国正处在从相对碳减排到绝对碳减排的重要过渡期和关键期。2019 年 9 月 23 日联合国召开气候行动峰会，77 国代表公布了到 2050 年实现温室气体实际零排放的长期目标，欧盟 28 国也将采取同样的目标行动。因此，中国面临的最大挑战和国际压力在于能否在 2030 年前提前达到碳排放高峰，为此习近平总书记明确提出："要积极稳妥推进碳达峰碳中和，坚持全国统筹、节约优先、双轮驱动、内外畅通、防范风险的原则，落实好碳达峰碳中和 '1+N' 政策体系，构建清洁低碳安全高效的能源体系，加快构建新型电力系统，提升国家油气安全保障能力。"[①] 之后，我国将进入碳排放持续大幅度下降期，但即使如此，到 2050 年中国实现温室气体实际零排放的长期目标仍面临巨大的挑战。

第六，积极应对国内外重大挑战。所谓重大挑战，是指能够对我国政治经济社会发展、环境保护气候变化造成重大破坏和严重困难的重大事件和突出矛盾，这些重大挑战既来自国内的深层次矛盾，也可能来自国际或全球的重大危机及外部冲击。按照重大挑战能否被预见的特征，还可将其分为"可预见"和"不可预见"两类。所谓"可预见"事件，或称大概率发生的"灰犀牛"事件[②]，如美国公开支持"台独""港独"等，直接挑战中国的国家核心利益。所谓"不可预见"的、"突如其来"的事件，或称极其罕见的、出乎人

---

① 《习近平在全国生态环境保护大会上强调 全面推进美丽中国建设 加快推进人与自然和谐共生的现代化》，人民网，2023 年 7 月 18 日，http://jhsjk.people.cn/article/40038459。
② 是指该重大挑战能够被人们根据其发展特点、规律、趋势进行预判，从而在事前进行主动性防御，降低或化解其负面影响。

们意料的"黑天鹅"事件[①]，如影响全局的特大自然灾害（如九八特大洪水、汶川特大地震）、全国性传染性疾病（如"非典"疫情、新冠疫情）、特大核安全事故等。这些事件或挑战也常常交织在一起，"黑天鹅"事件可能会引发"灰犀牛"事件，而"灰犀牛"事件也可能会导致"黑天鹅"事件。[②]

未来，我国仍然会面临各类重大挑战。大致可分为经济、政治、社会、文化、生态、国家安全、国际环境七个方面，其中"灰犀牛"事件约有 38 种，"黑天鹅"事件约有 15 种，共计 53 种（见表 7-2）。当然，可能还会有其他的"灰犀牛"或"黑天鹅"事件，而且一地一国的危机还可能会引发全球危机，例如 2008 年爆发的国际金融危机以及各种派生的危机就是最好的说明。

表 7-2　各类挑战中的"灰犀牛""黑天鹅"事件

类型	"灰犀牛"事件	"黑天鹅"事件
经济	经济安全、金融安全、财政安全、科技安全	债务危机
政治	政治安全、腐败、不正之风、官僚主义	高官腐败
社会	社会安全、人民安全、老龄化、少子化、慢性病、民生短板、违法犯罪	重大传染性疾病、特大安全事故
文化	文化安全、信息和网络安全	国外敌对势力插手
生态	能源安全、资源安全、生态安全、气候变化	突发性重大自然灾害、特大地震、重大环境灾害、核事故
国家安全	军事安全、国土安全、民族分裂、极端宗教、"台独"、"港独"、西藏分裂势力、新疆分裂势力	暴力恐怖活动、非传统安全
国际环境	美国霸权主义、贸易保护主义、单边主义、国际恐怖主义、绝对贫困、国际难民潮、环境危机、全球气候变暖	国际金融危机与经济危机、能源危机、全球供应链安全、地区热点冲突

注：由笔者设计。

[①] 是指该重大挑战的发展规律尚未被人们充分掌握，无法就其发展趋势和可能性进行准确预判，因而只能在事中或事后进行被动性调整。

[②] 胡鞍钢，张巍：《我国新时代面临的重大挑战与主动应对》，《北京交通大学学报（社会科学版）》2018 年第 1 期，第 1-8 页。

习近平指出："保证人民安居乐业，国家安全是头等大事。"① 为此，中国有效地建立了应对各种危机的制度体系机制，这是国家提供的最典型的公益性产品，如同新鲜空气，虽然看不见摸不着，但所有的人民都必须每时每刻呼吸，必须使所有人民获得安全感。当前，"中国是世界上公共安全最好的国家之一"②。

习近平总书记在 2014 年主持召开中央国家安全委员会第一次会议时首次提出了中国的总体国家安全观：以人民安全为宗旨，以政治安全为根本，以经济安全为基础，以军事、文化、社会安全为保障，以促进国际安全为依托，走出一条中国特色国家安全道路；构建集政治安全、国土安全、军事安全、经济安全、文化安全、社会安全、科技安全、信息安全、生态安全、资源安全、核安全等于一体的国家安全体系。③ 为此，习近平亲自担任主席，成立了中央国家安全委员会，建立起集中统一、高效权威的国家安全体制，加强对国家安全工作的领导；全面实施《中华人民共和国国家安全法》（2015 年 7 月 1 日正式颁布和实施），该法对国家安全作出了明确的定义④，并对政治安全、国土安全、军事安全、文化安全、科技安全等 11 个领域的国家安全任务进行了明确与分工。这正是中国从"世界大国"走向"世界强国"的重大标志和制度基础。⑤

诚如习近平总书记经常提到的：中华民族伟大复兴，绝不是轻轻松松、敲锣打鼓就能实现的。⑥ 在前进道路上，我们面临的风险考验只会越来越多、越

① 《习近平关于"国家安全"论述摘编：一切为了人民》，人民网，2016 年 4 月 19 日，http://jhsjk.people.cn/article/28285703。
② 2015 年中国每 10 万人口谋杀率仅为 0.6，是世界上 189 个国家中最低的之一。UNDP. *Human Development Indices and Indicators 2018 Statistaical Update*.Table 12, Human security.
③ 《中央国家安全委员会第一次会议召开 习近平发表重要讲话》，中国政府网，2014 年 4 月 15 日，https://www.gov.cn/xinwen/2014-04/15/content_2659641.htm。
④ 《中华人民共和国国家安全法》第二条：国家安全是指国家政权、主权、统一和领土完整、人民福祉、经济社会可持续发展和国家其他重大利益相对处于没有危险和不受内外威胁的状态，以及保障持续安全状态的能力。
⑤ 胡鞍钢、门洪华认为，进入 21 世纪，标志着中国从"世界大国"走向"世界强国"，建立国家安全委员会既是保证国家安全的客观需要，也是保障实现"两个一百年"国家大战略目标的制度基础。胡鞍钢，门洪华：《关于建立国家安全委员会的建议》，《国情报告》（专刊）2013 年第 15 期。
⑥ 习近平：《决胜全面建成小康社会 夺取新时代中国特色社会主义伟大胜利——在中国共产党第十九次全国代表大会上的报告》（2017 年 10 月 18 日），中国政府网，https://www.gov.cn/zhuanti/2017-10/27/content_5234876.htm。

来越复杂，甚至会遇到难以想象的惊涛骇浪，我们面临的各种斗争不是短期的而是长期的，至少要伴随我们实现第二个百年奋斗目标全过程。[1] 我们也坚信："今天，社会主义中国巍然屹立在世界东方，没有任何力量能够撼动我们伟大祖国的地位，没有任何力量能够阻挡中国人民和中华民族的前进步伐。"[2]

七、发挥新型举国体制优势 [3]

新型举国体制作为传统举国体制在中国特色社会主义新时代的历史延续，它不仅继承了传统举国体制的优点，而且契合了社会主义市场经济、包容主义经济全球化等时代要求，呈现出与时俱进的新特点。因此，新型举国体制与传统举国体制的基本特征既有相同的一面又有不同的一面，可视为传统举国体制在新时代、在社会主义市场经济体制下的增强版、升级版（见表7-3）。

表7-3　传统举国体制与新型举国体制的基本特征和运用领域

维度	传统举国体制	新型举国体制
领导核心	中国共产党	中国共产党
价值取向	全心全意为人民服务	以人民为中心，全心全意为人民服务
资源配置方式	计划经济	社会主义市场经济
参与主体	政府、农民、工人、知识分子	政府、市场、企业、社会、个人等
外部环境	"冷战"两极格局、美国制裁封锁	世界多极化、经济全球化、美国遏制中国
运用领域	"两弹一星"、扫除文盲、防治传染病、重大灾害、重大基础设施等	前沿科技、民生工程、扶贫脱贫、军民融合、应急管理、生态文明建设、国家重大项目和工程、竞技体育等

---

[1] 任仲平：《初心铸就千秋伟业——为庆祝新中国成立70周年而作（下）》，《人民日报》，2019年9月30日，第1版。

[2] 习近平：《在庆祝中华人民共和国成立70周年大会上的讲话》（2019年10月1日），人民网，http://jhsjk.people.cn/article/31383364?isindex=1。

[3] 本小节内容引自谢宜泽，胡鞍钢：《新型举国体制：时代背景、基本特征与适用领域》，《深圳大学学报（人文社会科学版）》2021年第4期，第18-26页。有所更新和改动。

第一，坚持党的领导作用是新型举国体制和传统举国体制共同的领导核心特征。团结就是力量，无论是新型举国体制还是传统举国体制，它们作为一种强大的国家能力，根本上解决的就是"团结"的问题。当然，团结的首要现实问题就是由谁来领导和组织的问题。1949 年之前的旧中国曾经长期处于"一盘散沙""四分五裂"的状态，最终历史和人民选择了中国共产党，其中一个重要原因就是中国共产党可以整合广大中国人民的力量。"党政军民学，东西南北中，党是领导一切的。"[①]针对党的领导不断弱化的突出问题，习近平总书记多次强调"党是领导一切的"。在日趋复杂的国际环境和国内环境面前，只有"确保党中央权威和集中统一领导，确保党发挥总揽全局、协调各方的领导核心作用"，才能统筹协调全国的物力、财力和人力，摆脱各种形形色色的利益集团的掣肘，超越短期利益和局部利益之争，聚焦主要目标攻坚克难。因此，关于举国体制的领导核心和组织体系等，新型举国体制和传统举国体制基本是一脉相承的。

第二，坚持以人民为中心是新型举国体制和传统举国体制共同的价值取向特征。发展依靠人民的重要前提是发展必须为了人民、发展成果必须由人民共享。社会主义制度之所以可以集中力量办大事、发挥人民的主体地位，关键在于始终坚持以人民为中心的价值取向。"两弹一星"、月球探测等科技工程，南水北调、脱贫减贫等民生工程，抗击"非典"、抗震救灾、抗击新冠疫情等应急事件，凡举国体制所办之事无一不是与广大人民的切身利益和未来利益密切相关。任何发展方式都是手段，人的自由而全面发展才是最终目的。对中国 14 亿多全体人口而言，增进人民福祉、促进人的全面发展既是举国体制的出发点，也是它的落脚点，新型举国体制的最终目的是举全国人民之力让全体人民普遍受益、长期受益。因此，对于举国体制办人民之大事这一根本性问题，新型举国体制"以人民为中心，全心全意为人民服务"的宗旨和

[①] 1962 年 1 月 30 日，毛泽东在扩大的中央工作会议上指出："工、农、商、学、兵、政、党这七个方面，党是领导一切的，党领导工业、农业、商业、文化教育、军队和政府。"《毛泽东文集》第八卷，北京，人民出版社，1999 年，第 305 页。

传统举国体制"全心全意为人民服务"的宗旨是前后延续、贯通一致的。

第三，充分适应社会主义市场经济是新型举国体制区别于传统举国体制的资源配置方式特征。改革开放之前，传统举国体制资源配置的主要方式是计划经济体制的行政指令，在特殊情况下，基于强烈的历史使命感和强大的绩效合法性压力，国家甚至不时打破制度、常规和专业分际，强力动员国家所需要的社会资源，形成运动式治理特征[①]。1992 年，党的十四大提出了建立社会主义市场经济体制的改革目标，经过十余年的不断发展和完善，市场已经在资源配置中起决定性作用。新型举国体制是社会主义独特的政治制度和市场机制相结合的产物，必然要求改革并突破传统举国体制以计划为主的资源配置方式，转向以市场为主的资源配置方式，不仅继续重视社会效益，而且也更加注重经济效益、物质激励和可持续性。既要以举国体制的资源动员能力弥补市场机制的无秩序和盲目性短板，又要以市场机制的资源配置能力弥补举国体制的弱激励和低效率短板，实现举国体制与市场机制的双重优势互补。实践表明，有为政府与有效市场的两手合力显然优于一只手之力。尊重经济运行的客观规律、充分发挥市场的资源配置作用是新型举国体制不同于传统举国体制最显著的特征。

第四，充分发挥市场和社会力量是新型举国体制区别于传统举国体制的参与主体特征。传统举国体制的参与主体比较单一，主要是政府以及政府动员下的农民、工人和知识分子等个人。改革开放之后，我国企业、个体工商户、农民专业合作社等市场主体以及社会团体、社会服务机构、基金会等社会组织蓬勃发展。其中，各类市场主体的数量从改革开放初期的 49 万户，增长到2022 年年底的 1.6 亿户，占总就业人数（7.3 亿人）的 21.9%，其中实有企业总数达到 5200 万户[②]，均居世界首位，我国成为世界上拥有最多创业者、企业

---

① 冯仕政：《中国国家运动的形成与变异：基于政体的整体性解释》，《开放时代》2011 年第 1 期，第 73-91 页。

② 李克强：《政府工作报告——2023 年 3 月 5 日在第十四届全国人民代表大会第一次会议上》，中国政府网，https://www.gov.cn/gongbao/content/2023/content_5747260.htm?eqid=bccbe62300010001000000664619e9e&wd=&eqid=fd2f97f80000300c0000000264901969。

家的国家，平均每个实有企业提供 14.0 个就业岗位，这也是中国作为世界上拥有最多劳动年龄人口的国家能够实现"充分就业"目标的根本原因。与中国相反的是，2023 年印度人口已经超过中国，但是印度的劳动力总数仅相当于中国的 67.0%[①]。这是因为中国女性的就业参与率为 71%，印度仅为 25%[②]，这充分体现了中国制度优势与人力资源开发优势的综合优势。"积力之所举，则无不胜也；众智之所为，则无不成也"，众多市场主体的合力显然优于单一市场主体之力。因此，新型举国体制必然要求充分发挥市场主体和社会组织的力量，必然要求形成以中国共产党为领导，政府统筹协调，市场、社会、个人等多元主体协同配合的参与格局，以最大限度地调动和激发各方主体（包括外商投资企业）[③] 的积极性与创造性。

第五，充分融入经济全球化进程是新型举国体制区别于传统举国体制的外部环境特征。第二次世界大战之后，美国与苏联形成了两极对峙的"冷战"格局，以美国为首的西方资本主义国家对中国长期实施经济制裁和技术封锁。传统举国体制正是在相对封闭的外部环境中产生，也不得不在相对封闭的外部环境中运行，它充分展现了特殊历史时期全国人民保卫国家安全和争取政权独立的自力更生、艰苦奋斗的民族斗志和精神风貌。20 世纪 90 年代苏联解体、东欧剧变之后，和平发展大势不可逆转，世界政治经济格局走向多极化，经济全球化迅猛发展，我国融入世界的深度和广度不断加深和扩展。根据国家统计局和世界贸易组织（WTO）的数据，2009 年我国超过德国成为世界第一大货物出口国，2013 年超过美国成为世界第一大货物贸易国，2021 年我国货物进出口总额达到 6.05 万亿美元，占世界总量的比重为 13.5%[④]。在世界

---

① 数据来源：世界银行 WDI 数据库，https://data.worldbank.org/indicator/SL.TLF.TOTL. IN?end=2023&locations=CN-IN&start=1960&view=chart。

② 数据来源：世界银行 WDI 数据库，https://data.worldbank.org/indicator/SL.TLF.ACTI.FE. ZS?end=2022&locations=CN-IN&start=1960&view=chart。

③ 2022 年我国外商投资企业数达到 67.41 万户，注册资本为 13.87 万亿美元。见国家统计局：《2023 中国统计年鉴》，北京，中国统计出版社，2024 年，第 364 页。

④ 数据来源：世界贸易组织数据库；国家统计局：《中国统计摘要 2022》，北京，中国统计出版社，2022 年，第 202 页。

240 多个国家和地区中，我国成为 140 个国家和地区的第一大贸易伙伴，占世界国家和地区总数的 60% 左右。特别是 2013 年习近平总书记提出"一带一路"倡议之后，目前已经得到 152 多个国家（地区）和 32 个国际组织的积极响应，签署了 200 多份共建"一带一路"合作文件，带头提供全球性与区域性自由贸易与基础设施投资的公共产品，2023 年中国对外直接投资 1478.5 亿美元，位居全球第一。① 作为世界上最大的货物贸易体、第一大对外直接投资国，我国已经是世界各国最大的利益相关者，必然是"得道者多助"。根据比较优势理论，国内外要素合力显然优于国内单要素之力。正是外部环境的重大变化，使得新型举国体制可以在充分融入经济全球化的过程中利用国内国际两种资源、两种市场，正在打破欧美长期垄断国际市场、资源、技术、人才等要素的局面和制约，大力积极推动世界百年未有大变局。

通过以上的分析可以发现，新型举国体制是中国式现代化的重要特征，不仅没有因为建立社会主义市场经济体制而过时，它还完全可以通过经济体制改革升级以新的面貌继续发挥举国优势作用。比较而言，新型举国体制是对传统举国体制辩证的扬弃，而不是简单的否定。一方面，新型举国体制既继承了传统举国体制党的领导和社会主义集中力量办人民之大事等优点，又契合时代发展要求，呈现出资源配置市场化、参与主体多元化以及外部环境开放化等新型基本特征。另一方面，新型举国体制与传统举国体制在由谁领导、终极目的等重大的根本性和前提性问题方面并没有发生改变，它们的主体内容是相通的，改变的主要是举国体制的具体实施方式与路径，充分利用社会主义市场经济体制和不断地改革优化，在主动参与地区性、全球性市场竞争中显示了灵活性、创新性和独特性。

新型举国体制是成就伟大事业的国之利器，是强大国家意志的重要体现，一方面它在中国特色社会主义新时代必须得到坚持和发扬，另一方面它的运用关键在于对"度"和边界的把握，在于坚持有所为有所不为的原则。新型

---

① 商务部，国家外汇管理局：《2023 年我国全行业对外直接投资简明统计》，商务部网站，http://fec.mofcom.gov.cn/article/tjsj/ydjm/jwtz/202401/20240103469620.shtml。

举国体制作为一种特殊的组织制度安排，主要解决的是广泛存在的市场失灵问题，主要提供的是具有巨大正外部性、规模效应和提升国家竞争力的基础性、尖端性和重大性公共产品，因此，它主要适用于以下六个领域。

第一，涉及国家发展战略的前沿科技类领域。当前国家竞争的主战场已经转移到科技竞争，科技创新能力不仅是企业竞争的核心能力，更是国家参与全球竞争的核心能力。然而，随着科学研究所需的资源投入规模不断扩大，许多前沿科技创新早已不是凭借某个个人或独立机构可以完成的事业，国家在科技创新领域所扮演的角色日益重要。从科技发展规律来看，"二战"后科技发展模式逐渐从传统欧洲式的"自由探索"模式演变为以国家为主体的"大科学工程"模式与以市场为主体的"需求牵引"模式相结合[①]。从各国科技发展实践来看，许多人或许认为只有社会主义国家或者发展型国家才有举国体制，而宣扬分权制衡和新自由主义的欧美发达资本主义国家不存在举国体制，事实并非如此，在航天航空方面，欧洲航天局（European Space Agency，ESA）和美国国家航空航天局（National Aeronautics and Space Administration，NASA）都是在全球科技竞争背景下典型的举国体制机构设置。[②]

习近平总书记指出，落实创新驱动发展战略，必须实施一批关系国家全局和长远的重大科技项目。发挥市场经济条件下新型举国体制优势，集中力量、协同攻关，为攀登战略制高点、提高我国综合竞争力、保障国家安全提供支撑。[③]加快建设以国家实验室为引领的创新基础平台，打造聚集国内外一流人才的高地，形成代表国家水平、国际同行认可、在国际上拥有话语权的科技创新实力，成为抢占国际科技制高点的重要战略创新力量。在具体领域，习近平总书记提出抓紧实施已有的 16 个国家科技重大专项，攻克高端通用芯片、集成电路装备、宽带移动通信、高档数控机床、核电站、新药创制等关键核

① 刘天星：《科技发展亟须构建新型举国体制》，《学习时报》，2019 年 7 月 7 日，第 6 版。
② 欧洲航天局成立于 1975 年，是欧洲二十余个国家参与的、致力于探索太空的政府间组织，总部设在法国巴黎。美国国家航空航天局成立于 1958 年，是美国联邦政府负责制定、实施民用太空计划和开展航空科学研究的机构。
③ 习近平：《关于〈中共中央关于制定国民经济和社会发展第十三个五年规划的建议〉的说明》，人民网，2015 年 11 月 3 日，http://jhsjk.people.cn/article/27772663。

心技术。从更长远的战略需求出发，在航空发动机、量子通信、智能制造和机器人、深空深海探测、重点新材料、脑科学、健康保障等领域再部署一批体现国家战略意图的重大科技项目。这些重大项目均成为新质生产力，有效地推动进入世界科技前列。在涉及国家发展全局的前沿科技领域，必须以新型举国体制构建政府、企业、高校、科研机构、国家实验室等多元主体协同参与的国家科技发展体系，在战略必争领域打破重大关键核心技术受制于人的局面，引领世界科技发展潮流。

第二，涉及普惠兜底性质的民生工程类领域。党的十九大报告指出："中国特色社会主义进入新时代，我国社会主要矛盾已经转化为人民日益增长的美好生活需要和不平衡不充分的发展之间的矛盾。"①党的二十大报告明确提出"基本公共服务实现均等化，农村基本具备现代生活条件"的民生目标。其中，普惠性、基础性、兜底性的教育、养老、医疗、就业、住房、脱贫等民生工程就是发展不平衡不充分的重要体现。如何在发展过程中保护脆弱的个体免遭自由放任市场经济的侵害，让改革发展成果更公平地惠及所有人民，关键是以国家的力量构建覆盖全民、统筹城乡的社会保障体系，保障和改善民生。当前我国在民生领域还存在不少短板，以不同收入人群划分，农村贫困人口更是短板中的短板，他们的生活水平在很大程度上决定了全面建成小康社会的成色。为此，我国开展全国性扶贫攻坚战，正如习近平总书记所言："打赢了人类历史上规模最大的脱贫攻坚战，全国八百三十二个贫困县全部摘帽，近一亿农村贫困人口实现脱贫，九百六十多万贫困人口实现易地搬迁，历史性地解决了绝对贫困问题，为全球减贫事业作出了重大贡献。"②

对于民生领域的突出短板，在计划经济时期，传统举国体制的重要作用突出表现在开展扫盲运动、迅速降低文盲率，开展爱国卫生运动、防治各类

① 习近平：《决胜全面建成小康社会 夺取新时代中国特色社会主义伟大胜利——在中国共产党第十九次全国代表大会上的报告》（2017年10月18日），中国政府网，https://www.gov.cn/zhuanti/2017-10/27/content_5234876.htm。
② 习近平：《高举中国特色社会主义伟大旗帜 为全面建设社会主义现代化国家而团结奋斗——在中国共产党第二十次全国代表大会上的报告》（2022年10月16日），中国政府网，https://www.gov.cn/xinwen/2022-10/25/content_5721685.htm。

传染病、推行农村医疗合作、提供基本卫生服务等方面，为改革开放之后经济快速发展创造了人口红利、健康红利和人力资本红利。在社会主义市场经济时期，基本民生问题的解决主要是靠充分发挥新型举国体制的作用，特别是中国式现代化的社会发展目标是"七个有所"，即"幼有所育、学有所教、劳有所得、病有所医、老有所养、住有所居、弱有所扶"。举全国之力，在政策支持、资源投入、人员保障等方面多管齐下形成合力，从而确保实现了第一个百年奋斗目标。

第三，涉及国家国防安全的军民融合类领域。国防安全是最典型的公共产品，它的非排他性和非竞争性特征使得国家成为国防安全的天然垄断者和唯一供给者。党的十八大以来，我国经济实力、工业实力、科技实力、国防实力与综合国力进入世界前列。习近平"明确党在新时代的强军目标是建设一支听党指挥、能打胜仗、作风优良的人民军队，把人民军队建设成为世界一流军队"①。这就有赖于将我国经济实力、工业实力、科技实力和综合国力有效转化为国防实力，努力走出一条国家主导、需求牵引、市场运作相统一的军民深度融合之路。那么，如何实现军民之间的深度融合？关键是充分利用新型举国体制的合力优势，打破军用系统和民用系统相互封闭的隔离状态，促进科技系统、经济系统和军事系统的跨区域、跨领域协同合作。中央军委主席习近平在视察战略支援部队时也指出："要扭住军民融合不放松，善于在社会主义市场经济条件下发挥举国体制优势，统筹各方面力量资源，不断拓展融合深度和广度，构建一体化的国家战略能力。"②新型举国体制在军民融合领域完全可以大有作为，从而在国家安全环境深刻变化的环境之下，推动新时代强国强军目标更快更好地实现。

第四，涉及人民生命财产的应急管理类领域。同自然灾害抗争是人类生

---

① 习近平：《决胜全面建成小康社会 夺取新时代中国特色社会主义伟大胜利——在中国共产党第十九次全国代表大会上的报告》（2017 年 10 月 18 日），中国政府网，https://www.gov.cn/zhuanti/2017-10/27/content_5234876.htm。

② 习近平：《努力建设一支强大的现代化战略支援部队》，《人民日报》，2016 年 8 月 30 日，第 1 版。

存发展的永恒课题。中国自古以来就是世界上遭受自然灾害最严重的国家之一，自然灾害种类多、分布广、频率高是中国的基本国情。面对自然灾害，人民的生命财产安全是第一位的。在应对暴雨灾害、洪涝灾害、地震灾害等自然灾害以及流感病毒、金融危机、社会动乱等公共危机时，新型举国体制是中国独特的政治优势。以 2008 年"5·12"汶川特大地震为例，其破坏之严重、人员伤亡之多、救灾难度之大都是历史罕见的，正是依靠中国独特的新型举国体制制度优势，"一方有难、八方支援"，调集全国大批人力、物力、财力支援灾区抗震救灾，在不到一周的时间内，仅四川省收治的伤员就达到 11.29 万人。关于灾后重建，党中央、国务院迅速作出决策部署，及时制定和颁布了《汶川地震灾后恢复重建总体规划》。6 月 11 日，国务院制定了《汶川地震灾后恢复重建对口支援方案》，按照"一省帮一重灾县"的原则，19 个省、市、区作为支援方直接援助汶川等 18 个县（市）灾后重建，要求坚持"硬件"与"软件"相结合，"输血"与"造血"相结合，当前和长远相结合，调动人力、物力、财力、智力等多种力量，优先解决灾区群众基本生活条件。仅用 3 年的时间，就实现了"家家有房住、户户有就业、人人有保障、设施有提高、经济有发展、生态有改善"的目标。中国的抗震救灾行动与 2005 年美国卡特里娜飓风灾难救援过程中美国政府能力之薄弱、救援反应之迟钝、救援纪律之涣散，以及 2011 年日本福岛第一核电站泄漏事故灾后重建过程中日本政府组织之不力、重建速度之缓慢、民众反应之不满形成了鲜明对比。重大的应急管理实践证明，新型举国体制在防范化解重大安全风险、应对处置各类突发性灾害事故方面具有制度优势，它可以最大限度地降低原生或次生灾害损失，最大限度地保护人民生命财产安全。

第五，涉及体育强国目标的竞技体育类领域。体育强国梦是中华民族伟大复兴中国梦的重要组成部分。体育强则中国强，国运兴则体育兴。习近平总书记指出："加快建设体育强国，提高竞技体育综合实力，更好发挥举国体制作用，把竞技体育搞得更好、更快、更高、更强。"[①] 举国体制的概念最早

① 习近平：《开创我国体育事业发展新局面 加快把我国建设成为体育强国》，《人民日报》，2017 年 8 月 28 日，第 1 版。

出自于竞技体育领域，竞技体育也是举国体制运用最充分、最系统、最悠久、最成功的领域之一，它不仅打造了乒乓球、羽毛球、射击、跳水、举重、体操等众多优势体育项目，还塑造了勇敢拼搏、永不言弃的女排精神和绿色奥运、科技奥运、人文奥运的北京奥运理念。实践证明，新型举国体制在亚运会、奥运会等国际体育竞技赛事中为国争光方面发挥了不可替代的重要作用，尤其是在 2008 年北京奥运会上中国成为奥运历史上首个登上金牌榜首的亚洲国家。自 2014 年全民健身上升为国家战略，2017 年党的十九大报告中将其进一步上升为体育强国①，2022 年党的二十大再次重申为国家体育强国战略目标。我国正处在世界第二大体育之国向建设世界体育强国的新征程上，特别是 2024 年中国在巴黎第 33 届奥运会上取得优异成绩，金牌总数与美国并驾齐驱，标志着进入第一方阵。新型举国体制一方面需要毫不动摇地继续坚持，另一方面也需要不失时机地深化改革，特别是足球运动、冰雪运动等相对薄弱的竞技体育项目，必须遵循体育运动的客观发展规律，立足本国国情和国际经验，坚持新型举国体制和社会主义市场经济体制相结合，其中成功举办 2022 年北京冬季奥运会成功地以新型举国体制推动竞技体育发展，又通过竞技体育带动校园体育、群众体育和体育产业，推动发展全民体育运动、增强全体人民体质。2021 年我国体育产业增加值达到 12 245 亿元，占 GDP 的比重首次突破了 1.0%，达到了 1.1%，其中体育制造业增加值占 GDP 的比重为 0.3%，体育服务业增加值占 GDP 的比重为 0.7%。② 可以预期的是，中国式体育是全民体育运动与竞技体育运动相结合的体育产业，不仅总人口规模最大，而且体育项目门类齐全，正在加快建成世界体育强国的道路上大步迈进。

第六，涉及国家可持续发展的重大生态工程类领域。绿色发展是中国新发展理念的重要组成部分，是永续发展的必要条件和人民对美好生活追求的重要体现。在中国的绿色发展生态文明实践过程中，举国体制的制度优势曾

---

① 习近平：《决胜全面建成小康社会 夺取新时代中国特色社会主义伟大胜利——在中国共产党第十九次全国代表大会上的报告》（2017 年 10 月 18 日），中国政府网，https://www.gov.cn/zhuanti/2017-10/27/content_5234876.htm。

② 国家统计局：《中国统计摘要 2023》，北京，中国统计出版社，2023 年，第 13 页。

经发挥了重要作用，尤其是在举国受益的重大生态工程建设方面。仅以"三北"（西北、华北、东北）防护林工程为例，1978年国家启动了覆盖全国北方十三个省（区、市）551个县（旗、市、区）的"三北"防护工程建设，建设总面积407万平方千米。从1978年开始到2050年结束，分三个阶段8期工程进行。目前"三北"工程已累计完成造林保存面积3014.3万公顷，森林覆盖率由5.05%提高到13.57%，活立木蓄积量由7.2亿立方米提高到33.3亿立方米。它被英国《经济学人》杂志称为是目前为止世界上最大的植树工程。如果该工程在2050年如期完成，将成为地球上最大的人造"吸碳海绵"（邱海峰等，2019）。在诸多国家重大生态工程的共同作用下，中国森林覆盖率由1990年的16.7%迅速上升至2022年的22.96%。然而，基于国际的横向比较，我国的绿色发展之路远未结束，相比于世界森林覆盖率（2016年为30.7%），我国还仅相当于世界平均水平的75%。[1] 除此之外，从世界范围看，中国是一个人均生态财富较低的国家，资源环境问题已经成为中国发展的最大挑战，中国的能源消费和二氧化碳排放都已经取代美国位居世界第一，这不但对全球造成了巨大的负外部性，同样也严重脱离了中国人均资源紧缺、生态环境脆弱的基本国情[2]。因此，为了顺应绿色工业革命的世界趋势，寻求中国特色的绿色发展道路，在重大生态工程建设领域，新型举国体制仍然具有广阔的用武之地。

根据马克思主义认识论，实践是认识的来源，实践是认识发展的动力。关于举国体制的实践，早在古代国家形成之初就已经开始。新中国成立之后，凭借社会主义集中力量办大事的独特制度优势，在科技发展、改善民生和国防建设等方面，更是发挥得淋漓尽致。对于人口规模巨大和国土面积广袤的"广土巨族"而言，举国体制可谓极富中国特色的制度安排和治国智慧，是社会主义制度优势转化为国家治理效能的重要体现，也是世界广大发展中国家可资借鉴的中国方案。然而，对于举国体制的认识，理论界的讨论却大都停

---

[1]　森林覆盖率数据来自：世界银行WDI数据库，https://data.worldbank.org.cn/indicator/AG.LND.FRST.ZS?locations=CN-1W。

[2]　胡鞍钢，周绍杰：《绿色发展：功能界定、机制分析与发展战略》，《中国人口·资源与环境》，2014年第24卷第1期，第14-20页。

留在竞技体育领域，大大落后于现实丰富实践的需要，甚至陷入了对举国体制的认识误区。事实证明，举国体制完全没有过时，传统举国体制的弊端不在于举国体制本身，而在于没有因时制宜、与时俱进，受制于所处的特殊时代，缺乏对市场的运用和对边界的把握。党的十八大以来，习近平总书记在不同场合多次提到举国体制的概念，对举国体制的制度优势及其取得的实际效果予以了充分肯定和高度认可，并提出了探索建立新型举国体制的时代任务，赋予了举国体制新的时代内涵。

新型举国体制是对传统举国体制的改革和升级，它既继承了传统举国体制在坚持党的领导和以人民为中心的价值取向等方面的优良基因，又根据社会主义市场经济和经济全球化的时代变化，在资源配置、参与主体和开放发展方面注入了新的发展活力。对比之下，新型举国体制的所谓"新型"特征最主要体现在资源配置市场化、参与主体多元化和外部环境开放化等方面。在当今国家竞争日益加剧和民族复兴胜利在望的关键时期，新型举国体制既是顺应时代发展潮流、积极参与全球治理、有效应对大国竞争的客观要求，又是充分利用后发优势、推动产业转型升级、确保中华民族伟大复兴顺利实现的制度保障。新型举国体制是中国特色社会主义新时代强大国家意志和国家能力的重要体现，是不可多得的国之利器，放弃它无异于自毁长城。因此，对于新型举国体制，理论界应当坚持中国特色社会主义理论自信和制度自信，不应以计划经济和市场经济的简单二分法否定举国体制的制度价值，而应当站在大国竞争的国际格局和民族复兴的历史纵深认识它存在的必要性和重要性，尤其是在涉及国家发展战略的前沿科技类领域、涉及普惠兜底性质的民生工程类领域、涉及国家国防安全的军民融合类领域、涉及人民生命财产的应急管理类领域、涉及体育强国目标的竞技体育类领域以及涉及国家可持续发展的重大生态工程类领域，更应当坚定不移地主动探索新型举国体制的发展模式，充分发挥新型举国体制的积极作用，以推动"两个一百年"奋斗目标如期实现、早日实现。

第八章

中国越强大　世界越受益

中国应当对人类有较大的贡献。而这种贡献在过去一个长时期内，则太少了。这使我们感到惭愧。[①]

——毛泽东

纵观历史，任何国家试图通过武力实现自己的发展目标，最终都是要失败的，历史上那些不可一世的帝国如今都成了过眼烟云。这是一条颠扑不破的真理。[②]

——习近平

随着中国崛起，世界各国越来越关注中国的发展趋势和中国对世界的影响。这就产生了多种争论和预测，在众多西方预言中有三种基本论调甚嚣尘上："中国崩溃论""中国威胁论""中国门罗主义"。国外各界对中国的看法充满偏见，对中国的猜测不断、预言不断。尽管我们已经比较习惯和适应别人的"说三道四"，但是进入新时代强起来的中国，必须站在国家和人类命运共同体的战略高度，为了促进人类文明进步和传承，在各种国际交流场合上争得主动

[①] 毛泽东：《纪念孙中山先生》(1956 年 11 月 12 日)，《毛泽东文集》第七卷，北京，人民出版社，1999 年，第 157 页。

[②] 习近平：《携手追寻中澳发展梦想 并肩实现地区繁荣稳定——在澳大利亚联邦议会的演讲》，《人民日报》，2014 年 11 月 18 日。

权和话语权，"摆事实，讲道理"。事实胜于雄辩，中国强起来，将为世界创造和平发展红利、互利共赢红利、创新共享红利、治理共建红利、绿色红利和文明红利。拒绝接受中国、企图阻止或遏制中国的计划终将成为泡影。

中国强大，对世界而言，不是威胁，而是机遇。中国越强大，所产生的正外部性就越大，如减贫正外部性、经济正外部性、技术正外部性、贸易正外部性、绿色正外部性、和平正外部性。

中国强大，对世界而言，不是包袱，而是贡献。中国越强大，对世界的贡献就越大。[1] 习近平总书记在 2017 年首次提出了"四位一体"新的发展合作模式，即富有活力的增长模式、开放共赢的合作模式、公正合理的治理模式、平衡普惠的发展模式[2]，为促进全球可持续发展提供了"中国实践"。"意味着中国特色社会主义拓展了发展中国家走向现代化的途径，为解决人类问题贡献了中国智慧、提供了中国方案。"[3]

中国强大，对世界而言，不是战争，而是和平。中国越强大，越有助于维护世界和平，世界越稳定就越有助于世界发展，世界越发展就越有助于促进世界繁荣。中国作为一个有责任、有意愿、有能力、有影响的世界大国，向全球提供和平发展繁荣的公益性产品，如同所有人所需要的看不见摸不着的新鲜空气。

一、和平发展红利

纵观近代历史，西方大国都是通过发动战争乃至两次世界大战而崛起，即使是在冷战与后冷战时代，世界最强大的美国也发动了一系列的军事战争

---

[1] 王洪川，胡鞍钢：《包容性增长及国际比较：基于经济增长与人类发展的视角》，《国际经济评论》2017 年第 4 期，第 42-55 页。
[2] 《习近平出席世界经济论坛 2017 年年会开幕式并发表主旨演讲》（2017 年 1 月 18 日），人民网，politics.people.com.cn/n1/2017/0118/c1001-29030933.html。
[3] 《习近平在省部级主要领导干部"学习习近平总书记重要讲话精神，迎接党的十九大"专题研讨班开班式上发表重要讲话，强调高举中国特色社会主义伟大旗帜，为决胜全面建成小康社会实现中国梦而奋斗》，新华社，2017 年 7 月 26 日北京电。

或军事干涉，仅 21 世纪以来美国就成为发动军事战争和各类军事干涉最多的国家。如何在和平年代和平崛起，在人类历史上并没有成功的经验，也缺少这样的先例。中国和平崛起的机遇并没有随着中国崛起而弱化、缩小，相反地，中国的和平崛起将更加巩固世界和平，同各国的友好伙伴关系将更加广泛深化。

改革开放以来，中国坚持走和平发展、互利共赢的中国特色大国外交之路，积极构建以融入—变革—塑造为核心的和平发展战略框架①，创造了遍布全球的大国伙伴关系网络，与世界绝大多数大国建立了"战略伙伴关系"，不针对第三国、不搞对抗，是平等关系，是对话关系，这使得中国成为目前世界各国中拥有大国伙伴关系最多的国家，"和为贵"成为中国崛起的"国和"机遇。习近平总书记在 2014 年的中央外事工作会议中指出："要在坚持不结盟原则的前提下广交朋友，形成遍布全球的伙伴关系网络。"② 目前，中国与俄罗斯的关系提升为"新时代全面战略协作伙伴关系"，与印度建立起"深化战略合作伙伴关系"，与印度尼西亚建立起"全面战略伙伴关系"，与韩国建立起"战略合作伙伴关系"，周边五大国中已经有四个国家与中国建立"友好伙伴关系"。**中国坚持不结盟的外交原则，这是创造和延长中国和平发展与世界共同分享的战略机遇期的正确选择，也符合"得道者多助"的简单真理。**

建立**大国伙伴关系是中国为世界创造和平红利的重要战略资产。**这个资产不断地积累起来，在一届又一届党中央的努力经营下，像雪球越滚越大，越滚越坚实，才有了今天中国与世界主要大国之间平等、互利、共赢的和平国际环境，为世界人民创造"前人种树、后人乘凉"的和平红利。尤其党的十八大以来，随着中国国际地位提升，党中央进一步捍卫了和平友好的国际环境。例如，党中央在 1990—2002 年的 13 年里，共与 11 个国家建立了 14 国次伙伴关系（部分国家多于 1 次），平均每年 1.1 国次；在 2003—2012 年的 10

---

① 门洪华：《构建新型国际关系：中国的责任与担当》，《世界经济与政治》2016 年第 3 期，第 4-25 页。
② 《中央外事工作会议在京举行》，《人民日报》，2014 年 11 月 30 日。

年里，共与 18 个国家建立了 23 国次伙伴关系，平均每年 2.3 国次；党的十八大以来的 2013—2016 年，以习近平同志为核心的党中央在仅仅 4 年的时间里，共与 15 个国家建立了 16 国次伙伴关系，平均每年 4.0 国次，超过以往时期，**这些战略伙伴关系的建立不是简单的重复，而是递进向前的，是不断加强合作和升级的，彰显了继承与开拓相结合的大国国际政治信用与中国自信。**① 中国正与越来越多的国家发展伙伴关系，与主要国家之间的关系越来越紧密，越来越友善。无论是南方国家的崛起，还是北方国家的衰落，绝大多数国家都与中国的关系更加友好。党的十九大报告指出："中国发展不对任何国家构成威胁。中国无论发展到什么程度，永远不称霸，永远不搞扩张。"②

二、发展共赢红利

今天中国已经成为公认的世界经济增长最大发动机，同时将从世界第二大市场变成世界的第一大市场，我们的进口市场正在逐渐缩小与美国之间的差距，但是还没有超过美国，这就意味着中国这个进口市场不仅将为我们 14 多亿消费者，提供物美价廉、个性化、多元化的消费，包括文化的消费和服务的消费；也可以为全世界提供越来越多的市场贡献、贸易贡献、就业贡献、投资贡献。

实践证明，中国不是独善其身的"专车"，而是世界发展的"顺风车"，是人类进步的"快车"。党的十八大以来，中国对世界经济增长的贡献率超过 30%，对世界减贫的贡献达到 1/4 以上。中国发展的经济红利遍布全球，对外贸易、对外投资、外汇储备稳居世界前列，成为世界上约 140 多个国家和地区的最大贸易伙伴；"一带一路"建设成效显著，对最不发达的国家奉行"先予之、后取之，多予之、少取之"的方针政策，援助并帮助其提高自主发展

① 笔者整理自外交部网站以及新华社新闻报道。数据采集截止日期为 2016 年 12 月 16 日。需要说明的是 G20 国家中，中国与美国、日本仍然不是伙伴关系。
② 习近平：《决胜全面建成小康社会 夺取新时代中国特色社会主义伟大胜利——在中国共产党第十九次全国代表大会上的报告》（2017 年 10 月 18 日），中国政府网，https:// www.gov.cn/zhuanti/2017-10/27/content_5234876.htm。

能力；在更大范围内积极参与全球事务，主动提供全球性公共产品。

中国崛起直接带动了南方国家的崛起，自加入世界贸易组织以来，中国与主要国家的贸易关联度迅速上升，改变了美国一家主导的贸易格局，逐步取代美国与各国贸易伙伴关系的地位，相继成为各主要国家的第一大贸易伙伴（见表 8-1）。

表 8-1　中国在 G20 国家贸易中的地位变化（2000—2016 年）

国家或地区		2000 年	2005 年	2010 年	2015 年	2016 年
南方国家	印度		1	1	1	1
	印度尼西亚		4	2	1	1
	俄罗斯		4	1	1	1
	沙特阿拉伯		4	1	1	1
	巴西		3	1	1	1
	土耳其		7	3	2	2
	南非	9	5	1	1	1
	阿根廷		1	2	2	2
	韩国		1	1	1	1
	墨西哥		2	2	2	2
北方国家	欧盟		2	2	2	2
	美国		3	2	1	1
	日本		1	1	1	1
	德国				5	1
	英国				4	3
	意大利				4	
	法国				6	5
	加拿大		2	2	2	2
	澳大利亚		2	1	1	1

注：笔者整理自新闻报道。

2005 年，中国成为 G20 中 4 个国家的第一大贸易伙伴；2010 年，成为 8

个国家的第一大贸易伙伴；2016 年，已经成为 11 个国家的第一大贸易伙伴，在 19 个国家 ① 中占比达到 57.9%，还是 5 个国家的第二大贸易伙伴，剩余 4 个国家排名前五位的贸易伙伴。中国已经成为南方国家与北方国家共同的第一大贸易伙伴，成为它们之间互联互通的桥梁和纽带，国际影响力和国际地位不断上升。

从中美关系来看，中国已成为美国最大的利益相关者，是美国第一大贸易伙伴，是美国最大的债权国之一，是美国最大的海外留学生来源国，还会成为美国最大的外国直接投资来源国之一。尽管隔着世界最大的大洋——太平洋，却是世界经济一体化程度和规模最大的两大经济体，中国、美国以及双边关系，这三大因素中的任何一个因素都可能会对世界产生极大的正外部性，也可能产生意想不到的极大的负外部性。不过，即使在最坏的情况下，中美对抗或冲突，也不可能阻止和中断中国的持续崛起，反倒会加速美国的衰落。中美建立新型大国关系，既是创造"天时地利"的关键，也是创造"国和共赢"的关键。反之，中美对抗也会成为"零和博弈"。从未来发展趋势看，中国经济实力、科技实力、贸易实力、国防实力以及综合国力越来越强大，与美国长期战略博弈的国家能力也越来越强，如果美国一意孤行，继续奉行霸权主义，势必付出巨大的代价。抗美援朝战争，中国正是在美强我弱的背景下取得对美国及其盟军的胜利，70 多年后，若美国及其盟军跨过太平洋再与中国交手，试看天下谁能敌！

三、创新共享红利

中国赶超美国不仅是由于中国人民的伟大创新，还是人类文明与现代智慧的共同结晶。党的十九大报告总结了新时代中国特色社会主义思想和十四条基本方略，这不仅是对中国未来中长期发展的部署，更是实现全体人类共同富裕、共同强大的中国方案，进一步明确了我国乃至世界进入新时代的形

---

① 未将 G20 的成员方之一欧盟列入对比。

势任务、目标原则、路径手段、战略策略、体制机制。中国的创意正在受到全球性的认可和接受。

《国家创新驱动发展战略纲要》对 2020 年、2030 年，甚至 2050 年的创新路线图作了新的长远设计，中国已经如期实现了 2020 年目标，还将提前实现 2030 年目标，如期实现这样一个中长期目标，中国就会成为世界最大的创新强国，也会成为全球的创新领导者、引领者，同其他国家最优秀的科学家共同创造世界最大的公共产品，即 21 世纪的最新科学技术。

四、治理共建红利

当今中国面临着双重身份、双重难题、双重任务。中国既是世界大国，又是世界上最大的发展中国家，这一"双重身份"既使得发达国家要求中国承担更多的国际治理责任，又使得发展中国家希望中国承担更多的国际经济责任。中国要团结广大发展中国家，同时也必须承认在人均水平上仍然相对落后，仍需要不断通过自身改革发展，推动国际格局朝着有利于中国的方向变化。在影响人类命运的重大问题上，要与发达国家共担责任，既不退缩，也不逞能。

中国正前所未有地靠近世界舞台中心，必然要在全球治理中发挥更大作用，提供全球性公共产品，如"一带一路"倡议、应对全球气候变化等，扮演更重要的角色。又如，中国作为世界最大的贸易体，2013 年成为世界上120 多个国家和地区的第一大贸易伙伴，到 2022 年已经成为 140 多个国家和地区的第一大贸易伙伴，这就是为什么世界需要中国，特别是南方国家期待来自中国的双边贸易投资推动力。同样的是，中国更需要推动新型全球化，即公平的全球化、包容的全球化、共赢的全球化，迈入"共赢主义时代"。

中国强大是世界之幸，**打破了"国强必霸"的西方传统政治逻辑，开辟出一条"国强共赢"的新型世界强国崛起道路。**中国领导人"以天下为己任"的情怀，将中国自身的发展融入人类的发展之中，创造性地提出构建以合作共赢为核心的新型国际关系，齐心打造人类命运共同体的重要倡议。

"门罗主义"是美国霸权主义的早期雏形，其本质就是通过排他划定势力范围。"门罗主义"后来又进一步演化为霸权主义、单边主义。美国学者福斯特指出："控制西半球——这就是美国制定'门罗主义'背后的动力。"正是基于美国崛起的历史，西方想当然地认为中国将采取自身的"门罗主义"，甚至美国舆论试图影响欧洲，宣称美国霸权将被中国霸权取代，制造世界陷入冲突和不稳定的预言假象。

"门罗主义"已经产生了近 200 年，用这种老旧观点去揣测中国的对外发展战略，把中国当作"国际体系的挑战者"，不仅十分落伍，而且极度缺乏思考，只能将世界人民的共同利益引入歧途。现在的中国既不是 200 年前的美国，也不是当今霸权主义的美国，中国绝不会走国家利益至上的美国崛起之路、霸权之路。

以中国与东盟的关系为例，有人预测崛起的中国会和东盟国家发生冲突。但中国始终保持与东盟国家发展经贸关系，东盟国家不仅没有对中国特别恐惧，而且采取顺应中国经济发展的政策，不断强化同中国的经贸往来，不仅打破了西方的预言，更使得中国东盟双边关系取得了历史性进步。这正是源于中国奉行的"共赢主义"理念，推动建设相互尊重、公平正义、合作共赢的新型国际关系。

党的十九大报告指出，"中国秉持共商共建共享的全球治理观，倡导国际关系民主化，坚持国家不分大小、强弱、贫富一律平等"，"推动经济全球化朝着更加开放、包容、普惠、平衡、共赢的方向发展"[①]。中国主张"构建人类命运共同体""共赢主义"，超越"西方中心论""强权中心论"。中国是开拓者，开辟了人类现代文明新的强国崛起之路。

从根本上讲，美国主导下的国际关系逻辑仍然是零和博弈。中国"共赢

[①] 习近平：《决胜全面建成小康社会 夺取新时代中国特色社会主义伟大胜利——在中国共产党第十九次全国代表大会上的报告》（2017 年 10 月 18 日），中国政府网，https://www.gov.cn/zhuanti/2017-10/27/content_5234876.htm。

主义"正在开拓一条"非零和博弈"的国际关系道路。"非友即敌""非合作即对抗""非得即失"等观念已经越来越不合时宜,谋求国家的生存和发展需要更具包容性和更具远见的战略思维,角色定位既要有利于国家利益的实现,也要具有适当的弹性,为各国家间的战略博弈提供条件。

五、绿色文明红利

一旦实现了社会主义绿色现代化这样的目标,我们就会对世界,特别是对应对全球气候变化、节能减排、创造新的绿色产业作出巨大贡献。

首先实现绿色工业化。工业革命发生后,人类从农业文明迈向工业文明时代,这是历史上一个了不起的巨大进步,源自资本主义发展模式对生产力的极大解放,优越于前资本主义发展方式。但是"成也萧何,败也萧何",资本主义发展模式所付出的巨大代价,常常是"看不见"的,即使"看见",也是两百多年之后的事了。

根据世界银行 WDI 数据库,1970 年以来,北方国家自然资源损耗[①] 占世界的比重呈下降趋势,从 1970 年的 60.4% 下降至 2009 年的 22.1%,其中美国从 37.7% 下降至 8.7%,欧盟从 11.4% 下降至 5.9%,日本从 3.6% 下降至0.6%。中国能源损耗占 GNI 的比重从 1998 年的 0.7% 上升至 2008 年最高峰的 4.3%,而后下降至 2020 年的 0.4%。[②] 中国的二氧化碳排放量占世界总量的比重从 1990 年的 10.2% 上升至 2020 年的 32.6%[③],既大大高于中国总人口占世界的比重 18.0%[④],也大大高于中国 GDP(PPP,2021 年国际元)占世界的

---

① 自然资源净损耗值 = 二氧化碳损害 + 矿产资源损耗 + 能源损耗 + 森林资源损耗 + 颗粒物排放损害。计算数据来源:世界银行 WDI 数据库,https://data.worldbank.org.cn/indicator/all。

② 数据来源:世界银行 WDI 数据库,https://data.worldbank.org.cn/indicator/NY.ADJ.DNGY.GN.ZS?end=2020&locations=CN&start=1995。

③ 数据来源:世界银行 WDI 数据库,https://data.worldbank.org.cn/indicator/EN.ATM.CO2E.KT?end=2020&locations=CN-1W&start=1990。

④ 数据来源:世界银行 WDI 数据库,https://data.worldbank.org.cn/indicator/SP.POP.TOTL?end=2020&locations=CN-1W&start=1990。

比重 18.2%。^①

为此，中国实行绿色发展战略，大力发展绿色能源，一次电力及其他能源生产量占能源总量的比重从 2010 年的 10.4% 上升至 2022 年的 20.4%，绿色电力占发电装机容量的比重从 2010 年的 26.6% 上升至 2022 年的 48.0%，将很快超过火电 52.0% 的比重^②，我国可再生电力能源占世界的比重从 2010 年的 9.8% 上升至 2021 年的 31.5%，超过了欧盟的比重 20.0%，美国的比重 17.1%^③。此外，中国在加速发展绿色材料、绿色交通、绿色建筑等。这都成为中国对人类发展作出的绿色贡献。中国的碳排放也从高增长转为低增长，2011—2021 年我国的碳排放增速已降至 1.8%，但仍高于同期世界 0.6% 的增速^④。为此，我国已作出承诺，在 2030 年之前达到碳排放高峰进而负增长，创新绿色发展模式，引导应对气候变化国际合作，将成为全球生态文明的重要贡献者。

六、中华文明红利

世界强国崛起的普遍规律，就是积极制定和实施符合国际环境和本国国情的发展战略。近现代五百年历史，先后涌现了不同发展类型、不同崛起路径的区域强国与世界强国，如葡萄牙、西班牙、荷兰、英国、法国、德国、日本、苏联、美国等，它们先后登上国际政治经济舞台中心，曾一度处于国际政治、经济、科技、军事等诸多方面的领先地位，并主导了世界发展潮流。其中，相当一部分西方强国的崛起之路是凭借武力或霸权攫取外部资源而实现的，比如荷兰，300 多年前它是一个仅有 150 万人口和 4 余万平方千米国土的欧洲小国，凭借"海洋强国"发展战略，17 世纪时荷兰的商船数目超过了欧洲其他国家所有商船数目总和，以此荷兰走向海洋并打开国际市场，成

---

① 数据来源：世界银行 WDI 数据库，https://data.worldbank.org/indicator/NY.GDP.MKTP. PP.KD?end=2020&locations=CN-1W&start=1990。
② 国家统计局：《中国统计摘要 2023》，北京，中国统计出版社，2023 年，第 78 页。
③ 数据来源：英国石油公司（BP）数据库，bp Statistical Review of World Energy June 2022。
④ 数据来源：英国石油公司（BP）数据库，bp Statistical Review of World Energy June 2022。

为"海上马车夫"，被马克思称为"海上第一强国"。此后，英国、法国、德国、日本等也纷纷采取了攫取外部资源的强国发展路径。然而，历史经验表明，这种掠夺式发展的强国道路必然导致对抗与战争，对世界带来破坏性灾难，其强国目标更是不可能实现的。诚如习近平总书记指出："纵观历史，任何国家试图通过武力实现自己的发展目标，最终都是要失败的，历史上那些不可一世的帝国如今都成了过眼烟云。这是一条颠扑不破的真理。"① 这表明，殖民主义是如此、帝国主义是如此、霸权主义也是如此，都会消失在世界历史的长河之中。

与民族国家政体强大之后导致的霸权不同，中国是拥有五千年悠久持续文明的大国，现在正在成为新型文明强国。

20 世纪以来，世界主要大国都在开展强国建设路径的探索与实践。例如，日本先后实施了"贸易立国""技术立国"和"质量强国"等发展战略，推动日本成为现代化强国。这些现代化强国既有共同特征，也有各自的特殊属性。自中国首次提出社会主义现代化强国目标，在不同时期对现代化强国给出了全新定义，从根本上不同于资本主义的现代化强国，中国式现代化强国目标实际上是新型世界强国——文明强国，这具体体现在三个方面。

一是国家发展目标是文明强国。中国特色社会主义现代化强国目标，区别于历史上其他强国的根本特征体现在两点：其一，始终坚持"以全体人民为中心"的国家发展观，意味着强国的根本出发点和最终落脚点始终是为了全体人民，而不是为了少数既得利益者或官僚特权阶层。强国的根本力量依靠人民，人民是历史的创造者；强国的根本目的是为人民，强国的过程就是富民的过程；强国的根本意志服从人民，始终坚持和平崛起之路。其二，奉行社会主义经济文明、政治文明、文化文明、社会文明、生态文明"五位一体"的整体文明观，就是建设经济富强、政治民主、文化文明、社会和谐、生态美丽的立体式社会主义现代化强国。中国特色社会主义强国的目标就是要实现

---

① 习近平：《携手追寻中澳发展梦想 并肩实现地区繁荣稳定——在澳大利亚联邦议会的演讲》，《人民日报》，2014 年 11 月 18 日。

人与人、国与国、人与自然的和谐共处与可持续发展，就是真正构筑人类命运共同体、人与自然命运共同体。

从文化的角度，中国作为唯一文明延续的古国，始终具有文明的基因，经历了从文明古国、文明弱国、文明大国到文明强国的转变。在人类历史上首次提出了全面建成社会主义现代化强国这一新型强国目标，基于这一目标，提出了具有创新性的强国策，倡导共赢主义的文化价值观。全面建成社会主义现代化的强国目标，不同于以往其他国家提出的强国目标，它有中国特色和文明特色。全面建成社会主义现代化强国实际上体现了三方面特征：一是独特的中华民族传统文化特征，独特的中国历史资产，是中国作为文明古国在历史传统基础上建立的强国；二是社会主义特征，即"全体人民共同富裕基本实现"，这是社会主义现代化的本质要求，也是全体中国人民的根本利益，更是全体人民共同构建的社会主义强国；三是充分吸收了当代世界性现代化因素，并创新中国现代化因素建立现代化强国。从目标分解的角度看，可以将全面建成社会主义现代化强国分解为**物质文明强国、政治文明强国、精神文明强国、社会文明强国、生态文明强国以及国防军事强国**。因此，中国提出的全面建设社会主义现代化强国目标与中华文明始终是不可分离的，这也是中国颠覆世界几百年来"国强必霸"逻辑的重要贡献，凸显了中华民族伟大复兴的重要内涵，是成为世界现代化强国的重要标志。

二是新的国家发展路径。在全面建成小康社会的基础上，党的十九大报告提出了"两步走"战略，第一步是到2035年基本实现社会主义现代化，比党的十五大报告"三步走"的目标提前了十五年，第二步是到21世纪中叶建成富强民主文明和谐美丽的社会主义现代化强国。实现中国特色社会主义现代化强国的路径不是"走一步看一步"，而是基于当前世情、国情、党情的内生最优路径选择，它在整体上服从和服务于社会主义初级阶段上下两个半场的长期战略部署。同时，作为一个曾经饱受帝国主义侵略之苦的国家，中国将主动避免重蹈西方国家单边主义、排他主义的发展覆辙，中国的强国之路是基于强烈的民族复兴使命感，而不是依赖对外扩张和资源掠夺，因而与其他国家的发展之路是并行不悖的，是合作共赢的，可以避免"修昔底德陷阱"①。中国也不同于欧美日强国，不会像欧洲国家那样掠夺财富，也不会像日本侵略中国，更不会像美国充当世界警察，中国的国防是真正的防御型国防。

三是新的国家发展手段。西方国家是选举政治，主要服务于部分选民和利益集团，领导者容易在任期内出现战略短视和政策反复。以美国为例，共和党总统特朗普上台之后，先后宣布退出奥巴马执政期间推动的"跨太平洋伙伴关系协定"（TPP）和《巴黎气候协定》，并叫停了刚刚实施两年的"奥巴马医改计划"，朝令夕改，前功尽弃。可见，西方的发展是缺乏成熟发展规划和长远战略执行力的，与之不同的是，中国始终强调以规划治国和以规划强国，以发展规划作为国民经济和社会发展的宏伟蓝图、全国各族人民共同的行动纲领、中国特色的社会主义现代化建设的重要手段，始终保持战略的一致性和政策的连续性，不因领导人的正常更替和个人喜好而发生大的转变甚至完全否定。因此，在中国共产党的统一领导下，以五年规划和专项规划为主体，统分结合、横纵交织的国家规划体系是中国实现特色社会主义现代化强国有别于西方发达国家的重要手段。

正是基于这些不同之处，中国建设新型世界强国将为世界作出新的更大贡献。作为人类历史上少有的再次强盛的国家，中国曾经有100多年被列强国家侵略、欺凌、侮辱的历史，对不公平、不平等的国际秩序有着刻骨铭心的感受。中国不是一个谋取霸权、企图主宰世界的超级强国，而是一个主张平等、合作、共治的文明强国，不是一个自我主义、唯我独尊的超级大国，而是主张互利共赢、利益共享的超级大国；不是一个奉行单边主义、排他主义的超级大国，而是一个奉行多边主义、包容性发展理念的超级大国。②因此，

① 修昔底德陷阱，由美国哈佛大学教授格雷厄姆·艾利森在2012年提出，是指一个新兴大国必然会挑战守成大国的地位，而守成大国也必然会采取措施进行遏制和打压，两者的冲突和战争在所难免。此说法源自古希腊历史学家修昔底德就伯罗奔尼撒战争得出的结论，即雅典的崛起给斯巴达带来恐惧使战争变得不可避免。
② 王洪川，胡鞍钢：《包容性增长及国际比较：基于经济增长与人类发展的视角》，《国际经济评论》2017年第4期，第14页。

中国并不依赖对外扩张与资源掠夺，而是通过强烈的主观能动性和使命感，选择了内生创新型强国发展道路。中国强起来是一个和平发展的过程，在这一过程中，中国需要世界，世界也需要中国，符合中国的利益应当有助于促进世界的利益。[①]

新型世界强国的核心就是引领世界走向新秩序，引领人类社会创造新文明。中国建设新型世界强国的路径在于积极谋划并主动设计强国崛起之路，集中有限资源打造领先优势，通过率先实现部分赶超，进而再将优势扩大，实现全面超越。从国家发展的角度来看，建设新型世界强国的路径就是在总量已经居国际领先的基础上，人均水平或现代化水平不断提升的过程，从而引领全球现代化水平不断提升。中国作为新型世界强国，是人类历史上的社会主义强国，是全面现代化基础上的强国，是拥有悠久文化与文明而再次复兴的世界强国，是发展型的强国而不是威胁型的强国，是对世界产生巨大的长期红利的强国。

中国的强大不是一般意义上的国家的强大，而是一个拥有五千年绵延不断、光辉灿烂的人类文明的复兴，是人类历史上文明型国家的强大。

七、社会主义制度红利

世界潮流，浩浩荡荡。1917 年，孙中山先生学习西方国家民主、共和的潮流大势，苦心孤诣寻求救国图存道路，写作了《建国方略》。

但是到 1949 年中国成了世界最贫穷最落后的国家。正是在"一穷二白"的基础上，1949 年毛泽东等中国共产党人真正实现了建国目标。第一步制定了《中华人民政治协商会议共同纲领》（1949 年），建立新民主主义社会。第二步制定了《中华人民共和国宪法》（1954 年），确立了党的八大路线，形成真正意义上的建国方略。到新中国成立 30 周年时，中国已经建立了独立的比较完整的工业体系和国民经济体系，在世界最大的人口国家中实行了公费医

---

① 胡鞍钢：《超级中国》，杭州，浙江人民出版社，2015 年。

疗和合作医疗制度，消灭了或基本上消灭了烈性传染病，人口死亡率大大下降，已经低于世界和中等收入国家平均水平①，人民的健康水平大大提高。②到1979年中国人均预期寿命达到64岁，已经高于世界（62岁）和中等收入国家（60岁）平均水平，更高于印度的人均预期寿命（53岁）。③这充分显示了社会主义制度的优越性。

1978年，以邓小平同志为代表的中国共产党领导人提出了经济建设"三步走"的战略设想。此后，以江泽民同志为代表的中国共产党领导人提出全面建设惠及全体人民小康社会，以胡锦涛同志为代表的中国共产党领导人提出为夺取全面建设人民小康社会新胜利，谋划兴国方略。党的十八大以来，以习近平同志为核心的党中央带领全国人民共同谋划第二个百年奋斗目标与中华民族伟大复兴中国梦，开启强国时代，谋划强国方略。

一百多年的中国近代史表明，只有中国共产党才能救中国；七十多年的新中国历史表明，只有中国共产党才能兴盛中国，也只有中国共产党才能强大中国。如今，中国强大已经成为21世纪的世界发展潮流，西方国家正在主动了解中国，深刻认识中国，认真学习中国。④中国强盛代表世界新型现代化发展主流，将促进世界共同发展、共同富裕、共同强大。

从中国特色社会主义制度建立到社会主义经济体制改革与对外开放，再到全面深化改革的不断完善，已经向全世界显示了这一制度的优越性。与此同时，我国实行了十四个五年计划或规划，更加显示了中国式现代化的长期主义优势，是一张中国式现代化蓝图接着绘、接着干，一代接一代，代代相

---

① 中国人口死亡率从1949年的20.00‰下降至1979年的6.21‰，已经低于世界和中等收入国家平均水平的10‰。数据来源：世界银行WDI数据库，https://data.worldbank.org/indicator/SP.DYN.CDRT.IN?end=1979&locations=CN-1W-XP&start=1960。

② 叶剑英：《在庆祝中华人民共和国成立三十周年大会上的讲话》（1979年9月29日），载中共中央文献研究室：《三中全会以来重要文献选编》（上），北京，人民出版社，1982年，第213页。

③ 数据来源：世界银行WDI数据库，https://data.worldbank.org/indicator/SP.DYN.LE00.IN?end=1979&locations=CN-1W-XP-IN&start=1960。

④ Howard W. French: *Everything Under the Heavens: How the Past Helps Shape China's Push for Global Power*. Melbourne and London: Scribe Press, 2017, 3.

传，将社会主义制度的政治优势和社会主义市场经济的经济优势有机结合起来，由此动员全体人民，调动社会一切积极因素，化消极因素为积极因素。正如毛泽东在《论十大关系》所言："总之，我们调动一切直接的和间接的力量，为把我国建设成为一个强大的社会主义国家而奋斗。"①

今天回过头来看，中国式现代化可分为三大历史时期：站起来的"建国期"，富起来的"兴国期"，未来强起来的"强国期"。这个富是全体人民共同的富裕，这个强是整个国家共同的强大，也只有共同富裕才能共同强大。中国不仅实行了长达七十多年的社会主义制度，还实行了十四个五年计划或规划，这正是实现中国式现代化的社会主义制度长期政治优势和社会主义市场经济长期经济优势的体现。② 与此同时，中国进入为世界作出巨大贡献的新时代。中国构建了世界上极其独特的长期主义治国模式，根本不同于资本主义国家的短期机会主义治国模式。

为什么中国能够实现典型长期主义的中国式现代化？首先，中国共产党不仅是长期执政的政党，而且是中国式现代化伟大事业的领导核心力量；其次，中国特色社会主义事业不仅是伟大的事业，而且是上百年甚至几百年的伟大事业；再次，中国式现代化如同万里长征，需要几代人的不断奋斗继承创新；最后，正是基于社会主义现代化的长期主义，中国才能从"一穷二白""一大二弱"之国成长为世界第一大经济体（2021年国际元）、工业制造业国、进出口贸易体，拥有巨大规模的外汇储备、研发人员、技术专利发明、绿色能源生产消费、现代化交通通信基础设施（除航空运输），正大踏步走向世界舞台中心。这再次证明，社会主义不仅能救中国（建国方略），还能发展中国（兴国方略），更能强大中国（强国方略）。

---

① 毛泽东：《论十大关系》（1956年4月25日），《毛泽东文集》第六卷，北京，人民出版社，1999年，第24页。

② 姜佳莹，胡鞍钢：《五年规划：坚持长期主义实现中国式现代化》，《北京工业大学学报（社会科学版）》，2023年11月21日（网络首发），http://kns.cnki.net/kcms/detail/11.4558.g.20231010.1027.002.html。

第九章

防范应对重大风险①

当前，世界百年变局加速演进，国际环境发生深刻变化，我们前进道路上还面临很多风险挑战。②

——习近平

我们党要团结带领人民有效应对重大挑战、抵御重大风险、克服重大阻力、解决重大矛盾。③

——习近平

我国已如期实现全面建成小康社会的第一个百年奋斗目标，正式开启了实现第二个百年奋斗目标的新征程。纵观国际国内全局，我们正处在世界百年未有之大变局和中华民族伟大复兴全局的历史交汇期，在新的赶考之路上既存在大有作为的发展机遇期，又面临前所未有、内外交织的可预见或不可预见的重大挑战和风险，但机遇与挑战都有了新的发展变化，不稳定性不确定性因素明显增加。主动应对国内外重大挑战和防范重大风险的基本思

---

① 此章参阅了胡鞍钢、唐啸、董煜所撰写的《防范应对重大风险》一文（未发表）。
② 习近平：《在庆祝中华人民共和国成立74周年招待会上的讲话》（2023年9月28日），《人民日报》，2023年9月29日。
③ 习近平：《决胜全面建成小康社会 夺取新时代中国特色社会主义伟大胜利——在中国共产党第十九次全国代表大会上的报告》（2017年10月18日），中国政府网，https://www.gov.cn/zhuanti/2017-10/27/content_5234876.htm。

路，就是习近平总书记所言："我们要把责任扛在肩上，时刻准备应对重大挑战、抵御重大风险、克服重大阻力、解决重大矛盾，以不畏艰险、攻坚克难的勇气，以昂扬向上、奋发有为的锐气，不断把中华民族伟大复兴事业推向前进。"[①]

为此，本章分析新时代重大变局与风险，将其概括为六个方面：美国成为中国最大的国际挑战者；地区差距、城乡差距、收入差距仍然较大；正经历前所未有的老龄化和少子化；正面临着前所未有的气候变化挑战；主要资源环境面临长期硬约束；腐败和不正之风仍是中国共产党面临的最大内部挑战。尽管如此，仍是机遇大于挑战，笔者提出防范重大风险的若干政策建议。

一、新时代重大变局与风险

当今世界正经历百年未有之大变局，为中国进入世界舞台中心创造了前所未有的发展机遇，根本改变了自工业革命以来世界的南北格局。根据世界银行 WDI 数据库提供的 GDP 数据（PPP，2021 国际元），南方国家（非OECD 成员国）GDP 占世界的比重从 1990 年的 38.1% 上升至 2022 年的55.3%，其中中国占世界比重从 3.1% 上升至 18.5%，提高了 15.4 个百分点，进入迅速崛起期；而北方国家（OECD 成员国）占世界比重从 61.9% 下降至44.7%，下降了 17.2 个百分点，其中美国占世界比重从 18.6% 降至 15.0%，下降了 3.6 个百分点[②]。这表明 OECD 和美国进入相对衰落期。美国绝不甘心被中国超越，必然对中国施加前所未有的压力并发起严峻挑战，这是美国霸权主义独占性、排他性所决定的，但是它并不能改变 21 世纪上半叶世界经济发展和经济全球化大趋势，更不可能改变中国迅速崛起的大趋势。

---

① 习近平：《在纪念孙中山先生诞辰 150 周年大会上的讲话》（2016 年 11 月 11 日），人民网，http://jhsjk.people.cn/article/28855099。
② 世界银行 WDI 数据库，https://data.worldbank.org/indicator/NY.GDP.MKTP.PP.KD?locations=OE-1W-CN-US。

（一）美国成为中国最大的国际挑战者

第一，美国不容忍也不会坐视中国全面赶超美国。首先，美国千方百计制造"中美经济贸易科技脱钩"，全面打压扼制中国发展，故意制造各种事端事件，直接对我国实施科技战、贸易战。其次，美国国会明目张胆地支持"台独"，公然挑战中国的核心国家利益，美国军方在海上、空中与周边地区公开挑衅中国。这些正在发生中的"灰犀牛"事件，以及不排除美国会发动海峡两岸战争等"黑天鹅"事件，成为中国国防安全长期面临的最大风险。这就更加需要"如期实现建军一百年奋斗目标"，"开创国防和军队现代化新局面"，"加快人民军队建成世界一流军队"①。

第二，美国等西方国家不断制造国际金融危机风险。国际金融危机的爆发周期大致是十年一次，这是由美国金融霸权本性所决定的，直接冲击并影响全球、中国等南方国家的经济发展与金融安全。为此，需要"建设现代中央银行制度"，走中国特色金融发展之路，服务经济高质量发展，统筹金融发展和安全，加强和完善现代金融监管，强化金融稳定保障体系，依法将各类金融活动全部纳入监管，守住不发生系统性金融风险的底线。②

第三，以美国为首的西方国家制造的贸易保护主义风险。来自西方国家的贸易经济制裁几乎是每隔几年就会发生一次，特别是在俄乌冲突事件中，美国采取一切手段直接发动西方国家全方位制裁俄罗斯，这是由美国霸权主义的本性所决定的，可视为未来对中国全面制裁的预演，有可能直接冲击和影响中国与世界、与地区的贸易一体化。这就更需要加快建设世界经济强国与贸易强国步伐，更加注重自主创新，更加注重高质量发展，推动内需和外需、货物贸易和服务贸易、贸易和双向投资、贸易和产业协调发展。

第四，以美国为首的西方国家制造的技术保护主义风险。2018年以来，美国千方百计扼制中国科技创新、技术转让、技术贸易，对中国发动了一场

① 习近平：《高举中国特色社会主义伟大旗帜 为全面建设社会主义现代化国家而团结奋斗——在中国共产党第二十次全国代表大会上的报告》（2022年10月16日），中国政府网，https://www.gov.cn/xinwen/2022-10/25/content_5721685.htm。
② 《党的二十大报告辅导读本》，北京，人民出版社，2022年，第267、275页。

空前的国际科技战。今后还会愈演愈烈，更有可能全面封锁高技术出口中国以及经济制裁等。早在 1949 年 8 月毛泽东同志曾在《丢掉幻想，准备斗争》一文中指出："捣乱，失败，再捣乱，再失败，直至灭亡——这就是帝国主义和世界上一切反动派对待人民事业的逻辑"，"斗争，失败，再斗争，再失败，再斗争，直至胜利——这就是人民的逻辑"。① 同样的，七十多年后的美国霸权主义也不会违背这一人间霸道历史逻辑，七十多年后的社会主义中国也不会违背这一人间正道的历史逻辑。

第五，以美国为首的西方国家制造的单边主义风险。美国千方百计垄断国际政治经济事务，限制中国等新兴经济体和发展中国家的发展权、话语权，也不断利用各种借口对中国进行经济制裁、科技制裁、贸易制裁，实质上美国对中国在美高技术公司发动的芯片战就是典型的经济科技贸易制裁的"双刃剑"。中国已经是世界最大的单一半导体市场买家，2022 年中国半导体采购额高达 1800 亿美元，占全球市场总额（5559 亿美元）的 32.4%，是美国三大芯片巨头英特尔、高通和英伟达的最大买家，他们都认为，拜登对中国半导体的限制没有达到预期，并没有显著减缓中国发展人工智能的速度。基于对中国巨大市场长期投资与丰厚收益的预期，英特尔 CEO 帕特·格尔辛格（Pat Gelsinger）警告道：如果没有来自中国的订单，英特尔在俄亥俄州建设"全球最大芯片制造基地"的计划就没有必要了。② 无论是历史上还是在未来，顺经济全球化者兴、逆经济全球化者亡。

总之，中国迅速崛起加速了世界百年未有之大变局，不可避免地成为美国及其他西方国家最大的战略竞争对手。以美国为首的西方国家已经进入全面衰落期，作为世界霸权及既得利益者，必然不甘心失去对世界经济贸易技术体系的独占权、主导权、控制权，也不愿意放弃在经济全球化、区域一体化、贸易投资自由化背景下巨大的经济、金融、贸易、科技、投资既得利益，这就成为其制造各种全球或地区风险的主要根源，既不可测，也难以可控。为此，

---

① 毛泽东：《丢掉幻想，准备斗争》（1949 年 8 月 14 日），《毛泽东选集》第四卷，北京，人民出版社，1991 年，第 1486-1487 页。
② 观察者网，2023 年 7 月 22 日，转引自：彭博社 2023 年 7 月 21 日报道。

我们必须从最坏的角度出发，像 1949 年毛泽东那样"丢掉幻想，准备斗争"①。

（二）地区差距、城乡差距、收入差距仍然较大

我国幅员辽阔、各地自然地理条件差异甚大，发展的不平衡始终是基本国情。2022 年全国人均 GDP 最高（北京）与最低（甘肃）的地区相差 4.2 倍。东西部发展差距仍然十分明显，南北发展差距日益分化。城乡居民人均可支配收入差距有所缩小，从 2015 年的 2.73 倍下降为 2022 年的 2.45 倍，但绝对差距仍然较大，2022 年农村居民人均可支配收入为 20 133 元，按 PPP 计算相当于每人每日收入 13.6 国际元，刚刚进入国际中等收入水平（每人每日收入 10 ~ 100 国际元）的门槛，城镇居民人均可支配收入为 49 283 元，相当于每人每日收入为 32.3 国际元。根据世界银行提供的可国际比较数据，我国居民收入基尼系数 2010 年达到高峰（0.437）后有所下降，到 2020 年降至 0.371，低于美国（2020 年为 0.397）、俄罗斯（2020 年为 0.360），略高于印度（2020 年为 0.338）②，但仍属于世界大国中基尼系数较高的国家之一。2012 年以来，我国已经使近一亿农村贫困人口全部脱贫，但是人均收入还是比较低，2022 年中西部脱贫县农村人均可支配收入为 15 111.2 元③，相当于每人每日收入 10.2 国际元，略高于国际中等收入水平最低门槛，即每人每日收入 10 国际元。在包括财政转移支付的情况下，若按年均增速 7.5% 以上计算，预计到 2035 年我国每人每日收入将达到 25 国际元以上，将成为未来实现"全体人民共同富裕取得更为明显的实质性进展"目标的重要标志之一。

（三）前所未有的老龄化与少子化

未来我国人口国情将继续发生重大变化。一是加速老龄化，面临解决世界上最大规模老年人口"老有所养"问题的重大挑战，2022 年我国 65 岁及以

---

① 毛泽东：《丢掉幻想，准备斗争》（1949 年 8 月 14 日），《毛泽东选集》第四卷，北京，人民出版社，1991 年，1483-1490 页。
② 世界银行 WDI 数据库，https://data.worldbank.org/indicator/SI.POV.GINI?end=2021&locations=OE-CN-US-IN-RU&start=1974。
③ 国家统计局：《中国统计摘要 2023》，北京，中国统计出版社，2023 年，第 68 页。

上人口达到 20 978 万人，占总人口比重为 14.9%[1]，进入深度老龄化社会，占世界 65 岁及以上老年人口总数（7.80 亿人）的比重高达 24.9%[2]。根据于森博士预测，到 2035 年这一比重将超过 24%，我国进入重度老龄化社会，总人数将达到 3.27 亿人，比 2022 年增加 1.17 亿人，有可能接近或超过 OCED 国家老年人口总数（2022 年为 2.48 亿人）。二是加速少子化，我国 0 ~ 14 岁少儿人口总数及占总人口的比重将持续双下降，占比将从 2022 年的 16.9% 降至 2035 年的 13.9%，预计减少 5200 万人。三是 15 ~ 64 岁的劳动年龄人口及占总人口的比重将持续双下降，占比将从 2022 年的 68.2% 降至 2035 年 63.6%，预计比 2022 年减少 4300 万人以上。

此外，我国实际总就业人数也将持续下降，实际总就业人数已从 2014 年的 7.63 亿人高峰，降至 2022 年的 7.33 亿人[3]，2027 年之后将降至 7.0 亿人以下，这虽有助于实现充分就业的目标，但也会造成劳动力短缺现象，客观上促进数字化、智能化的发展。与此同时，按照党的二十大报告提出的"实施渐进式延迟法定退休年龄"改革措施，渐进式提高男性、女性职工和其他就业人员（雇主或自雇者）的退休年龄，可以适当减缓就业总数持续快速下降带来的压力与挑战。

（四）前所未有的气候变化挑战

中国实现 2030 年碳达峰目标面临一系列内外挑战：2022 年中国人均 GDP（PPP，2021 年国际元）约为 OECD 成员国的 40%[4]，仍处在中高速增长阶段，制造业或工业占 GDP 的比重相对较高，受能源资源禀赋的影响，具有较高的化石能源生产消费结构。2020 年我国化石能源的生产和消费结构分别高于 80% 和 85%。根据英国石油公司《2022 世界能源统计》，2021 年我国

---

[1] 民政部：《2022 年度国家老龄事业发展公报》，中国政府网，https://www.gov.cn/lianbo/bumen/202312/conten_6920261.htm。

[2] 世界银行 WDI 数据库，https://data.worldbank.org/indicator/SP.POP.65UP.TO?end=2022&locations=1W-CN&start=1990&view=chart。

[3] 国家统计局：《中国统计摘要 2023》，北京，中国统计出版社，2023 年，第 40 页。

[4] 数据来源：世界银行 WDI 数据库，https://data.worldbank.org/indicator/NY.GDP.PCAP.PP.KD?end=2022&locations=CN-OE&start=1990&view=chart。

的能源消费占世界的比重高达 26.5%，比美国（15.6%）与欧盟（10.1%）之和（25.7%）还要高；与能源相关的碳排放占世界的比重高达 31.1%，比美国（13.9%）与欧盟（8.1%）之和（22.0%）还要高出 9.1 个百分点[①]。欧盟碳排放在 2006 年、美国在 2007 年已经提前实现碳达峰，碳排放量开始下降，这对我国形成了外部压力，为此，国务院制定了《2030 年前碳达峰行动方案》，坚持"全国统筹、节约优先、双轮驱动、内外畅通、防范风险"的总方针，有力有序有效做好碳达峰工作，明确各地区、各领域、各行业目标任务，加快实现生产生活方式绿色变革，推动经济社会发展建立在资源高效利用和绿色低碳发展的基础之上，确保如期实现 2030 年前碳达峰目标。[②] 习近平总书记也明确提出：我们承诺的"双碳"目标是确定不移的，但达到这一目标的路径和方式、节奏和力度则应该而且必须由我们自己作主，决不受他人左右。[③]

（五）主要资源环境长期硬约束

人口与资源的矛盾是到 2035 年中国成为中等发达国家面临的最大挑战。2022 年中国总人口为 14.12 亿人，已经超过 OECD 国家 13.78 亿人的总人口[④]，然而，我国农业用地占世界的比重（11.0%）明显低于 OECD 所占的比重（25.4%），水资源占世界的比重（15.2%）低于 OECD 所占的比重（26.1%），能源消费占世界的比重（26.5%）也低于 OECD 所占的比重（36%）。因此，2035 年中国要达到中等发达国家水平，更需要创新资源节约型、环境友好型的新型绿色现代化模式，实现人与自然和谐共生的现代化。

我国的生态环境保护已取得重大进展，发生了历史性、转折性、全局性变化，但仍是中国式现代化的突出短板和长期硬约束。我国的生态系统总体

[①]　数据来源：bp Statistical Review of World Energy June 2022。

[②]　《国务院关于印发 2030 年前碳达峰行动方案的通知》，中国政府网，2021 年 10 月 24 日，https://www.gov.cn/gongbao/content/2021/content_5649731.htm。

[③]　《习近平在全国生态环境保护大会上强调 全面推进美丽中国建设 加快推进人与自然和谐共生的现代化》，人民网，2023 年 7 月 18 日，http://jhsjk.people.cn/article/40038459。

[④]　数据来源：世界银行 WDI 数据库，https://data.worldbank.org/indicator/SP.POP.TOTL?end=2022&locations=CN-OE-1W&start=1990&view=chart。

比较脆弱，中度以上生态脆弱区占国土空间面积的 55%，其中极度脆弱区域占 9.7%，重度脆弱区域占 19.8%，草原中度和重度退化面积占 1/3 以上。我国的空气细颗粒物 $PM_{2.5}$ 浓度已经从 2013 年 63 微克 / 立方米降至 2022 年的 45 微克 / 立方米[①]，但仍高于中高收入国家的 35 微克 / 立方米（2019 年数据），大大高于欧盟的 13 微克 / 立方米（2019 年数据）[②]。为此，《"十四五"规划》中明确提出了地级及以上城市 $PM_{2.5}$ 浓度下降 10% 与空气质量优良天数比率提高至 87.5% 的约束性指标，到 2035 年广泛形成绿色生产生活方式，碳排放达峰后稳中有降，生态环境根本好转，美丽中国建设目标基本实现。[③]

（六）腐败和不正之风仍是中国共产党面临的最大风险、最大威胁、最大挑战

党的十八大以来，是党的历史上制度成果最丰硕、制度笼子最严密、制度执行最严格的时期。健全党和国家监督体系，党中央把监督制度融入党和国家治理体系；设立国家和地方监察委员会，与同级纪律检查委员会合署办公，实现对公职人员的全覆盖；党和国家监督制度的"四梁八柱"初步建立，党的自我革命监督网逐步形成，中国特色社会主义监督制度优势不断转化为治理效能。[④]

但是，当前腐败和反腐败斗争依然严峻复杂，高压态势和顶风作案并存，政治问题和经济问题交织，传统腐败和新型腐败交织，风险挑战和腐败问题

---

① 《生态环境部通报 2022 年 12 月和 1—12 月全国环境空气质量状况》，生态环境部网站，2023 年 1 月 28 日，https://www.mee.gov.cn/ywdt/xwfb/202301/t20230128_1014006. shtml。

② 世界银行 WDI 数据库，https://data.worldbank.org/indicator/EN.ATM.PM25.MC.M3?end= 2022&locations=CN-EU-XT&start=1960&view=chart。

③ 《中华人民共和国国民经济和社会发展第十四个五年规划和 2035 年远景目标纲要》，中国政府网，2021 年 3 月 13 日，https://www.gov.cn/xinwen/2021-03/13/content_5592681. htm?eqid=ae3258ec00044d7a00000006646ede37；全国人大财政经济委员会，国家发展和改革委员会：《〈中华人民共和国国民经济和社会发展第十四个五年规划和 2035 年远景目标纲要〉释义》，北京，中国计划出版社，2021 年，第 5、8 页。

④ 杨晓渡：《完善党的自我革命制度规范体系》，《党的二十大报告辅导读本》，北京，人民出版社，2022 年，第 86-87 页。

关联。

党的十八大至党的十九大的 5 年间，经党中央批准立案审查的省军级以上党员干部及其他中管干部 440 人。全国纪检监察机关共接受信访举报1218.6 万件（次），处置问题线索 267.4 万件，立案 154.5 万件，处分 153.7 万人，涉嫌犯罪被移送司法机关处理 5.8 万人。[①]

党的十九大以来，处理严重违纪违法、触犯刑律的 32.6 万人次，占 3.5%，其中涉嫌职务犯罪、移送检察机关的 8.7 万人，因其他犯罪被司法机关判处刑罚后移送纪检监察机关作出开除党籍、开除公职处分的 23.9 万人。[②]党不变质、国不变色、人不变味的大是大非问题，直接关系到中国共产党的生死存亡。

为此，党的二十大报告第十五部分明确提出"坚定不移全面从严治党，深入推进新时代党的建设新的伟大工程"。"全面建设社会主义现代化国家、全面推进中华民族伟大复兴，关键在党。我们党作为世界上最大的马克思主义执政党，要始终赢得人民拥护、巩固长期执政地位，必须时刻保持解决大党独有难题的清醒和坚定……党面临的执政考验、改革开放考验、市场经济考验、外部环境考验将长期存在，精神懈怠危险、能力不足危险、脱离群众危险、消极腐败危险将长期存在。"为此提出："我们要落实新时代党的建设要求，健全从严治党体系，全面推进党的自我净化、自我完善、自我革新、自我提高，使我们党坚守初心使命，始终成为中国特色社会主义事业的坚强领导核心。"[③]

总之，中国特色社会主义进入了新时代，中国进入前所未有的黄金发展时期，但也面临着前所未有的各种国内外挑战。由于我国社会的主要矛盾发

[①] 《十八届中央纪律检查委员会向中国共产党第十九次全国代表大会的工作报告》（2017年 10 月 24 日中国共产党第十九次全国代表大会通过），中央纪委国家监委网站，2017年 10 月 29 日，https://www.ccdi.gov.cn/xxgk/hyzl/201710/t20171031_114178.html。

[②] 《十九届中央纪律检查委员会向中国共产党第二十次全国代表大会的工作报告》（2022年 10 月 22 日中国共产党第二十次全国代表大会通过），中央纪委国家监委网站，2022年 10 月 27 日，https://www.ccdi.gov.cn/specialn/esdzt/esdztyw/202210/t20221028_227330.html?eqid=95a4e33d00096917000000006649287a4。

[③] 习近平：《高举中国特色社会主义伟大旗帜 为全面建设社会主义现代化国家而团结奋斗——在中国共产党第二十次全国代表大会上的报告》（2022 年 10 月 16 日），中国政府网，https://www.gov.cn/xinwen/2022-10/25/content_5721685.htm。

生了重大转化，国内重大风险突出反映在发展不平衡不充分上，也成为满足人民日益增长的美好生活需要的主要制约因素。

同时，我国还面临经济社会发展、意识形态、对美斗争、对外工作等领域的重大风险与挑战考验，必须始终保持高度警惕，既要高度警惕"黑天鹅"事件，又要防范"灰犀牛"事件，始终"安而不忘危，治而不忘乱，存而不忘亡"①。

二、防范重大风险的政策建议

防范重大风险，应按照习近平总书记提出的总体国家安全观，统筹国家发展和国家安全。坚持底线思维，守住底线，抓住关键点、突破点，增强应对国内外重大挑战的国家治理能力。为此，基于长治久安、底线思维，笔者提出防范重大风险的政策建议。

（一）加快制定并实施强国大战略

全面建设社会主义现代化强国战略部署与制定中长期发展专项规划，既是典型的中国式现代化的路线图，又是典型的长期主义，也是不断创造中国式现代化奇迹的根源所在。根据党的十九大、党的二十大报告提出的强国目标，我国已制定或正在制定多个强国战略中长期专项规则，包括制造强国（2015 年②）、科技强国（2016 年③，《科技强国行动纲要》尚未公布④）、质量强国（2023

---

① 《易传·系辞传下·第五章》。
② 到 2025 年迈入制造强国行列。（《国务院关于印发〈中国制造 2025〉的通知》，中国政府网，2023 年 5 月 19 日，https://www.gov.cn/zhengce/content/2015-05/19/content_9784.htm。）
③ 《中共中央 国务院印发〈国家创新驱动发展战略纲要〉》，中国政府网，2016 年 5 月 19 日，https://www.gov.cn/zhengce/202203/content_3635217.htm。
④ 制定科技强国行动纲要是加快建设世界科技强国的重要部署。制定科技强国战略纲要，要紧紧围绕科技强国建设"三步走"总体战略目标，系统谋划到 2035 年和 2050 年的发展思路和重点任务，明确科技创新的主攻方向，健全社会主义市场经济条件下新型举国体制，打好关键核心技术攻坚战，提高创新链整体效能，形成科技强国建设的时间表和路线图，为加快推进科技强国建设提供有力指导。

年①）、航天强国（2023 年②）、网络强国（2016 年③）、交通强国（2019 年④）、数字中国（2023 年⑤）、贸易强国、体育强国（2019 年⑥）、教育强国（2019 年⑦）、健康中国（2016⑧）以及世界一流军队，构成了中国式现代化强国大

---

① 到 2035 年，质量强国建设基础更加牢固，先进质量文化蔚然成风，质量和品牌综合实力达到更高水平。（《中共中央 国务院印发〈质量强国建设纲要〉》，中国政府网，2023年 2 月 6 日，https://www.gov.cn/zhengce/2023-02/06/content_5740407.htm。）

② 航天强国战略目标：加快建设"空间基础设施完备、科技创新能力领先、产业带动作用明显、自主保障体系健全、人才队伍实力雄厚、国际竞争实力突出"的航天强国。（《人民政协报》，2023 年 3 月 14 日）航天科技提出：2027 年为实现建军一百年奋斗目标提供装备支撑，2030 年要推动我国跻身航天强国前列，为 2045 年全面建成航天强国奠定重要基础。

③ 《中共中央办公厅 国务院办公厅印发〈国家信息化发展战略纲要〉》，中国政府网，2016 年 7 月 27 日，https://www.gov.cn/zhengce/2016-07/27/content_5095336.htm?eqid=b9c13a150004395a0000000664744fdb。

④ 到 2035 年，基本建成交通强国。现代化综合交通体系基本形成，人民满意度明显提高，支撑国家现代化建设能力显著增强；拥有发达的快速网、完善的干线网、广泛的基础网，城乡区域交通协调发展达到新高度；基本形成"全国 123 出行交通圈"（都市区 1 小时通勤、城市群 2 小时通达、全国主要城市 3 小时覆盖）和"全球 123 快货物流圈"（国内 1 天送达、周边国家 2 天送达、全球主要城市 3 天送达），旅客联程运输便捷顺畅，货物多式联运高效经济；智能、平安、绿色、共享交通发展水平明显提高，城市交通拥堵基本缓解，无障碍出行服务体系基本完善；交通科技创新体系基本建成，交通关键装备先进安全，人才队伍精良，市场环境优良；基本实现交通治理体系和治理能力现代化；交通国际竞争力和影响力显著提升。（《中共中央 国务院印发〈交通强国建设纲要〉》，中国政府网，2019 年 9 月 19 日，http://www.scio.gov.cn/xwfbh/xwbfbh/wqfbh/39595/41829/index.htm。）

⑤ 到 2025 年，基本形成横向打通、纵向贯通、协调有力的一体化推进格局，数字中国建设取得重要进展。到 2035 年，数字化发展水平进入世界前列，数字中国建设取得重大成就。数字中国建设体系化布局更加科学完善，经济、政治、文化、社会、生态文明建设各领域数字化发展更加协调充分，有力支撑全面建设社会主义现代化国家。（《中共中央 国务院印发〈数字中国建设整体布局规划〉》，中国政府网，2023 年 2 月 27 日，https://www.gov.cn/xinwen/2023-02/27/content_5743484.htm。）

⑥ 到 2035 年，形成政府主导有力、社会规范有序、市场充满活力、人民积极参与、社会组织健康发展、公共服务完善、与基本实现现代化相适应的体育发展新格局，体育治理体系和治理能力实现现代化。（《国务院办公厅印发〈体育强国建设纲要〉的通知》，中国政府网，2019 年 9 月 2 日，https://www.gov.cn/zhengce/content/2019-09/02/content_5426485.htm。）

⑦ 《中共中央 国务院印发〈中国教育现代化 2035〉》，中国政府网，2019 年 2 月 23 日，https://www.gov.cn/zhengce/2019-02/23/content_5367987.htm。

⑧ 《中共中央 国务院印发"健康中国 2030"规划纲要》，中国政府网，2016 年 10 月 25 日，https://www.gov.cn/zhengce/2016-10/25/content_5124174.htm。

战略及路线图，旨在全面提高我国经济实力、工业实力、科技实力、贸易实力、国防实力和综合国力，为全面建设社会主义现代化强国提供全方位、重点方向、关键领域的重大支撑。上述强国大战略的实施，将在加快建设世界强国的同时形成对美国越来越大的长期战略综合优势，通过协调各方，组织各种力量，争取战略主动权，有效处理重大事件及突发性危机事件。

（二）推动构建人类命运共同体，共同应对全球性发展挑战

中国货物贸易和服务贸易已分别跃居全球第一位和第二位，货物与服务贸易总额连续多年位居全球第一位。[①]作为世界最大的货物与服务贸易体，已经是世界140多个国家和地区的最大贸易伙伴，其中既有发展中国家或地区，也有发达国家或地区，彼此成为最大的利益相关者，这也是中国能够积极带头推动构建人类命运共同体的贸易实力。但这势必与长期以来统治世界贸易的殖民主义、帝国主义、霸权主义形成意识形态与切身利益冲突，而它们又不得不严重依赖于与中国的贸易关系，按2022年双边进出口货物总额排列，前五位的国家或地区为：欧盟（8473亿美元）、美国（7594亿美元）、韩国（3623亿美元）、日本（3574亿美元）、澳大利亚（2209亿美元）[②]。因此，中国应高举共赢主义大旗，始终坚持对外开放基本国策，主动参与全球治理，大力推进国际合作，有效化解国际风险；支持发展中国家，特别是加大对最不发达国家的国际援助力度，"得道者多助"；带头促进贸易和投资自由化便利化，降低关税税率，对发展中国家进口实行零关税，主动消除各种贸易壁垒，继续大力推动"一带一路"倡议，"加大对全球发展合作的资源投入，致力于缩小南北差距，坚定支持和帮助广大发展中国家加快发展"[③]；坚决反对强权政治、霸权主义、单边主义，建设持久和平、普遍安全的世界，为实现中国式现代

---

① 王文涛：《加快建设贸易强国》，《党的二十大报告辅导读本》，北京，人民出版社，2022年，第319页。
② 国家统计局：《中国统计摘要2023》，北京，中国统计出版社，2023年，第101页。
③ 习近平：《高举中国特色社会主义伟大旗帜 为全面建设社会主义现代化国家而团结奋斗——在中国共产党第二十次全国代表大会上的报告》（2022年10月16日），中国政府网，https://www.gov.cn/xinwen/2022-10/25/content_5721685.htm。

化强国与中华民族伟大复兴创造长期的"天时地利"。

（三）坚持全体人民共同富裕的方向，不断缩小发展差距

党的二十大报告指出，"中国式现代化是全体人民共同富裕的现代化"，到 2035 年实现"全体人民共同富裕取得更为明显的实质性进展"。[①] 为此，应构建中国式治理体系，在完善分配制度上促进共同富裕，发挥好初次分配的基础性作用，不断提高居民收入和劳动报酬比重。目前，我国住户部门可支配收入占国民可支配总收入的比重约为 60%，劳动者报酬占国民可支配总收入的比重约为 50%，比重均偏低。我国中等收入家庭人口占总人口的比重为 30% 多，提升空间较大。[②] 按世界银行中等收入每人每日收入 10 ~ 100 国际元的标准，2022 年我国居民人均可支配收入为 36 683 元，相当于每人每日 24.1 国际元，其中城镇居民人均可支配收入为 49 283 元，相当于每人每日 32.2 国际元，农村居民人均可支配收入为 20 133 元[③]，相当于每人每日 13.2 国际元，城镇为农村的 2.44 倍，因此提高居民收入的重点仍然是农村人口。为此，一方面应继续转移农村人口，预计我国农村人口数将从 2022 年的 4.91 亿人减少至 2035 年的 3 亿人左右（主要是转移城镇人口），平均每年减少 1400 多万人；另一方面需要让转移人口能够不仅安家落户，而且能够实现充分就业。在此过程中，城镇人口占总人口的比重将持续上升，从 2022 年的 65.2% 上升至 2035 年的 3/4 以上，是达到中等发达国家的重要标志之一，促进农村人员转移是使其更加富裕的有效手段，有助于促进城乡发展差距不断缩小，包括居民收入与消费支出差距。国家需要进一步完善税收调节机制，加强社会保障，加大对低收入人群的转移支付，调节高收入，取缔非法收入[④]；实施区域协调

---

① 习近平：《高举中国特色社会主义伟大旗帜 为全面建设社会主义现代化国家而团结奋斗——在中国共产党第二十次全国代表大会上的报告》（2022 年 10 月 16 日），中国政府网，https://www.gov.cn/xinwen/2022-10/25/content_5721685.htm。
② 宁吉喆：《构建初次分配、再分配、第三次分配协调配套的制度体系》，《党的二十大报告辅导读本》，北京，人民出版社，2022 年，第 428 页。
③ 国家统计局：《中国统计摘要 2023》，北京，中国统计出版社，2023 年，第 55 页。
④ 宁吉喆：《构建初次分配、再分配、第三次分配协调配套的制度体系》，《党的二十大报告辅导读本》，北京，人民出版社，2022 年，第 430-431 页。

发展战略，不断缩小地区发展差距；完善城乡基本公共服务和社会保障体系，实现城乡均等化及人口全覆盖；实施乡村振兴战略，建立健全城乡融合发展体制机制和政策体系，不断缩小城乡居民收入差距，进而不断缩小全国基尼系数。我国居民收入的基尼系数已从 2010 年的 0.437 下降至 2020 年的 0.371，在全球有数据可查的 164 个国家和地区中排位为第 69 位，处在前 42%，在世界的排位处于不断下降的状态。[①] 今后城乡居民收入差距以及基尼系数还会持续下降，加之国家基本公共服务水平不断提高，将有助于实现全体人民共同富裕的目标。

（四）实施积极应对少子老龄化的国家战略

针对我国适龄人口生育意愿低、妇女总和生育率超低（2020 年仅为 1.3）的突出问题，制定至 2050 年的国家人口长期发展战略，优化生育政策。根据联合国人口司统计，我国妇女的总和生育率已从 2017 年的 1.8 降至 2021 年的 1.2，低于日本的 1.3，在世界属于超低生育率水平，排在第 10 位；其中中国香港地区妇女的总和生育率为 0.8，排在世界第 1 位[②]，已经属于发达国家超低生育率类型。为此，我国不仅要大力鼓励适龄人口生育，更需要积极发展普惠性托幼托育服务体系，降低生育、养育、教育三大成本，力争不断提高妇女的总和生育率。此外，应积极开发老年人力资源，实施渐进式延迟法定退休年龄[③]，力争全员延迟退休达到 3 ~ 5 年，完善养老服务体系，大力发展

[①] 世界银行 WDI 数据库，https://data.worldbank.org/indicator/SI.POV.GINI?most_recent_value_desc=true。

[②] 世界银行 WDI 数据库，https://data.worldbank.org.cn/indicator/SP.DYN.TFRT.IN?end=2021&locations=CN-JP-HK&most_recent_value_desc=false&start=1990。

[③] 我国现行法定退休年龄为男职工 60 周岁、女干部 55 周岁、女工人 50 周岁，近 70 年未有调整。我国人均预期寿命已经由新中国成立初期的 40 岁左右提高到 2019 年的 77.3 岁。劳动力平均受教育年限普遍延长，新增劳动力中近一半的人接受过高等教育，劳动者开始工作的年龄相应不断推后。在综合考虑人均预期寿命提高、人口老龄化趋势加快、受教育年限增加、劳动力结构变化等因素的情况下，按照小步调整、弹性实施、分类推进、统筹兼顾等原则，逐步延迟法定退休年龄，促进人力资源充分利用。全国人大财政经济委员会，国家发展和改革委员会：《〈中华人民共和国国民经济和社会发展第十四个五年规划和 2035 年远景目标纲要〉释义》，中国计划出版社，2021 年，第 377 页。

养老产业，积极应对即将来临的"退休潮"。2022年年底之后，新中国成立以来最大一波"婴儿潮"时期出生的人口将陆续到达退休年龄，根据国家统计局提供的数据，1962年我国人口出生率高达37.22‰，1963年为43.60‰，此后下降到1971年的30.74‰，其间全国新增总人口数17 934万人[①]，预计仅"十四五"期间新退休人数将超过4000万人，"十五五"期间（2026—2030年）新增退休人员规模还会更大。从未来老年人口的发展趋势来看，我国60岁及以上人口将从2020年的2.64亿人增至2030年的3.84亿人，2032年将突破4亿人。与此同时，我国养老保险基金从2010年的1.08万亿元上升至2021年的6.02万亿元，几乎增长了五倍，占GDP的比重从2.6%提高至5.2%[②]，2030年将提高至8%以上，始终为最大的社会保险基金支出项目。因此，不断提高国家财政收入占GDP的比重、中央财政收入占GDP的比重（"两个比重"）始终是提高国家财政能力的核心指标，也是逐步实现全体人民共同富裕的重大举措。特别需要指出的是，尽管我国已经不是世界上总人口最多的国家，退居第二位，但仍然是世界上老年人口最多的国家。如前文所述，根据世界银行WDI数据库提供的数据，2022年我国65岁及以上人口占世界比重已经达到了24.9%，是印度占世界比重（12.5%）的近2倍[③]，我国的人口老龄化将成为未来面临的最大发展挑战之一，不仅要实现"老有所养"，还要创造条件"老有所为"。老年人口中60～69岁的低龄老人是实现"老有所为"的重中之重；对于70～79岁的中龄老人，既要实现其"老有所养"，也鼓励其自愿"老有所为"；对于80岁以上为高龄老人[④]，主要是实现其"老有所养"。此外，还要考虑老年人的职业、健康状况与个人需求，创造更灵活、多样化的老年社区，

---

① 《辉煌70年》编写组:《辉煌70年——新中国经济社会发展成就（1949—2019）》，北京，中国统计出版社，2019年，第354页。
② 国家统计局:《中国统计年鉴2022》，北京，中国统计出版社，2022年，第56、783页。
③ 世界银行WDI数据库，https://data.worldbank.org/indicator/SP.POP.65UP.TO?locations= CN-1W&most_recent_value_desc=true。
④ 2022年上海市人口预期寿命已达83.18岁，其中男性80.84岁，女性85.66岁。（《沪人口预期寿命：男80.84岁 女85.66岁》，中工网，https://baijiahao.baidu.com/s?id=176339 2306047159442&wfr=spider&for=pc。）

使他们能够享有中国式现代化的发展红利。

（五）实施应对气候变化的国家战略

2020 年 9 月 22 日，习近平总书记在第七十五届联合国大会一般性辩论上郑重宣示：中国将提高国家自主贡献力度，采取更加有力的政策和措施，二氧化碳排放力争于 2030 年前达到峰值，努力争取 2060 年前实现碳中和。中国正在为实现这一目标而付诸行动。[①] 自"十二五"时期（2011—2015 年）开始，我国将单位 GDP 二氧化碳排放（碳排放强度）下降幅度作为约束性指标纳入国民经济和社会发展规划纲要，并明确应对气候变化的重点任务、重要领域和重大工程。到 2030 年，中国单位 GDP 二氧化碳排放将比 2005 年下降65% 以上，非化石能源占一次能源消费比重将达到 25% 左右，森林蓄积量将比 2005 年增加 60 亿立方米，风电、太阳能发电总装机容量将达到 12 亿千瓦以上。[②]

中国政府明确提出 2030 年前实现碳达峰、2060 年前实现碳中和的目标，实现从相对减排到绝对减排，进而零排放，成为雄心勃勃的"中国方案"与路线图。中国主动应对全球气候变化既是中国实现社会主义现代化的最大挑战，也是实现绿色工业化、城镇化、农业农村现代化的最大机遇。[③]

我国非化石能源占一次能源消费的比重已从 2010 年的 8.6% 上升至 2020年的 15.9%，已经实现了 2020 年中国气候行动目标，天然气、水电、风电、核电等清洁能源消费占能源消费的比重已从 2010 年的 13.4% 提高至 2021 年的25.5%，中国已经成为世界最大的绿色能源生产国和消费国，并将引领世界第四次工业革命即绿色能源革命。2020 年，我国的碳强度（单位 GDP 碳排放）比 2005 年下降了 48.4%，超额完成下降 40% ~ 45% 的中国气候行动目标。但

---

① 《习近平在二十国集团领导人利雅得峰会"守护地球"主题边会上的致辞》（2020 年 11月 22 日，北京），人民网，http://jhsjk.people.cn/article/31939894。
② 国务院新闻办公室：《中国应对气候变化的政策与行动》，中国政府网，2021 年 10 月27 日，https://www.gov.cn/zhengce/2021-10/27/content_5646697.htm。
③ 胡鞍钢：《中国实现 2030 年前碳达峰目标及主要途径》，《北京工业大学学报（社会科学版）》2021 年第 3 期，第 1-15 页。

是中国仍然是世界最大的碳排放国，碳排放总量占世界的比重从 2010 年的 26.2% 提高至 2020 年的 31.3%，尚未实现碳排放与经济发展脱钩，这也成为未来面临的最大发展挑战之一，力争到 2030 年前碳排放达峰任务仍很艰巨。[1]

《"十四五"规划》明确提出：落实 2030 年应对气候变化国家自主贡献目标，制定 2030 年前碳排放达峰行动方案。这包括：完善能源消费总量和强度双控制度，重点控制化石能源消费。实施以碳强度控制为主、碳排放总量控制为辅的制度，支持有条件的地方和重点行业、重点企业率先达到碳排放峰值。推动能源清洁低碳安全高效利用，深入推进工业、建筑、交通等领域低碳转型。加大甲烷、氢氟碳化物、全氟化碳等其他温室气体控制力度。提升生态系统碳汇能力。锚定努力争取 2060 年前实现碳中和，采取更加有力的政策和措施。加强全球气候变暖对我国承受力脆弱地区影响的观测和评估，提升城乡建设、农业生产、基础设施适应气候变化能力。加强青藏高原综合科学考察研究。坚持公平、共同但有区别的责任及各自能力原则，建设性参与和引领应对气候变化国际合作，推动落实联合国气候变化框架公约及其巴黎协定，积极开展气候变化南南合作。[2]

我国要实现 2030 年前碳达峰这一核心目标，需要建立倒逼机制，大力推动绿色改革，积极鼓励绿色创新，大力发展绿色经济，构建绿色发展政策。主要实现路径和政策是：控制能源消耗总量及增速约束性目标，大幅度提升非化石能源占一次能源消费比重，大幅度消减煤炭生产量和消费量，等等，以形成"政策合力""协同效应"，在推动中国高质量发展中助力经济社会发展全面绿色转型，并成为推动全球能源转型的重中之重。[3]

---

[1]　胡鞍钢：《中国实现 2030 年前碳达峰目标及主要途径》，《北京工业大学学报（社会科学版）》2021 年第 3 期，第 1-15 页。
[2]　《中华人民共和国国民经济和社会发展第十四个五年规划和 2035 年远景目标纲要》，中国政府网，2021 年 3 月 13 日，https://www.gov.cn/xinwen/2021-03/13/content_5592681.htm?eqid=ae3258ec00044d7a00000006646ede37。
[3]　胡鞍钢：《中国实现 2030 年前碳达峰目标及主要途径》，《北京工业大学学报（社会科学版）》2021 年第 3 期，第 1-15 页。

（六）提升国家安全治理能力

在未来，我国防范重大风险、实现中华民族伟大复兴，需要具备应对国内外重大挑战的国家治理能力。一是坚持总体国家安全观，走出一条中国特色国家安全道路；二是加强现有国家安全体制建设，在现有中央国家安全委员会体制下，对涉及国家安全的重大事项和重要工作进行统筹协调，发挥制度优势；三是加强国家安全能力建设，保持全党的忧患意识，保持战略定力，守住安全底线，提高对重大挑战的判断力，有针对性地提出处理危机的预案，主动作为，将挑战转化为机遇，将压力转化为动力；四是加强国际安全合作，主动引导国际社会共同塑造更加公正合理的国际新秩序，共建共享国际发展空间。

突发事件已经成为威胁我国及全人类的重大挑战。世界始终面临各种不确定的突发事件威胁，如"灰犀牛"事件、"黑天鹅"事件和"陨石袭来"事件[1]，由于其出现时间、严重程度、影响规模都难以预测，一旦发生，将会造成社会、政治、经济等各方面的危害。[2]面对未知的突发事件，应居安思危，防患于未然，加强国家安全能力建设，建立完备高效的社会应急体系，全方面提升信息收集分析能力、组织动员能力、监测评估能力、调整转变能力，以减少代价、增加收益；倡导推进积极有效的国际合作，共同建立和平、安全、开放、合作的国际合作应急体系。

（七）从严治党，防止党变质、国变色、人变味

中国共产党长期执政，"执政考验、改革开放考验、市场经济考验、外部环境考验将长期存在，精神懈怠危险、能力不足危险、脱离群众危险、消极腐败危险将长期存在"[3]。

---

① 指不可预见、小概率、影响超大的事件。
② 王绍光：《深度不确定性 新冠疫情与世界大变局》，清华大学国情研究院新冠疫情与世界大变局研讨会，2020 年 5 月 8 日。
③ 习近平：《高举中国特色社会主义伟大旗帜 为全面建设社会主义现代化国家而团结奋斗——在中国共产党第二十次全国代表大会上的报告》（2022 年 10 月 16 日），中国政府网，https://www.gov.cn/xinwen/2022-10/25/content_5721685.htm。

腐败仍是我们党面临的最大威胁，全面从严治党仍是我们党最大的政治任务。所以，应通过建立党和国家廉政体系和监督体系，构建一体推进不敢腐、不能腐、不想腐体制机制，发挥纪委监委专责监督作用，加强对权力运行的监督。从长远来看，还是要从根本上、制度上、机制上防止党变质、国变色、人（党员干部）变味（腐蚀腐败）的问题。为此，党的二十大报告明确提出"完善党的自我革命制度规范体系"，包括"完善党内法规制度体系"，"健全全党统一领导、全面覆盖、权威高效的监督体系"，"推进政治监督具体化、精准化、常态化"，"发挥政治巡视利剑作用"，"落实全面从严治党政治责任"。①

---

① 习近平：《高举中国特色社会主义伟大旗帜 为全面建设社会主义现代化国家而团结奋斗——在中国共产党第二十次全国代表大会上的报告》（2022 年 10 月 16 日），中国政府网，https://www.gov.cn/xinwen/2022-10/25/content_5721685.htm。

附表

强国战略与国家发展规划

强国目标	国家规划	发布时间	路线图	牵头机构
人才强国	国家中长期人才发展规划纲要（2010—2020年）	2010年6月7日	到2020年培养和造就规模宏大、结构优化、布局合理、素质优良的人才队伍，确立国家人才竞争比较优势，进入世界人才强国行列，为在本世纪中叶基本实现社会主义现代化奠定人才基础。	中央人才工作协调小组
	人力资源和社会保障事业发展"十四五"规划	2021年6月29日	"十四五"时期主要目标：实现更加充分更高质量就业。多层次社会保障体系更加健全。技术技能人才队伍素质不断提升。工资收入分配制度更加完善。中国特色劳动关系更加和谐稳定。人力资源和社会保障公共服务体系更加完善。 展望2035年，随着我国基本实现现代化，人力资源和社会保障制度体系将更加科学完善。就业质量显著提升，保持较低的失业水平，劳动关系更加和谐稳定，满足劳动者对美好生活的向往。实现多层次社会保障体系高质量发展可持续发展，形成社会保障全民共建共享的发展局面。人才政策更加积极更加开放，各类人才的创新活力竞相迸发，进入创新型国家行列。工资收入分配更加公平合理，中等收入群体显著扩大，促进全体人	人力资源社会保障部

强国目标	国家规划	发布时间	路线图	牵头机构
人才强国	人力资源和社会保障事业发展"十四五"规划	2021年6月29日	民共同富裕取得更为明显的实质性进展。基本公共服务实现均等化，城乡一体、均等可及的人力资源和社会保障基本公共服务体系更加高效优质。	人力资源社会保障部
制造强国	中国制造2025	2015年5月8日	到2025年迈入制造强国行列。到2035年我国制造业整体达到世界制造强国阵营中等水平。到新中国成立一百年时，制造业大国地位更加巩固，综合实力进入世界制造强国前列。	国务院
	"十四五"智能制造发展规划	2021年12月21日	到2025年，规模以上制造业企业大部分实现数字化网络化，重点行业骨干企业初步应用智能化；到2035年，规模以上制造业企业全面普及数字化网络化，重点行业骨干企业基本实现智能化。	工业和信息化部等八部门
科技强国	国家创新驱动发展战略纲要	2016年5月19日	到2020年进入创新型国家行列、2030年跻身创新型国家前列、到2050年建成世界科技创新强国和成为世界主要科学中心和创新高地"三步走"目标。	中共中央、国务院
质量强国	质量发展纲要（2011—2020年）	2012年2月6日	到2020年，建设质量强国取得明显成效，质量基础进一步夯实，质量总体水平显著提升，质量发展成果惠及全体人民。形成一批拥有国际知名品牌和核心竞争力的优势企业，形成一批品牌形象突出、服务平台完备、质量水平一流的现代企业和产业集群，基本建成食品质量安全和重点产品质量检测体系，为全面建设小康社会和本世纪中叶基本实现社会主义现代化奠定坚实的质量基础。	国务院

续表

强国目标	国家规划	发布时间	路线图	牵头机构
质量强国	质量强国建设纲要	2023年2月	到2025年，质量整体水平进一步全面提高，中国品牌影响力稳步提升，人民群众质量获得感、满意度明显增强，质量推动经济社会发展的作用更加突出，质量强国建设取得阶段性成效。	中共中央、国务院
航天强国	"十三五"航天发展规划	2016年12月19日	2020年前后，完成载人航天、探月工程、北斗导航、高分辨率对地观测系统等现有的重大科技专项；2025年前后，全面建成国家民用空间基础设施，推动空间信息应用规模化、业务化、产业化发展；2030年实现整体跃升，跻身航天强国之列，以航天梦助力中国梦。	国家国防科工局、国家航天局
交通强国	交通强国建设纲要	2019年9月19日	到2035年，基本建成交通强国。现代化综合交通体系基本形成，人民满意度明显提高，支撑国家现代化建设能力显著增强；拥有发达的快速网、完善的干线网、广泛的基础网，城乡区域交通协调发展达到新高度；基本形成"全国123出行交通圈"（都市区1小时通勤、城市群2小时通达、全国主要城市3小时覆盖）和"全球123快货物流圈"（国内1天送达、周边国家2天送达、全球主要城市3天送达），旅客联程运输便捷顺畅，货物多式联运高效经济；智能、平安、绿色、共享交通发展水平明显提高，城市交通拥堵基本缓解，无障碍出行服务体系基本完善；交通科技创新体系基本建成，交通关键装备先进安全，人才队伍精良，市场环境优良；基本实现交通治理体系和治理能力现代化；交通国际竞争力和影响力显著提升。	中共中央、国务院

续表

强国目标	国家规划	发布时间	路线图	牵头机构
交通强国	"十四五"现代综合交通运输体系发展规划	2022年1月19日	到2025年，综合交通运输基本实现一体化融合发展，智能化、绿色化取得实质性突破，综合能力、服务品质、运行效率和整体效益显著提升，交通运输发展向世界一流水平迈进。 展望2035年，便捷顺畅、经济高效、安全可靠、绿色集约、智能先进的现代化高质量国家综合立体交通网基本建成，"全国123出行交通圈"（都市区1小时通勤、城市群2小时通达、全国主要城市3小时覆盖）和"全球123快货物流圈"（快货国内1天送达、周边国家2天送达、全球主要城市3天送达）基本形成，基本建成交通强国。	国务院
海洋强国	全国海洋经济发展规划（2016—2020年）	2017年5月4日	到2020年，我国海洋经济发展空间不断拓展，综合实力和质量效益进一步提高，海洋产业结构和布局更趋合理，海洋科技支撑保障能力进一步增强，海洋生态文明建设取得显著成效，海洋经济国际合作取得重大成果，海洋经济调控与公共服务能力进一步提升，形成陆海统筹、人海和谐的海洋发展新格局。	国家发展改革委、国家海洋局
	海洋气象发展规划（2016—2025年）	2016年1月5日	到2025年，逐步建成布局合理、规模适当、功能齐全的海洋气象业务体系，实现近海公共服务全覆盖、远海监测预警全天候、远洋气象保障能力显著提升。	国家发展改革委、中国气象局、国家海洋局

续表

强国目标	国家规划	发布时间	路线图	牵头机构
贸易强国	对外贸易发展"十三五"规划	2016年12月16日	外贸结构进一步优化，发展动力加快转换，外贸发展的质量和效益进一步提升，贸易大国地位巩固，贸易强国建设取得重要进展。	商务部
	"十四五"对外贸易高质量发展规划	2021年11月18日	"十四五"时期，将努力实现以下目标：贸易综合实力进一步增强。协调创新水平进一步提高。畅通循环能力进一步提升。贸易开放合作进一步深化。贸易安全体系进一步完善。 展望2035年，外贸高质量发展跃上新台阶。贸易结构更加优化，进出口更趋平衡，创新能力大幅提升，绿色低碳转型取得积极进展，安全保障能力显著提高，参与国际经济合作和竞争新优势明显增强。贸易自由化便利化达到全球先进水平，维护全球贸易合法合规，对全球经济发展和治理体系改革贡献更加突出。	商务部
文化强国	"十三五"时期文化发展改革规划	2017年2月3日	到2020年，社会主义文化强国建设取得重要进展，国家文化软实力进一步提高。	中央文化体制改革和发展工作领导小组
	"十四五"文化发展规划	2022年8月	全党全社会的思想自觉和理论自信进一步增强，习近平新时代中国特色社会主义思想绽放出更加绚丽的真理光芒，人民在精神上更加主动，新时代中国发展进步的精神动力更加充沛。 社会文明程度得到新提高，社会主义核心价值观深入人心，中华民族的家国情怀更加深厚、凝聚力进一步增强，人民思想道德素质、科学文化素质和身心健康素质明显提高。	中共中央、国务院

续表

强国目标	国家规划	发布时间	路线图	牵头机构
文化强国	"十四五"文化发展规划	2022年8月	文化事业和文化产业更加繁荣，公共文化服务体系、文化产业体系、全媒体传播体系和文化遗产保护传承利用体系更加健全，文化创新创造活力显著提升，文化和旅游深度融合，城乡区域文化发展更加均衡协调，人民精神文化生活日益丰富。 中华文化影响力进一步提升，中外文化交流和文明对话更加深入，中国形象更加可信、可爱、可敬，推动构建人类命运共同体的人文基础更加坚实。 中国特色社会主义文化制度更加完善，文化法律法规体系和政策体系更加健全，文化治理效能进一步提升。	中共中央、国务院
体育强国	全民健身计划（2021—2025年）	2021年7月18日	到2025年，全民健身公共服务体系更加完善，人民群众体育健身更加便利，健身热情进一步提高，各运动项目参与人数持续提升，经常参加体育锻炼人数比例达到38.5%。	国务院
	"十四五"体育发展规划	2021年10月25日	到2030年，体育整体发展质量和效益显著提升，形成政府主导有力、社会充满活力、市场规范有序、人民积极参与、与基本实现社会主义现代化相适应的体育发展新格局。到2035年，建成社会主义现代化体育强国。	体育总局
教育强国	统筹推进世界一流大学和一流学科建设总体方案	2015年11月5日	到2020年，若干所大学和一批学科进入世界一流行列，若干学科进入世界一流学科前列。到2030年，更多的大学和学科进入世界一流行列，若干所大学进入世界一流大学前列，一批学科进入世界一流学科前列，高等教育整体实力显著提升。到本世纪中叶，一流大学和一流学科的数量和实力进入世界前列，基本建成高等教育强国。	国家教育体制改革领导小组

强国目标	国家规划	发布时间	路线图	牵头机构
教育强国	中国教育现代化2035	2019年2月23日	到2035年，总体实现教育现代化，迈入教育强国行列，推动我国成为学习大国、人力资源强国和人才强国，为到本世纪中叶建成富强民主文明和谐美丽的社会主义现代化强国奠定坚实基础。2035年主要发展目标是：建成服务全民终身学习的现代教育体系、普及有质量的学前教育、实现优质均衡的义务教育、全面普及高中阶段教育、职业教育服务能力显著提升、高等教育竞争力明显提升、残疾儿童少年享有适合的教育、形成全社会共同参与的教育治理新格局。	中共中央、国务院
农业强国	"十四五"推进农业农村现代化规划	2021年11月12日	到2025年，农业基础更加稳固，乡村振兴战略全面推进，农业农村现代化取得重要进展。梯次推进有条件的地区率先基本实现农业农村现代化，脱贫地区实现巩固拓展脱贫攻坚成果同乡村振兴有效衔接。 展望2035年，乡村全面振兴取得决定性进展，农业农村现代化基本实现。	国务院
网络强国	国家信息化发展战略纲要	2016年7月27日	到2020年，核心关键技术部分领域达到国际先进水平，信息产业国际竞争力大幅提升，信息化成为驱动现代化建设的先导力量；到2025年，建成国际领先的移动通信网络，根本改变核心关键技术受制于人的局面，实现技术先进、产业发达、应用领先、网络安全坚不可摧的战略目标，涌现一批具有强大国际竞争力的大型跨国网信企业；到本世纪中叶，信息化全面支撑富强民主文明和谐的社会主义现代化国家建设，网络强国地位日益巩固，在引领全球信息化发展方面有更大作为。	中央网络安全和信息化领导小组

强国目标	国家规划	发布时间	路线图	牵头机构
数字中国	《"十四五"国家信息化规划》	2021年12月	到2025年，数字中国建设取得决定性进展，信息化发展水平大幅跃升。数字基础设施体系更加完备，数字技术创新体系基本形成，数字经济发展质量效益达到世界领先水平，数字社会建设稳步推进，数字政府建设水平全面提升，数字民生保障能力显著增强，数字化发展环境日臻完善。	中央网络安全和信息化委员会
	数字中国建设整体布局规划	2023年	到2025年，基本形成横向打通、纵向贯通、协调有力的一体化推进格局，数字中国建设取得重要进展。数字基础设施高效联通，数据资源规模和质量加快提升，数据要素价值有效释放，数字经济发展质量效益大幅增强，政务数字化智能化水平明显提升，数字文化建设跃上新台阶，数字社会精准化普惠化便捷化取得显著成效，数字生态文明建设取得积极进展，数字技术创新实现重大突破，应用创新全球领先，数字安全保障能力全面提升，数字治理体系更加完善，数字领域国际合作打开新局面。到2035年，数字化发展水平进入世界前列，数字中国建设取得重大成就。数字中国建设体系化布局更加科学完备，经济、政治、文化、社会、生态文明建设各领域数字化发展更加协调充分，有力支撑全面建设社会主义现代化国家。	中共中央、国务院
健康中国	"健康中国2030"规划纲要	2016年10月25日	到2020年，建立覆盖城乡居民的中国特色基本医疗卫生制度，健康素养水平持续提高，健康服务体系完善高效，人人享有基本医疗卫生服务和基本体育健身服务，基本形成内涵丰富、结构合理的健康产业体系，主要健康指标居于中高收入国家前列。	中共中央、国务院

续表

强国目标	国家规划	发布时间	路线图	牵头机构
健康中国	"健康中国2030"规划纲要	2016年10月25日	到2030年，促进全民健康的制度体系更加完善，健康领域发展更加协调，健康生活方式得到普及，健康服务质量和健康保障水平不断提高，健康产业繁荣发展，基本实现健康公平，主要健康指标进入高收入国家行列。到2050年，建成与社会主义现代化国家相适应的健康国家。	中共中央、国务院
	"十四五"国民健康规划	2022年4月27日	到2025年，卫生健康体系更加完善，中国特色基本医疗卫生制度逐步健全，重大疫情和突发公共卫生事件防控应对能力显著提升，中医药独特优势进一步发挥，健康科技创新能力明显增强，人均预期寿命在2020年基础上继续提高1岁左右，人均健康预期寿命同比例提高。 展望2035年，建立与基本实现社会主义现代化相适应的卫生健康体系，中国特色基本医疗卫生制度更加完善，人均预期寿命达到80岁以上，人均健康预期寿命逐步提高。	国务院
美丽中国	全面推进美丽中国建设的意见	2023年12月27日	到2027年，绿色低碳发展深入推进，主要污染物排放总量持续减少，生态环境质量持续提升，国土空间开发保护格局得到优化，生态系统服务功能不断增强，城乡人居环境明显改善，国家生态安全有效保障，生态环境治理体系更加健全，形成一批实践样板，美丽中国建设成效显著。到2035年，广泛形成绿色生产生活方式，碳排放达峰后稳中有降，生态环境根本好转，国土空间开发保护新格局全面形成，生态系统多样性稳定性持续性显著提升，国家生态安全更加稳固，生态环境治理体系和治理能力现代化基本实现，美丽中国目标基本实现。展望本世纪中	中共中央、国务院

续表

强国 目标	国家规划	发布 时间	路线图	牵头 机构
美丽 中国	全面推进 美丽中国 建设的 意见	2023 年 12 月 27 日	叶，生态文明全面提升，绿色发展方式和 生活方式全面形成，重点领域实现深度脱 碳，生态环境健康优美，生态环境治理体系 和治理能力现代化全面实现，美丽中国全面 建成。	中共中 央、国 务院
强国 强军	"十三五" 科技军民 融合发展 专项规划	2017 年 8 月 23 日	到 2020 年，基本形成军民科技协同创新体 系，推动形成全要素、多领域、高效益的军 民科技深度融合发展格局。	科技 部、军 委科学 技术委 员会

注：此表由笔者基于公开报道的国家发展规划整理。

后 记

▼

2017 年 10 月，习近平总书记在党的十九大报告中正式提出中国式现代化的"两阶段"强国目标，即"第一个阶段，从二〇二〇到二〇三五年，在全面建成小康社会的基础上，再奋斗十五年，基本实现社会主义现代化"；"第二个阶段，从二〇三五年到本世纪中叶，在基本实现现代化的基础上，再奋斗十五年，把我国建成富强民主文明和谐美丽的社会主义现代化强国"。由此，中国进入全面建设世界强国的新时代，这成为党的"强国策"及路线图。

2022 年 10 月，习近平总书记在党的二十大报告中再次提出全面建成社会主义现代化强国目标，即总的战略安排分两步走：从二〇二〇年到二〇三五年基本实现社会主义现代化；从二〇三五年到本世纪中叶把我国建成富强民主文明和谐美丽的社会主义现代化强国。由此，党中央构建了中国式现代化强国的宏伟目标及大战略。

我们长期研究中国国情与国策的主题始终是中国式现代化与强国策，不断认识、不断总结中国式现代化强国道路。早年在由中国科学院学部委员周立三主持、中国科学院国情分析研究小组所编写的《生存与发展》（胡鞍钢、王毅执笔，科学出版社,1989 年版）中，笔者首次提出中国现代化"持久战论"的观点：中国现代化至少需要一百年的时间，需要几代人长期不懈的艰苦努力才能完成；中国的基本国情决定了中国的现代化道路只能独辟蹊径，寻求非传统（指非西方式）的现代化发展模式。其核心思想就是实行低度消耗资源的生产体系；适度消费的生活体系；使经济持续稳定增长、经济效益不断提高的经济体系；保证社会效益与社会公平的社会体系；不断创新，充分吸收新技术、新工艺、新方法的适用技术体系；促进与世界市场紧密联系的、更加开放的贸易与非贸易的国际经济体系；合理开发利用资源，防止污染，保护生态平衡。

2016 年 5 月 17 日，习近平总书记在哲学社会科学工作座谈会上讲道："自古以来，我国知识分子就有'为天地立心，为生民立命，为往圣继绝学，为万世开太平'的志向和传统。一切有理想、有抱负的哲学社会科学工作者都应该立时代之潮头、通古今之变化、发思想之先声，积极为党和人民述学立论、建言献策，担负起历史赋予的光荣使命。"[①] 我有幸参加了这次座谈会，受到极大的鼓舞和鞭策，并在此后与清华大学国情研究院的团队持续对中国式现代化强国这一主题开展研究。那么，应如何科学地认识中国式现代化的发展模式呢？长期以来，围绕全面建成社会主义现代化强国这一主题，我们开展了深入系统持续的研究，对当代强国策作出了学理分析、实证计算，总结历史、展望未来，进一步构建中国的强国策，先后出版了多部中国国情与现代化的著作。这可视为学术使命驱动的自主选题，与中国强盛同行，留下白纸黑字。

第一次是 2017 年撰写《2050 中国：全面实现社会主义现代化》（9 万多字），向中央有关部门提供了研究报告和重要信息。

第二次是在党的十九大之后进行的系统深入研究。2017 年党的十九大报告首次提出从 2020 年到本世纪中叶建成中国式现代化强国的"两阶段目标"，这标志着中国进入全面建设世界强国新时代。充分吸收党的十九大报告提出的"两阶段"战略安排，清华大学国情研究院正式出版了《2050 中国：全面建设社会主义现代化强国》（浙江人民出版社，2018 年版）。该书围绕着"2050 中国"这一主题，第一次对至 2035 年、2050 年分两阶段建设中国式现代化强国开展深入系统研究，包括：分析中国社会主义现代化道路的重要因素与重大优势，即五大因素（现代化因素、社会主义因素、中国文化因素、绿色生态因素、党的领导因素）和五大优势（后发优势、社会主义制度优势、中国文化优势、绿色生态优势、中国共产党政治领导优势）；按照"两个阶段"的战

---

① 习近平：《在哲学社会科学工作座谈会上的讲话》，《人民日报》，2016 年 5 月 18 日第 1 版。

略安排，首次量化分析展望了 2035 年基本实现社会主义现代化的总目标以及分目标；对 2050 年全面建设社会主义现代化强国，从经济、政治、文化、社会、生态文明、国防建设"六位一体"总体布局出发，进行深入分析和政策建议；最后展望了第三个百年奋斗目标，即到 2078 年建成高度发达的民主文明和谐美丽的社会主义现代化强国。2021 年该书由 Springer 出版社出版英文版，到目前为止 Springer 网站全球下载量达 15.9 万次，全球学术界对这一主题的关注度是超出我们意料的。与此同时，我们确定了要撰写以当代中国强国策为主题的书稿，并形成了本书的初稿，旨在回答中国为什么要建立现代化强国，能否建成现代化强国，怎样建成现代化强国，日益强大的中国将对 21 世纪的世界与人类发展作出哪些重大贡献，等等。

第三次是 2021—2022 年开展了中国式现代化的国情研究，围绕党的二十大报告的主题"为全面建设社会主义现代化国家而团结奋斗"提供专业性国情、国力、国策的学术研究与国际比较研究，集中反映在胡鞍钢、周绍杰、谢宜泽所著的《伟大复兴：中国式现代化的国情研究》（清华大学出版社，2023 年版）一书中。

第四次是在党的二十大召开之后，习近平总书记在党的二十大报告中再次明确了"两阶段"的强国目标，并对中国式现代化的五大基本特征进行了概括：中国式现代化是人口规模巨大的现代化，是全体人民共同富裕的现代化，是物质文明和精神文明相协调的现代化，是人与自然和谐共生的现代化，是走和平发展道路的现代化。中国式现代化的本质要求是：坚持中国共产党领导，坚持中国特色社会主义，实现高质量发展，发展全过程人民民主，丰富人民精神世界，实现全体人民共同富裕，促进人与自然和谐共生，推动构建人类命运共同体，创造人类文明新形态。再次提出全面建成社会主义现代化强国的目标及总的战略安排，构成了比较完整的可预期、可实施的中国强国策。

我们在深入专业化地学习、研究党的二十大报告的基础上，再次对现代化强国这一主题进行深入系统的研究，充分吸收最新研究成果，对此前的初稿进行了全面细致的修改，最终形成本书。从现代国家发展生命周期理论与实证分析的视角概括了中国从救国到建国、从建国到兴国、从兴国到强国的三次伟大飞跃；分析了未来时期全面建成社会主义现代化强国，即全面建成世界强国目标的路线图，并以美国为赶超对象，选取了众多经济、产业、科技、社会、国防等方面的量化指标进行深入的分析与系统的整合，以此作为研究结论的定量与国际比较依据。这涉及大量的定量计算，以及大量文献等重要信息。可以说，本书既充分吸收了之前强国研究的成果，又基于对党的二十大报告的学习、研究及深入分析，得出重要的分析结论，尤其给出了大量的定量分析以及对未来发展趋势的预判预测。

从国家发展生命周期的理论与实践看，现代中国形成了三个不同且相互联系的时代。"站起来"的时代是指毛泽东时代，我们称之为现代国家初步成长期，其不仅实现了较快的经济增长（指 1952—1977 年经济增速为 6.0%），而且在发展中大国中独立自主地建立了比较完整的现代工业体系和国民经济体系，劳动年龄人口受教育年限和全体人口平均预期寿命年限持续延长，位居低收入国家前列，甚至达到下中等收入国家水平。

"富起来"的时代是指改革开放时代，这是现代工业化国家的经济起飞期，不仅创造了经济增长速度的世界纪录（指 1978—2012 年经济增速为 9.9%，人均 GDP 年均增速为 8.7%），而且实现了从极低收入到低收入、再到下中等收入水平三个大台阶的跨越。

"强起来"的时代是指中国前所未有地靠近并将进入世界舞台中心的新时代。那么，中国为什么要建立现代化强国？未来三十年中国如何建成现代化强国？日益强大的中国将对 21 世纪的世界与人类作出哪些重大贡献？对此，本书围绕党的十九大报告、党的二十大报告中部署的中国式现代化强国的路线图和重大战略举措，一一进行了回答。

如何回答"中国能否实现现代化强国目标"，我们的一贯做法是让数据来说话，让事实来证明，让实践来检验。根据世界银行等国际组织提供的历史数据，在 33 个总量指标中，1978 年中国居世界第一的只有 4 个指标，到

2021 年中国已经有 26 个总量指标居于世界第一，只有 7 个总量指标尚不及美国等国。预计到 2035 年，中国将有 30 个总量指标居世界第一（主要是军事实力等仍不及美国），而且将成为名副其实的世界一流强国。尽管本书将美国作为赶超对象，但是中国与其最大的不同之处是，美国是从世界最大的帝国主义演变为世界最大的霸权主义国家，其本质仍然是极大的扩张性、排他性与垄断性，这一直是当今世界动荡不安的根源，也是其不断走向衰落的根源。

可以说，本书最大的知识价值就在于，对党的二十大报告中的中国式现代化发展目标进行了系统细致的量化分析与国际比较。在长期的国情、国力、国策研究的基础上，将美国作为现代化强国的赶超对象。用于比较的主要指标及量化数据，尤其是国际比较数据，皆基于世界银行 WDI 数据库等，专门注明了数据来源，便于读者直接检索查阅，重点分析了 21 世纪以来中美之间的经济实力、产业实力、科技实力、贸易实力、综合国力等的动态变化与力量对比，以此作为中国全面建设社会主义现代化强国的重要参考。

本项研究得到了清华大学文科建设"双高"计划专项（53120600124）以及"双高"计划创新方向建设专项 C03（2021TSG08303）的支持。在此表示感谢！

胡鞍钢、王洪川

2024 年 3 月 10 日